Martin Ugalde
Cartografías de un discurso

Ekin
Biblioteca de Cultura Vasca – Euskal Kultura Bilduma, 76

Larraitz Ariznabarreta Garabieta

Martin Ugalde

Cartografías
de un discurso

Ekin
Buenos Aires
2015

Biblioteca de Cultura Vasca
Euskal Kultura Bilduma, No. 76

Editorial Vasca Ekin Argitaletxea
Lizarrenea
C./ México 1880
Buenos Aires, CP. 1200
Argentina
Web: http://editorialvascaekin-
ekinargitaletxea.blogspot.com/

Primera edición. Primera impresión.
Impreso en América.

Diseño de cubierta © 2015 JSM

ISBN-10 lehenengo edizioa: 0996781013
ISBN-13 lehenengo edizioa: 978-0-9967810-1-5

Índice

A Iñaki Beti Sáez, *in memoriam*,
por permitirme —siempre— pensar en libertad

Escribo para dar testimonio de que durante el exilio la protesta fue la norma y el silencio la excepción.
Virgilio Botella Pastor (1995)

Una forma segura de castrar a un pueblo es hacerle perder la memoria, y a ello se entregó con afán la dictadura franquista; de aquí que, junto a la dura represión física de los derrotados y a la depuración administrativa de los considerados hostiles, el régimen tratara de borrar cualquier vestigio de los que habían abandonado el país. Los exiliados y cualquier elemento que pudiera servir para recordarlos fue sometido a persecución sistemática, a cuyo objetivo la censura se ocupó con acendrada saña: censura de sus nombres, de sus obras o de su misma existencia física. Sencillamente, los exiliados no existían, y al efecto de que así pareciese la censura tejió una tupida cortina que les ocultase a los ojos del interior, haciéndolos invisibles.
José Luís Abellán (2002)

Shut not your doors to me, proud libraries,
For that which was lacking on all your well-fill'd shelves, yet needed most, I bring;
Forth from the army, the war emerging—a book I have made
The words of my book nothing—the drift of it everything (…)
Walt Whitman (1900)

Agradecimientos

Alex, Paul eta Gileni zoriona, doan, eskura jartzeagatik.

El presente libro es una tesis doctoral fruto de las lecturas, el estudio y las reflexiones hechas a lo largo de muchos años y nace sólo cuando mis circunstancias profesionales, académicas y personales me han permitido encontrar el tiempo y el sosiego para sentarme a redactarla. Las tesis que se alargan en el tiempo suelen tornarse pesadillas para el doctorando y su director; pero tienen la indudable ventaja de haber madurado junto con el investigador y de ser el resultado del trabajo pausado que necesariamente implica el contraste de los juicios e hipótesis inicialmente establecidas. Esas son también, indiscutiblemente, las circunstancias de este trabajo.

El primer arranque de mi decisión de escribir una tesis sobre Martín Ugalde surge con la visita que el escritor efectuó a la Universidad de Deusto en respuesta a una invitación del profesor Iñaki Beti cuando yo era todavía alumna de último curso en aquella Universidad. El profesor Beti preparaba entonces una introducción crítica a los relatos "venezolanos" del escritor que Anthropos se proponía publicar en dos volúmenes en su colección "Exilios y heterodoxias" y criticaba con gran vehemencia el soslayo al que la obra del periodista exiliado había sido sometida desde el mundo académico y editorial.

La figura de Ugalde no me era desconocida. Al igual que en muchas otras casas vascas, algunos de sus libros se encontraban entre los volúmenes de la biblioteca familiar y los ecos de su incansable trabajo a favor del euskara y la recuperación de la identidad colectiva vasca tras la guerra del treintaiséis destellaban en mi subconsciente. La presencia del hombre me impactó. Recuerdo que su sabiduría y humildad —muy a menudo la misma cosa— llenaron el aula en la que nos habíamos reunido y cómo sus reflexiones sobre el exilio consiguieron trascender la mera experiencia de quien ha sufrido el horror del destierro para traducirla en forma de discurso articulado y coherente a los alumnos que nos habíamos reunido allí.

Recuerdo, también con claridad, cómo un asertivo Ugalde titubeó al tratar de dar respuesta a la pregunta espontánea de una alumna —yo misma— que le inquirió sobre las decepciones políticas y personales vividas tras su vuelta comprometida —comprometidísima— de un exilio que le había procurado, si bien mucha desazón, también un bienestar económico y un reconocimiento social al que tardó en tener acceso a su vuelta en su país de origen.

Después, vinieron varios encuentros con el escritor propiciados por los profesores José Ángel Ascunce e Iñaki Beti, que para esas fechas habían ya publicado varios estudios críticos en torno al autor vasco. Las visitas a su casa de Hondarribia y las conversaciones que allí mantuvimos fueron —cada una de ellas— experiencias únicas que recuerdo con inestimable afecto y agradecimiento.

El tiempo —y las circunstancias que el escritor se vio obligado a soportar durante los últimos años de su vida— han engrandecido el recuerdo de Ugalde a los ojos de muchos. A los míos, el escritor ha permanecido como la "figura de encrucijada" y "el inconformista indoblegable" (Zabala 2004) cuyo estudio permitiría reflexionar sobre pasajes de nuestra historia aun precisada de análisis. La obra de Ugalde me ha acompañado durante largos años; pero su presencia ubicua, lejos de hacérseme pesada o tediosa, me ha permitido leer(le) incansablemente e indagar en las coordenadas político culturales de las que su obra resulta una sinécdoque. Definitivamente, esta tesis pretende devolver al inconformista y generoso Martin Ugalde una pequeña parte de lo que recibí de él.

Deseo, especialmente, hacer constar mi agradecimiento al primer director de este trabajo, Iñaki Beti Sáez, por su inquebrantable fe en la consecución de este trabajo de investigación y su amistad sincera a lo largo de tantos años. El recuerdo de su entusiasmo para con la obra de Ugalde me ha acompañado también en estos últimos meses.

Agradezco, igualmente, a los profesores de la Universidad de Deusto José Ángel Ascunce, director de esta tesis doctoral, y Marisa San Miguel —también a la asociación Hamaika Bide de la que forman parte— su disponibilidad y colaboración generosísima cada vez que la he solicitado, al igual que la oportunidad de participar en cuantos congresos sobre el exilio vasco han organizado. La reconocidísima trayectoria y las numerosas publicaciones del profesor Ascunce, además de sus contribuciones valiosísimas al trabajo y su amistad desinteresada, han guiado mis investigaciones desde el comienzo y han aportado el marco inicial en el que se inserta esta tesis doctoral.

Marijose Garabieta, Idoia Murua y Elena Ventosa me han ayudado con su brillante precisión de traductoras y la edición del texto. A María Jesús Pando le debo su ingenio, su amistad y la epifanía preciosa de sus palabras.

Muchos otros amigos merecen ser mencionados aunque sólo sea brevemente: Goiaz, Joseba, Fernando, Marian, Itziar, Beatriz, Ainhoa, Xabier, Elena, Josu, María, Igor, Carol, Belen, Jon, Joxpi, Agurtzane, Naroa, conforman mi universo afectivo, y a menudo han creído más en mí que yo misma. Gracias a cada uno de ellos por su amistad y la alegría que me han regalado a lo largo de todo el trayecto de la investigación.

Son muchas las personas que me han alumbrado durante estos largos años; pero ninguna contribución intelectual me ha sido de mayor ayuda que las conversaciones, contrastes y opiniones aportadas por Joseba Ariznabarreta Arrieta, cuya coherencia ideológica e intelectual son referente indiscutible en esta investigación. Los errores son todos míos.

Introducción.

Justificación del objeto de estudio

¿Quién soy yo sin exilio?

Mahmoud Darwish (1999): *El lecho de una extraña.*

There are winners with their arrogance, their eloquence. And there are losers without words and without signs; but the race of the silent is tenacious.

Edmond Jabes (1976): *The Book of Questions.*

La satisfacción que el esfuerzo investigador descubre en el curso del estudio a menudo se vincula a dos sensaciones complementarias: la de novedad —o epifanía académica— aportada en esta tesis doctoral por el encuadre metodológico por el que se opta; y la de reconocimiento —en forma de reverberación— de esferas de valor deferidas por el investigador en el objeto de estudio.

Una primera percepción intuitiva con respecto al carácter sinecdóquico de la figura de Ugalde propició una indagación investigadora que devino en una lectura detallada y un análisis —que en primera instancia resultó descriptivo— de la obra del autor vasco.

El presente libro pretende, ahora, ofrecer un análisis sistémico e interpretativo de la obra del escritor a la luz del método culturalista, aunque sostenido siempre sobre el análisis previo recogido en varios artículos y conferencias de la investigadora.

El objeto de estudio de esta investigación comprende el análisis de la obra periodística y literaria de un miembro destacado del grupo de escritores e intelectuales nacionalistas vascos exiliados tras la guerra del treintaiséis, y trata de evidenciar que los textos del escritor epitoman gran parte del trabajo realizado por el conjunto de intelectuales y políticos contemporáneos al periodista. Se trata de demostrar, en suma, que los artículos de temática vasca analizados trascienden en gran medida las preocupaciones individuales del autor y resultan metáforas textuales de aquel espacio-conflicto.

Se trata, en definitiva, de la indagación en la memoria cultural de un grupo y el rastreo de las estrategias discursivas empleadas por éste con el fin de construir aquellos conocimientos y experiencias colectivamente compartidos en el pasado, de cuyo mantenimiento una comunidad se sirve para estabilizar y transmitir su propia imagen.

¿De qué manera se transmiten de manera durable y continuada las estructuras de los conocimientos colectivos? ¿Cuáles son los portadores, los medios que contribuyen a conservar o a eliminar, a representar o a manipular esa memoria? ¿Cómo son mantenidas y promovidas a través del discurso? El trabajo tratará de dar respuesta a estas preguntas de manera aplicada y concreta en alusión a la generación de intelectuales nacionalistas vascos que sufrió el destierro, primero, y contribuyó, después, al andamiaje cultural del País Vasco durante el post-franquismo, a través del análisis de la obra sinecdóquica de Ugalde.

En definitiva, la investigación trata de inquirir en la memoria cultural de un grupo, con el fin de conocer —si bien de forma metonímica— la manera en que la obra del autor contribuyó a la construcción y mantenimiento de conocimientos y experiencias compartidos colectivamente contribuyendo a estabilizar y transmitir a la posteridad las estructuras de estos conocimientos colectivos.

En lo que respecta a los reportajes y relatos venezolanos del escritor se hace una revisión crítica de las estrategias discursivas empleadas en los textos, indagando en las claves narratológicas, ideológicas y biografemas identitarios que permitan formular la cosmogonía esencial de Ugalde, para terminar interpretando de qué manera ésta contribuye también, tal como se ha sugerido, a enlazar el discurso de Ugalde con la voz del sujeto excluido o subalterno. También aquí se pretende el análisis e interpretación de las relaciones entre la obra literaria y periodística del autor vasco exiliado con los sistemas sociales y culturales —y hasta las circunstancias personales de necesidad de adaptación— en los que se enmarcaron; lo que supondrá, en suma, la comprensión de las relaciones comprobables entre todos los elementos constitutivos del sistema de escritura. Así, el cotejo de los significantes textuales, argumentales y estilísticos con la realidad social e ideológica de la Venezuela en la que se enmarcan resultará esencial.

En esta misma línea, se pretende desvelar cómo se formulan las diversas estrategias de representación o empoderamiento en el caso de Ugalde: el carácter de los recursos estilísticos empleados y las características del discurso. Observar, en suma, de qué forma se establecen nexos con los miembros de los grupos —vascos y venezolanos— afines al autor, primero, y exponer las estrategias escogidas por Ugalde para establecer, después, un diálogo con los diferentes ámbitos de poder hegemónico al que se enfrentó el periodista a lo largo de su carrera.

La obra del escritor y periodista vasco Martin Ugalde constituye un objeto de estudio particularmente idóneo para los denominados *Estudios Culturales*; enfoque que trata de contextualizar el hecho cultural en las coordenadas sociales en el que se produce y muestra un interés medular por prácticas y discursos que por razones diversas han quedado relegadas del canon de la cultura consagrada a pesar de su indiscutible relevancia social.

En efecto, y a pesar de que aun tras su muerte, Martin Ugalde sigue perteneciendo al reducido grupo de intelectuales que son fuente de inspiración moral y referencia tanto para las nuevas generaciones de periodistas vascos, como para una gran parte de la sociedad vasca contemporánea[1], su obra permanece soslayada de la mayoría de las antologías literarias dedicadas a la literatura vasca de finales del siglo veinte y apenas se hace mención a su figura en los manuales escolares publicados para los alumnos vascos de secundaria[2].

Las razones de este destierro las apunta Isabel Etxeberria (2000: 500) en su introducción al análisis de los cuentos en euskara del escritor cuando subraya que la ausencia de Ugalde de la práctica totalidad de los circuitos culturales vascos y de las obras, hoy clásicas, de la Historia de la Literatura Vasca, se debe al hecho de que Ugalde estuvo siempre desplazado, bien en lo geográfico o en lo temporal, de los focos de centralidad —y de poder— donde se arbitran los criterios del canon[3].

> Batzuetan distantzia geografikoa dela, bestetan distantzia kronologikoa, ez dio mesede handia egin gure azken mende erdi inguruko historiak Ugalderi. (…) Komeni zen lekuan beharrean beste nonbait zegoela, eta behingoz toki egokian egonda, besteak baino geroago iritsia. Honen guztiaren ondorio, Ugalderen ausentzia euskal kulturaren zirkuituetan. Gaur klasiko bihurtu diren literaturaren historietan eta eskuliburuetan Ugalde ez da azaltzen.

La constatación reiterada de este olvido —a mi modo de ver injustificable[4]— funda la razón misma de esta tesis doctoral y otorga a la obra del escritor una indudable significatividad e interés analítico en el marco de los estudios culturalistas y subalternos.

Es cierto que otros autores contemporáneos a Ugalde, e igualmente miembros —a su pesar— de lo que Nikolas Alzola Gerediaga vino a definir como *la generación de las catacumbas*[5], procurarían una materia de análisis válido; pero me aventuro a afirmar que ninguna figura del circuito intelectual vasco ha contribuido a perfilar de forma tan activa los acontecimientos históricos que han dado como resultado las circunstancias

[16]

sociológicas en las que los vascos nos vemos hoy inmersos. Tal como afirma Zabala (1-XI-2001):

> Martin Ugalderena, zalantzarik gabe, hain gogorki astindutako azken mendeko euskal gizartean ezagutu dugun ekintzaile aberats eta konplexuenetakoa da. Erbesteari buruz hitz egiten badugu, idazlea Venezuelan aurkituko dugu bizitzen. Gerra galduaren zauriak aztertu nahi baditugu, Ugaldetarrenak oraindik irekita daude. Euskal diaspora ezagutzerakoan andoaindarraren lana berehala agertuko zaigu. Eta eginkizunen alorrean, jakina, hortxe dago Venezuela eta Euskal Herriko kazetaritzan eta berezko literaturetan egin duen lan eskerga. Hauekin batera ezin dugu klandestinitatean eta Franco hil ondoren Ugaldek eginiko lan politikoa ahaztu; zentzu honetan idazleak ondo asko ezagutu zuen hain ankerra izan zen barruko erbestea, frankismoari aurre egiten saiatu ziren disidenteena, alegia. (…) Hori guztia dela eta, Martin Ugalderen irudiak garrantzi berezi du eta ez bakarrik omenaldiak egiteko helburuarekin, ondo aztertu eta baloratu behar den lanaren egilea izan delako baizik. Euskal Herrian horrelako izen handien sobera ez baikabiltza. Ugalderen pentsamenduak errealitatea aldatzeko asmoan bide berriak bilatzeko deialdia izaten jarrai dezake.

En la figura de Ugalde confluyen temas que me han interesado y preocupado a lo largo de los años. Es indiscutible que la trayectoria vital del periodista sirve de elemento catalizador de la memoria histórica del País Vasco, tan dado a olvidar, y hasta enterrar, los acontecimientos que han contribuido a perfilarla.

De hecho, afirmar que la obra de Ugalde está mediada por las coordenadas socio-políticas en la que se produjo es prácticamente una tautología. La obra de Ugalde es —sobre todas las demás cosas— una sinécdoque de aquel espacio-conflicto y su valor, sin pretender negar su valía literaria, radica precisamente en esta circunstancia.

Así, el análisis de la obra de Ugalde comporta, necesariamente, el estudio de un problema social que trasciende la obra del escritor como objeto de investigación. El contexto espacio-temporal en el que se produce, la intención testimonial y representativa —invariablemente de carácter anti hegemónico y resistente— que evidencian la mayor parte de sus textos son prueba asaz de lo afirmado.

Esta aseveración podrá ser enfrentada desde posturas formalistas que subrayan la otrora tan recurrida necesidad de una mirada "neutral" al objeto de estudio literario. Sin embargo, el marco metodológico adoptado permite —y hasta exige— un análisis que trascienda la perspectiva narratológica inmanente para ofrecer un estudio complejo que abarque el pensamiento contextualizado de la vasta obra del escritor en las coordenadas ideológicas en las que, indiscutiblemente, fue pensada por el propio Ugalde. En resumidas cuentas, hago mías las palabras de Edward Said (2000:xxxi) cuando afirma que: "The study of literature is not abstract but is set irrecusably and unarguably within a culture whose historical situation influences, if it does not determine, a great deal of what we say and do[6]".

El carácter ideológico de la mayor parte de las evidencias textuales analizadas dejan entrever las relaciones conflictivas que se establecen entre el escritor vasco y las diversas formas de poder al que se enfrentó a lo largo de toda su trayectoria, —ora con el gobierno franquista, ora con la ideología oligárquica venezolana y, finalmente, con la embrionaria administración democrática española—.

Partiendo de la premisa de que el poder siempre trata de socavar la representación de las comunidades que pertenecen a la categoría subalterna (Van Dijk 1999) y que los discursos del poder utilizan mecanismos para neutralizar ciertas prácticas discursivas (Retolaza 2010), la obra de Ugalde es fermento para un análisis de los mecanismos retóricos y textuales empleados, primero, para establecer sintonías con las voces marginadas y, después, elevar esa

[18]

voz a categoría dialógica —o cuando menos resistente— frente al poder[7]. El análisis discursivo de los textos del escritor y periodista Ugalde —metáforas, como se ha afirmado, de la producción literaria vasca de los años oscuros del franquismo— aportan luz sobre las estrategias textuales, discursivas e ideológicas esgrimidas por gran parte de los intelectuales vascos exiliados tras la guerra civil española. No en vano, tal como afirma Gracia (2006: 311) mucha de la literatura del exilio —junto con otras manifestaciones artísticas— ha ejercido de dinamitadora del esquematismo historiográfico y ha tendido a poner en cuestión cada una de las versiones oficiales o más extendidas del pasado actuando como "válvula de libertad y de ratificación simultáneamente, y moviéndose en esa dialéctica para conjurar el sectarismo o la parcialidad".

Podrá discutirse si el discurso de Ugalde —y por extensión el de gran parte de los intelectuales nacionalistas en el exilio— tuvo carácter performativo, o por el contrario, fue un mero ejercicio de disenso y resistencia incapaz de instigar un verdadero cambio social. No cabe discutir, sin embargo, que la contribución de estos admirables derrotados fue decisiva en el mantenimiento de señas de identidad centrales para el nacionalismo vasco tradicional y, en ese sentido, su producción discursiva sí contribuyó a desenmascarar esquemas culturales hegemónicos que obedecían a una política antidemocrática. Porque tal como señala Sarasola (1982: 94):

> El valor de la obra de estos admirables derrotados que siguieron luchando sin dejarse hundir en la desmoralización general, consistió en aportar lo que más falta hacia en aquel momento: la continuidad. Esa literatura podrá ser de escasa calidad, pedestre, extemporánea, pero no puede negarse que por lo menos existía, y eso era lo más necesario.

Si la identidad vasca, tal como afirma también Gurruchaga (1985), se reconstruyó como identidad de resistencia frente al franquismo —escenario en el que se había producido la extinción de los significados de la vida cotidiana, jurídica y simbólica del grupo— su logro fue ganar, al menos en parte, el derecho a la práctica cotidiana de su identidad. La contribución de hombres como Ugalde a esta conquista es incuestionable.

Se viene afirmando, en fin, que la articulación de toda la obra vasca de Ugalde se vertebra en torno a una fuerte carga ideológica conscientemente adoptada. La violencia, también epistémica, ejercida por el gobierno franquista —y la invisibilización de todo lo referido a la identidad vasca que implicó— sólo pudieron contestarse desde el andamiaje de la resistencia ideológica esgrimida como mecanismo de autodefensa contra una situación de opresión. Ciertamente, el carácter ideológico de la obra "venezolana" del escritor es, como poco, más discutible. Desde la exégesis identitaria que le supuso el mismo acto de escribir, Ugalde construyó una identidad individual arraigada en un fuerte humanismo cristiano, lejos de propuestas revolucionarias. Desde esta orientación ética, el periodista Ugalde desenmascara situaciones de injusticia y miseria, narrando desde el margen mismo de la realidad, retazos de la vida íntima de inmigrantes y desheredados. Estos retales de intrahistoria devuelven, sin embargo, una imagen de la historia colectiva de Venezuela que, de no ser por los reportajes y cuentos de Ugalde, bien pudo quedar sin ser contada.

En suma, la obra poliédrica de Ugalde viene a mostrar, tal como afirma Ascunce (2006: 327), que "la literatura es uno de los mecanismos más utilizados por los grupos marginados, dirigidos o silenciados para plantear sus reivindicaciones y ofrecer sus propias ideas".

Por lo demás, la verdadera fuerza de la visión de Ugalde radica en el hecho de que el escritor es capaz de vincular, en la práctica, su discurso resistente de miembro de un grupo minorizado con la tradición humanista más clásica. El material narrativo de su obra literaria, el carácter dialógico de su obra periodística y la vertiente ética que impregna todos sus escritos son prueba de lo afirmado. La evidencia de la fe en el discurso como una forma de acción social queda patente en el incansable ardor literario y periodístico del escritor. En palabras del propio autor, en una entrevista concedida a *Zeruko Argia* (17-VI-1973): "Batzuk gogorkeriaz eta armaz (mundua) zuzentzeko ahaleginak egiten dituzten bezela, idazleak bere indarrak gizarteko deabruen bide bihurri ilunak luma bidez argitzen ahalegintzen da".

El ingente número de artículos de opinión, reportajes, ensayos, libros, entrevistas, teatro, que produjo el autor vasco a lo largo de su vida son prueba de una declaración firme en defensa de la palabra como arma de cambio social.

Tal como afirmaba el estudioso del exilio español José Luís Abellán (2002: 346) durante el congreso dedicado a la figura del periodista vasco durante el mismo congreso:

> Quiero referirme al valor simbólico de la figura de Martin Ugalde como intelectual vasco representativo de los valores universales encarnados en un pueblo que, a través de avatares múltiples y difíciles, ha sabido conservar una identidad cultural propia, sin que esa personalidad se hundiese en las simas de lo excluyente ni quedase tampoco absorbido por influencias avasalladoras. (…) Defensa de lo propio y apertura al otro definen una personalidad intelectual que es paradigma del diálogo intercultural que hoy se impone en el mundo por imperativo de la globalización en que estamos inmersos.

También el periodista Iñaki Uria —a la sazón consejero delegado del después clausurado diario *Egunkaria*— se refería a Ugalde como una figura clave y simbólica dentro del mundo cultural vasco:

> Oraindik ere elkarren ukazio gisa planteatzen zaizkigu maiz bi termino horiek: euskalduna versus unibertsala. Edo Euskal Herria versus mundua. Euskal Herria lur azaletik desagerrarazi nahi dutenek bultzatzen zuten (eta dute)

dikotomia hori, jakina. Baina ez horiek bakarrik. Mundua euskararen eta Euskal Herriaren etsai delakoan, euskalduntasuna bere birjintasunean mundutik at gordetzearen aldekoak ere izan dira. Batzuei eta besteei egin die aurre Martinek, euskalduntasuna unibertsalizatuz, unibertsoa euskaldunduz. (17-X-2003)

En la mirada literaria y periodística de Ugalde confluyen, en efecto, una variedad de matices que lo convierten en germen más que idóneo para proponer un análisis hermenéutico de su obra. No en vano afirma Said (2000: 186) que: "Most people are principally aware of one culture, one setting, one home; exiles are aware of at least two, and this plurality of vision gives rise to an awareness of simultaneous dimensions, an awareness that —to borrow a phrase from music— is contrapuntal".

Sorprende por todo lo afirmado a lo largo de este apartado que la obra —repleta de contrapuntos— de Ugalde no haya recibido aun, salvo excepciones honrosas, la atención crítica que merece y, en la misma línea, esté todavía por plantear el trabajo analítico que alcance a estudiar al escritor, periodista, exiliado, activista, político, humanista que se expresó en las dos lenguas de su experiencia.

Mi trabajo de años se verá recompensado si este libro cubre, aunque sea parcialmente, esta ignominia.

Seguramente se convendrá con la responsable de este trabajo que las decisiones idiomáticas previas a la redacción de una investigación apenas suelen ser habituales en las justificaciones preliminares del mismo; y, sin embargo, yo me veo obligada —moral e ideológicamente— a realizarlas en la medida en que soy miembro de una comunidad lingüística minorizada.

Los que me conocen, conocen también mi adhesión, lealtad —y hasta espíritu combativo— a favor de nuestra lengua nacional, igual que conocen mi respeto —y hasta amor— por otras lenguas extranjeras. Esta adhesión es más que una apuesta ideológica; el euskara constituye un elemento esencial de mi biografía íntima, personal, cultural e intelectual. Comparto, pues, con Martin Ugalde el amor por el euskara y —al contrario que el escritor exiliado que tuvo que luchar para recuperarlo en su registro literario— me expreso mejor —también por escrito— en esa lengua.

He optado, sin embargo, por redactar este trabajo en castellano en virtud de una serie de factores prácticos derivados —no tanto, desde luego— por el objeto de estudio en sí, como por impulsos exógenos y de conveniencia metodológica.

Es sabido que el autor vasco se expresó en lo que él convino en definir como las dos "lenguas de su experiencia", y que, por tanto, muchas de las evidencias textuales del autor que he tenido que analizar estaban redactadas en español. También es cierto que, exceptuando los artículos y las referencias —fundamentales aunque escasas— de Izagirre, Lertxundi, Torrealdai, Etxeberria —o las mías propias— apenas hay revisiones críticas de la obra de Ugalde en euskara.

En el ámbito de estudio dedicado al exilio en general, y al vasco en particular —marco de referencia indiscutible en un trabajo de estas características— las honrosas excepciones de escritores que han hecho sus aportaciones en euskara se recogen en un puñado de nombres propios; mientras que las referencias bibliográficas en español —si bien no numerosas considerando la trascendencia que el exilio presenta para la colectividad vasca— son mucho más pródigas.

Todavía habrá quien opine que a pesar de lo expuesto debería haber redactado esta tesis doctoral en euskara; y no será esta doctoranda quien pueda —ni pretenda— probarles lo contrario; porque, parafraseando a Ugalde, "no hay que olvidar que las cosas son siempre, para aquellos que no le ven a la forma el fondo, lo que parecen" (Ugalde 1992a: 48).

Los estudios culturales aplicados al ámbito vasco

Mientras en el ámbito anglosajón y latinoamericano el enfoque metodológico adoptado en este trabajo ha resultado central a la actividad investigadora de las últimas décadas, los estudios culturales han tenido una recepción tardía y desigual entre los estudiosos de las ciencias sociales en el ámbito vasco.

La mayor parte de las diferentes investigaciones centradas en la cultura vasca, —o incluso peninsular— desde esta mirada metodológica se han desarrollado al auspicio del Center for Basque Studies adscrito a la Universidad de Nevada (Reno) y, en menor medida, son también resultado del trabajo crítico de estudiosos vascos que ejercen labores docentes e investigadoras en diferentes universidades del Reino Unido. Por el contrario, el enraizamiento del método entre los grupos de investigación de las ciencias sociales en las diferentes universidades del País Vasco peninsular ha sido, por exponerlo de forma sutil, —y salvando excepciones honrosísimas— superficial y escaso.

En Estados Unidos la aplicación del método ha dado como resultado un número considerable de investigaciones y estudios críticos, publicados la mayor parte de ellos en inglés, referidos a objetos de estudio del ámbito vasco tan diversos como el arte, la regeneración urbana, la literatura, el bersolarismo, la etnografía, la gastronomía, los medios de comunicación o la violencia .

En este espacio académico —y originariamente de la mano de los estudios sobre identidad y el hibridaje cultural de la diáspora vasca— encontramos el primer arranque de los denominados Basque Cultural Studies. En julio de 1998 el Centro de Estudios Vascos de la universidad norteamericana auspició la celebración del congreso "Vascos en el mundo contemporáneo: Emigración, Identidad y Globalización" congreso en el que participaron investigadores de la talla de Joseba Zulaika, Gloria Totoricaguena, Linda White, William Douglass o Joseba Gabilondo entre otros. El congreso dio como resultado la edición del libro Basque Cultural Studies. Basque Nationalism and Politics on the Eve of the Millenium (1999) bajo la dirección de William Douglass, resultando ésta la primera obra colectiva en la que el método culturalista informa la hermenéutica de distintos objetos de estudio que versan sobre aspectos de la cultura vasca de forma diferenciada.

Casi una década más tarde la profesora e investigadora de la universidad de Deusto María Pilar Rodríguez edita el trabajo Basque/European Perspectives on Media and Cultural Studies (2009), una obra que recoge los trabajos críticos de más de 15 investigadores de ámbitos muy diversos y que fue publicado igualmente por el Center for Basque Studies. Ese mismo año la Universidad de Deusto publica también Estudios culturales y de los medios de comunicación en la que bajo la dirección de Pilar Rodríguez se recogen ensayos en torno al cine y la literatura y las nuevas tecnologías a la vez que se revisan conceptos tales como la memoria histórica y se reflexiona sobre procesos de consumo y aprendizaje cultural.

En lo que se refiere a las obras escritas en euskara Kultura eta identitate erbesteratuak (Nomadología Subalternoak) del profesor de la universidad de Leeds Imanol Galfarsoro indiscutiblemente inaugura una nueva manera de enfocar el ensayo crítico desde los estudios culturales y subalternos vascos. La obra de Galfarsoro estrena un pensamiento que —si bien como él reconoce debe mucho a autores como Azurmendi— se entronca en la tradición anglosajona en cuanto a que muestra una vocación teórica poco habitual entre los estudios autóctonos sobre disciplinas de las ciencias sociales. La obra de Galfarsoro es un recorrido personal por la propia disciplina metodológica culturalista y presenta la indiscutible virtud de la falta de condescendencia hacia otros trabajos de carácter descriptivo y presupuestamente apolíticos, vicio que está —tal como delata el autor— muy extendido entre los investigadores vascos de ciencias sociales.

En cuanto a los estudios sobre el exilio vasco, —si bien no son numerosos considerando la trascendencia que el exilio provocado por la guerra del treinta y seis tuvo para la comunidad de los vascos— hay trabajos críticos individuales y colectivos que merecen ser destacados tanto por el esfuerzo recopilatorio que ha abonado la tierra fértil en la que otros investigadores nos hemos beneficiado, como por las contribuciones —académicas, bibliográficas y biográficas— recogidas en muchas de esas publicaciones.

Destacan entre todas las demás aportacoiones críticas, los congresos organizados por la asociación Hamaikabide —integrada por profesores y especialistas de los cuatro territorios de Euskal Herria peninsular— en torno, sobre todo, al exilio vasco de 1936-1939. El número de congresos internacionales organizados por la asociación —periodicidad anual desde el año 1999 hasta el 2011— como el ingente número de investigadores de talla universal reunidos en torno a estos congresos, son prueba del trabajo perseverante de esta asociación, sin cuya formidable contribución el análisis interpretativo del exilio vasco resultaría una tarea impracticable.

Los congresos organizados por la asociación incluyen monográficos en torno a personajes destacadas del exilio como Eugenio Imaz (2000), José Antonio Aguirre (2005) o el propio Ugalde (2002). Igualmente se han celebrado encuentros en torno a la figura de la mujer en el exilio (2004), exilio y universidad (2007), artes escénicas y exilio (2008).

Introducción. Los estudios culturales

Las actas que recogen las ponencias de estos congresos incluyen: La cultura del exilio vasco (Ascunce, Apaolaza, Momoitio 2001); Herri bat bidegurutzean (Apaolaza 2003); Los hijos del exilio vasco: arraigo o desarraigo (Ascunce, San Miguel 2004); Exilio y Universidad (1936-1955) (Ascunce, San Miguel, Jato 2008); El exilio: debate para la historia y la cultura (Ascunce 2008); El teatro del exilio vasco de 1936 (Beti, Gil Fombellida 2009); Sujeto exílico: memorias y diarios (Acillona 2010) y Testimonios del exilio (Acillona 2010).

Además de estas obras repletas de referencias fundamentales, la asociación ha reeditado —o incluso publicado por primera vez— obras de exiliados cuya obra ha sido sistemáticamente soslayada del canon literario: Arantzazu Amezaga, José Martín Elizondo, Ramón de Ertze Garamendi, Ildefonso Gurrutxaga, Cástor Narvarte, Cecilia García de Guilarte, Pilar de Zubiaurre y Kepa de Derteano, entre otros.

La colección Urazandi, impulsada por la Dirección de los Ciudadanos y las Colectividades Vascas en el Exterior (Gobierno Vasco) recopila un gran número de ejemplares de las publicaciones periódicas del exilio vasco. Alberto Irigoien y Adriana Patrón editaron "Hemeroteca de la Diáspora Vasca", compendio de los periódicos y revistas publicados en América entre 1876 y 1976. De ese corpus, se han digitalizado 130 revistas, en su mayor parte editadas en América. La exhaustiva investigación bibliográfica que sustenta el proyecto Urazandi lo hace insoslayable para cualquier investigador de la diáspora vasca.

Esa ingente labor ha sido complementada por los trabajos, más recientes y ya indispensables, de Xabier Irujo, profesor de la Universidad de Nevada, en Reno: *Expelled from the Motherland: The Government of President Jose Antonio Agirre in Exile (1937 - 1960)*, *Itzulpena erbestean, Un nuevo treinta y uno. Ideología y estrategia del Gobierno de Euzkadi durante la Segunda Guerra Mundial a través de la correspondencia de José Antonio Aguirre y Manuel Irujo*, *La hora vasca del Uruguay. Génesis y desarrollo del nacionalismo vasco en Uruguay (1825-*

1960), Euskal erbeste politikoa Uruguain (1943-1955). Eusko jaurlaritzaren administrazioa eta kanpo ekintza atzerrian (Administration And Foreign Policy of The Basque Government in America during The Franco Years).

Merecen igualmente ser mencionadas la obra Erbesteko Euskal Pentsamendua de Paulo Iztueta Armendariz, que aporta una visión ciertamente muy completa de la ideología del destierro vasco a través del análisis detallado de sendas revistas que recogieron el pensamiento en el exilio americano de intelectuales anteriores a la guerra, —caso de Euzko Gogoa— como la ideología de la generación posterior de escritores vascos que contribuyó a la publicación de Zabal; al igual que la obra coral Euskaldun etorkinak Ameriketan (2003), que bajo la dirección del crítico Txomin Peillen recoge artículos sobre la contribución de diversos emigrantes y exiliados vascos a diferentes repúblicas americanas. Los autores que contribuyen a la obra incluyen Edurne Alegría, Ur Apalategi, Xabier Apaolaza, Gorka Aulestia, Paulo Iztueta y el historiador navarro Roldán Jimeno.

La obra publicada en 1977 y reeditada en 2008, de Emilio López Adán El nacionalismo vasco en el exilio es un intento de deconstrucción —utilizando una metodología marxista— de la ideología del Partido Nacionalista Vasco en el exilio.

Estudios críticos referidos a Martin Ugalde

Huelga decir que la obra de Martin Ugalde no ha sido analizada —tampoco parcialmente— desde el enfoque culturalista y que es precisamente por esta circunstancia por la que este estudio resulta alternativo respecto a las revisiones hechas hasta ahora en relación a su obra, permitiendo ampliar la mirada sobre su figura.

Sin embargo, es igualmente justo aclarar que esta tesis doctoral parte de otros trabajos de investigación previos al mío y que han contribuido de manera fundamental a andamiar esta disertación. Destacan en castellano los trabajos realizados por los profesores de la Universidad de Deusto Iñaki Beti (1992, 2000) y José Àngel Ascunce (1993, 2002) sobre la obra 'venezolana' de Ugalde; los innumerables artículos resultado del esfuerzo del grupo Hamaikabide —cuyo ardor investigador ha rescatado de la ignominia a tantas figuras del exilio vasco— y otros muchos trabajos de investigación, que si bien no están directamente relacionados con la obra del escritor andoaindarra, han sido fuente de inspiración constante a la hora de reflexionar sobre la obra de éste.

En lo que se refiere a los estudios en Euskara no puedo por menos que citar el prólogo de Koldo Izagirre a Erroetatik mintzo (1993) que tiene, entre otros valores, el de ser el primer análisis estructurado sobre Ugalde en esta lengua; el trabajo de Anjel Lertxundi (1997), lleno de esbozos sugerentes; y, por supuesto, las importantísimas aportaciones bibliográficas de Joan Mari Torrealdai (1998, 1999, 2002, 2003, 2009), cuyo esfuerzo recopilatorio y de publicación me ha proporcionado información esencial para mi investigación.

Durante la primera semana de noviembre del año 2001 se celebró en San Sebastián, organizado por Hamaikabide Elkartea, el congreso internacional Martin Ugalde un hombre para un pueblo en el que especialistas en diversas materias analizaron la obra y el pensamiento del autor vasco. El congreso pretendió homenajear a uno de los escritores que, según se recoge en la presentación de las actas de aquella reunión, "resulta uno de los mayores exponentes de la cultura del exilio"; pero sus logros fueron mucho más allá al proponer por primera vez una visión multidisciplinar de la biografía y la obra del autor.

Los estudios críticos que se recogen en el libro —aun cuando por desgracia no recogen la totalidad de las ponencias y discusiones del congreso— ofrecen una semblanza analítica de gran parte de los textos de Ugalde a través de los treinta artículos críticos que incluye.

Destacan los trabajos en torno a la obra literaria del autor de la mano de críticos de la talla de Jesús María Lasagabaster, Jon Kortazar, Txomin Peillen, Iñaki Beti, José Ángel Ascunce y Xabier Apaolaza, estos dos últimos nombres, a su vez, coordinadores del congreso. El retrato del pensamiento de Ugalde llega de la mano de profesores y periodistas que compartieron experiencias vitales con el autor, contribuyendo a aportar una gran carga de testimonialidad viva a las propuestas críticas. Entre los autores que contribuyen al capítulo "Martin Ugalde en su tiempo y en sus ideas" se encuentran los profesores José Luís Abellán, José Ramón Zubiaur o Xosé Estévez. Mientras que los periodistas y compañeros de Ugalde Iñaki Uria y Joan Mari Torrealdai colaboran de forma significativa al esbozo de una figura que todos coinciden en definir como central para la cultura vasca.

Más allá de los diversos homenajes que el autor recibió durante sus últimos años de vida, el congreso supuso un paso de gigante en el análisis crítico de la ingente obra del escritor que había sido hasta entonces analizada de manera escasa y dispersa si bien, en el caso de alguna aproximación al menos, extraordinariamente atinada.

Sin embargo, ya en aquella época llamaba poderosamente la atención la práctica total ausencia de enfoques críticos que ofrecieran una visión global de la vasta obra del periodista desde el punto de vista idiomático, ofreciendo así una visión, si no desnivelada, si, al menos parcial en lo que se refiere a cada uno de las ponencias y los artículos que se incluyen en las actas.

Esbozos de una poética

Consciente, inconsciente o sueño, todo pertenece al autor.

Ugalde (1994) *Hablando con Martin Ugalde*

Nik ez dut gaia aukeratzen. Gaiak aukeratzen nau ni.

Ugalde (1993) *Erroetatik Mintzo*

El presente capítulo —basado en el cotejo exhaustivo de evidencias textuales diversas entre las que destacan entrevistas, declaraciones, artículos y prólogos a obras propias del periodista— busca hilvanar las líneas centrales del pensamiento de Martín Ugalde con respecto al arte, la literatura y el periodismo. Paralelamente se pretende indagar, si bien de forma breve, en los impulsos personales y motivaciones sociales que originalmente le empujaron a la escritura y a desvelar la naturaleza del carácter comprometido que a menudo se ha atribuido a la obra del escritor guipuzcoano.

El apartado está construido, casi exclusivamente, con retazos del discurso del propio Ugalde y, en este sentido, se han evitado consecuentemente las disquisiciones teóricas prolijas en torno a cuestiones teóricas; si bien alguna referencia crítica ha resultado indispensable para enmarcar las opiniones vertidas por Ugalde y contribuir a una interpretación de sus opiniones en las coordenadas hermenéuticas adecuadas. De forma voluntaria se ha hecho hincapié en textos y declaraciones poco conocidas del escritor, obviando otras que por manidas han contribuido a un encasillamiento del autor dentro de unas coordenadas no siempre del todo atinadas.

Los datos recogidos en este apartado servirán finalmente como componentes de una interpretación de carácter sistémico —objetivo final de este trabajo— donde las opiniones vertidas por Ugalde y recogidas en este apartado contribuirán también, entre otros muchos elementos discursivos y analíticos, a una visión completa de toda su vasta obra en las coordenadas culturalistas en las que se enmarca este trabajo.

Martin Ugalde apenas dejó testimonios teóricos escritos sobre su obra o sobre el hecho literario en general[8]. De hecho, el escritor nunca escondió su desapego por las disquisiciones teóricas en torno a la literatura:

> Como no he sido un gramático tampoco me ha interesado el estudio literario si no es con intención de expresarme. Ugalde (citado por Ariznabarreta y Beti 2000a: 51)

Así, un capítulo dedicado a la poética del autor estará necesariamente sostenido sobre un conjunto de declaraciones y notas autobiográficas recogidas en diarios, revistas y entrevistas donde el escritor, al hilo de las preguntas de sus entrevistadores —y sin voluntad verdadera de sistema— hace referencia a su manera de entender la literatura, el periodismo y su tarea de escritor.

Muy temprano fui consciente de que muchas de estas declaraciones desparramadas aquí y allá no tenían como objetivo formular teoría alguna ni configurarse en sistema estructurado y —tratando de obtener de primera mano datos que me permitieran delinear o trazar la poética del autor, es decir, su visión general de la literatura en términos de función, influencias, estilo, concepción y finalidad de los géneros en los que se expresó— realicé el mes de abril de 1994 una entrevista muy detallada al autor en la que Ugalde, seguramente por primera y única vez[9], respondió de forma metódica a cuestiones de calado teórico y reflexionó sobre la práctica de su actividad periodística y literaria[10].

El documento aunque explicita de forma obvia muchas contradicciones de un autor poco dado a categorizaciones teóricas

—o quizá precisamente por ese motivo— resulta central a la hora de estudiar la poética del autor, o como diría Segre, conocer su *ideología* sobre la producción literaria; porque si bien es cierto que desde el análisis de las propias evidencias narrativas y literarias del escritor podrían extraerse las líneas maestras de su cosmogonía poética —y de hecho algo de esto pretendo proponer también en las conclusiones de este trabajo— no es menos cierto que el cotejo de estas informaciones en primera persona, si bien sólo como un dato más, informará de forma sustancial la investigación crítica de su obra.

En este apartado me propongo, así, ordenar los argumentos de la poética de Ugalde, explicitar las contradicciones que se derivan de sus declaraciones y establecer, en la medida de lo posible, una síntesis estructurada de los escasos fragmentos en los que el autor vasco repasa el discurso literario y poético. El apartado resultará, en suma, un análisis de la mirada caleidoscópica y —a menudo equívocamente fragmentada por la crítica— de Ugalde con respecto al arte, la literatura y el periodismo, además de una revisión de los compromisos ligados a la actividad del escritor y el intelectual.

Según se desprende de las citas que siguen, Ugalde entiende que las artes — "regidas por una ley fácil de decir y difícil de apresar en palabras" (Ariznabarreta y Beti 2002a: 29)— están estrechamente mediadas por los esquemas sociales y culturales en las que se inscriben; y en su recepción intervienen criterios, que lejos de ser objetivables, proceden del ámbito de la subjetividad del individuo, —constituido a su vez, de manera exógena— por la tradición, los valores y las normas adoptadas por éste.

> Partamos de la belleza, el atributo de la estética más fácil de percibir. Pero la belleza no dice a todos la misma cosa, no reaccionamos todos igual. Pasa que a la belleza no se la puede determinar absolutamente, sino relativamente, depende de la cultura y la sensibilidad o el gusto de cada quién. Esto, que es tan aleatorio, es lo que une a las artes,

E

entre ellas la literatura. Ugalde (citado por Ariznabarreta y Beti 2002a: 23)

Lo real es aquello que uno ve o siente mediante sus sentidos. Lo que ocurre es que cada uno tiene los suyos y sus maneras de mirar, sus prejuicios y lo demás. Esto tiene aplicación en la literatura. Creo que antes he mencionado el hecho de que el lector percibe lo dicho de acuerdo con sus prejuicios, y que la mitad de lo que ha escrito el autor es percibido, en al menos una mitad (digo yo, ¡que no he medido nada!) por el lector. Es que las palabras que usamos tienen medidas diversas según la experiencia de cada quien, ¡hay mucho daltónico literario! Ugalde (citado por Ariznabarreta y Beti 2002a: 25)

En suma, el arte no es para Ugalde un valor de dimensiones absolutas, una realidad de esencialidad intrínseca. Al contrario, Ugalde subraya la naturaleza social e históricamente contingente del arte —y por extensión la *literariedad*—afirmando que la subjetividad y las convenciones histórico–sociales —los marcos propios de referencia cultural— gravitan sobre todo el proceso de recepción de la obra literaria.

Las impresiones se asemejan. Hay que tener en cuenta que el lector de una obra literaria conforma, con su educación, su experiencia y sus gustos literarios parte a veces grande de la obra que ha leído. Uno se retrata a menudo en el juicio que hace. Cada uno a su manera. Por esto me parece que la literatura influye sin duda, en el medio en que es leída, pero de manera diversa y hasta opuesta al ideal que alentó el escritor al componerlo. Ugalde (citado por Ariznabarreta y Beti 2002a: 30)

Este es el tamaño del hombre que pintamos los que escribimos, generalmente. (…) El hombre con alma ha llegado hasta el punto de reconocer la realidad de distintas maneras, y estas maneras de ver y sentir el hombre dependen de los instrumentos que utiliza y de su propia singularidad. Porque cada uno tiene un cristalino espiritual distinto. Ugalde (citado por Ariznabarreta y Beti 2002a: 26-27).

En esta aproximación de carácter relativista al arte y la literatura radica, como observaré, la centralidad que Ugalde otorga a establecer vínculos con sus lectores potenciales; lo que a su vez se vincula de forma obvia —como trataré también de explicar— con el carácter fuertemente comprometido y ético de gran parte de su obra.

Cuestionado sobre la función que cumple la literatura Ugalde se muestra contundente y afirma que si bien la escritura tiene en él una "función neutra", sí admite que:

"el género literario cumple desde la función mínima de comunicar la carga elemental de la palabra en sí, en su primera acepción, hasta la infinita manera de usarla a la medida del espíritu creador del escritor. Como ocurre al pintor con el óleo, con la misma brocha, el creador literario hace uso del mismo abecedario y del mismo diccionario para realizar lo más rudimentario al crear una obra de arte. El espíritu humano ha creado obras que perdurarán siempre partiendo de los mismos materiales. Cumple, pues la función de elevar el espíritu humano a través de la lectura. Ugalde (citado por Ariznabarreta y Beti 2002a: 22).

Sin embargo, Ugalde no niega que el escritor pretende, paralelamente, hacer de la literatura una proyección individual de sí mismo, porque tal como señala el autor "no puede disociarse la obra de su autor con temperamento, talento, o falta de ellos".

Consciente, subconsciente o sueño, todo pertenece al autor. Y yo creo que el autor, desde el más humilde hasta el más pretencioso, se siente autor de algo que a sus ojos adquiere una importancia transcendental. He leído alguna vez que el escritor actúa como un pequeño Dios que pretende enmendarle la plana, corregir, protestar contra todos los errores que el Creador cometió al hacer este mundo tan imperfecto. Tanto, que hasta lo hizo a él tan presumido.. Sin duda alguna el que escribe, pinta o esculpe cree que su obra va a sobrevivirle, por simple cálculo de duración, temporalidad física, pero la inmortalidad le queda muy ancha. Ugalde (citado por Ariznabarreta y Beti 2002a: 23).

La mayor parte de los trabajos críticos dedicados a Ugalde mencionan el carácter comprometido de su obra (Ascunce 1993, Beti 1992, 2000, Izagirre 1993, Lertxundi 1997). El profesor Iñaki Beti (2004) se refiere así a la naturaleza ética y moralmente responsable de toda la obra de Ugalde:

> Los cuentos que Ugalde escribe en Venezuela, por ejemplo, son un claro exponente de literatura comprometida, encaminada a denunciar situaciones de injusticia social, principalmente en torno a temas como la xenofobia, la explotación laboral, la marginación a la que son sometidos los inmigrantes, la discriminatoria repartición de la riqueza, etc. En el fondo de la mayor parte de estos relatos subyace una denuncia más o menos explícita hacia cualquier tipo de opresión y una reivindicación de la libertad como elemento básico irrenunciable de dignificación de la persona. En su obra aparecen personajes humildes, problemáticos, desvalidos y sufrientes, que se debaten en una continua lucha por la consecución de una vida más humana, y para con quienes de alguna manera se exige comprensión y solidaridad.

Todos los autores consultados afirman, en suma, que la tarea de escribir es para Ugalde el "imperativo ético de una vocación, la concreción de un compromiso" (Ascunce 1993: 72)[11]. Muy a menudo los trabajos consultados citan a este respecto una frase rotunda en la que el autor guipuzcoano aseguraba: "Mi trabajo siempre ha tenido un objetivo, ser lo más eficaz posible para el país, primero, y luego para el partido al que pertenezco" (Deia 1981).

Esta declaración —que, por explícita, resulta extraña en los tiempos que corren— posee la indudable virtud de ser transparente en su principio, de ilustrar abiertamente su vocación, y descubre un aspecto básico de la relación del escritor vasco con la literatura y el periodismo. En efecto, tal como puede contrastarse también en las opiniones de los estudiosos de su obra, la lealtad hacia la dimensión ética de escribir adquiere en muchos de los textos cotejados una significatividad central y de ellos se infiere que, para Ugalde, el valor esencial de la escritura no es de carácter tanto estético como ético[12]. No en vano, tal como señalan Ariznabarreta y Beti (2002b: 248) "desde el mismo momento en que un escritor se embarca en la aventura de una escritura, lo hace desde una concepción poética determinada, desde una idea sobre su función y finalidad, que va a ser la que le va a guiar a lo largo de toda su producción, y dentro de la cual subyace una intención de intervención y de modificación de lo real. En el caso del escritor vasco, lo que le moviliza, lo que le mueve hacia la escritura, no cabe duda de que es, siguiendo una línea claramente *sartreana*, un deseo por revelar el mundo y especialmente al hombre a los demás hombres, para que éstos, ante el objeto así puesto al desnudo, asuman todas sus responsabilidades[13]".

Tal como subraya Aguiar e Silva (1972: 65) "el tema del *compromiso* es fundamental por sus implicaciones y consecuencias en las cosmovisiones literarias". Porque tal como recoge el crítico portugués:

> El hombre, según Heidegger, no es un receptáculo, es decir una pasividad que recoge datos del mundo, sino un estar-en-el-mundo, no en el sentido espacial y físico de estar en, sino en el sentido de presencia activa, de estar en relación fundadora, constitutiva con el mundo.

Precisamente, este es el argumento en el que puede referenciarse el carácter práctico y abiertamente comprometido de la obra periodística y literaria del escritor vasco. El acto de escritura es para Ugalde, por lo tanto, un modo de actuar, una manera de intervenir en la realidad en la que el autor está inmerso. Ugalde escribe, según se deduce de sus propias palabras, para provocar cambios, porque, en sentido estricto, no puede haber auténtica revelación sin la existencia de propuestas de cambio.

> Tenemos que hacer frente a las realidades que nos ha tocado vivir en nuestro tiempo, (...) esgrimiendo las armas más adecuadas para enfrentarnos a nuestro tiempo más reciente, el hoy cambiante en ciclos cada vez más cortos, aunque sí con la misma voluntad de convivencia en la libertad que ha sido herencia positiva y perdurable de nuestro pueblo para enfrentarnos a la realidad de tener que dar respuestas adecuadas a la violencia que las circunstancias de cada tiempo está imponiendo a nuestro pueblo. Ugalde (1980: 64)

En la misma línea, en unas declaraciones que recuerdan, según Anjel Lertxundi (1997: 13) a citas de Graham Greene y André Mauroise[14]. Ugalde se refiere al *carácter socialmente responsable* de la escritura y afirma incisivamente que tanto el periodismo como la literatura deben aspirar a *decir la verdad*.

> Munduan arkitzen duenak bultzatzen omen du idazlea lanera, eta nere kasuan ere alaxe gertatu dela uste dut Idazlearen eta kazetariaren jomuga nagusia egia, zuzentasuna eta askatasuna (dira). (*Zeruko Argia* 17-VI-1973).

> Beti jakin dut egia esan behar nuela. (*Aiurri*, 1994)

Autenticidad y *libertad* son para Ugalde rasgos éticos y, por tanto, modelos de comportamiento. Así, a los profesionales que ejercen cualquiera de las dos actividades vinculadas a la escritura —

si en verdad desean merecer esa categoría— deben mostrar un talante *luchador* y hasta *conspirador* a favor de la consecución de los dos valores esenciales mencionados. Las citas que siguen, extraídas de sendas entrevistas alejadas en el tiempo, hablan del compromiso de Ugalde a favor de una literatura con vocación de *verdad* y *libertad* a lo largo de toda su trayectoria[15].

> Idazleak eta kazetariak burrukalari eta, Oteizak dioen bezela, "konspiradore" behar du izan. Bestela ez dute izen ori merezi. (*Zeruko Argia* 17-VI-1973).

> Neuk konkretuki beti nahiago izan dut idaztea, herriaren alde idatziz politikaz baino gehiago egin dezakedala uste bait dut. Gizon askea naiz, askatasuna nahi dut naizena izateko eta idatzi behar dudana idazteko. Idazleak askatasuna galtzen badu, idazle hori galdu da. (*La Voz*, 1984. Citado por Torrealdai 1998: 307).

La del intelectual —y por extensión la del escritor— es, según Ugalde (2003: 130), "una de las profesiones más exigentes para esta pedagogía en valores" y de ahí que "la condición más valiosa de estos profesionales de la comunicación social sea su credibilidad"; que se funda —de acuerdo con el escritor— en la "sinceridad testimonial que debe guiar todo empeño intelectual"[16]. Obsérvese en la cita que sigue la manera en la que Ugalde hace referencia a este compromiso franco de testimonialidad en la introducción a su obra ensayística *El problema vasco y su profunda raíz político-cultural* (1980: 10).

> Quiero decir de entrada que esta presentación no va a ser imparcial. Como profesional de la comunicación, aprecio los valores de la objetividad, los busco y los aplico en la medida en que somos capaces de hacerlo los hombres; pero también estimo los valores del sentimiento en el momento de decir la verdad del hombre, y no puedo menos que decir que esta defensa de toda una vida larga de pensamiento y de trabajos que es la cultura de mi país no

puede ser expresada a través de la cabeza sólo, sino que también pasa por el corazón.

Para Ugalde, el quehacer de los intelectuales consiste, en suma, en "decir la verdad y revelar el engaño" (1980: 120); y esta responsabilidad es a partes iguales un deber ético e, ineludiblemente, —tal como se deduce de la cita anterior— afectivo.

El escritor vuelve a referirse al "compromiso inexcusable" de los intelectuales en el artículo "Intelektualak Euskalerriaren aurrean" (2003: 220), artículo en el que se concreta en tres puntos la dimensión comprometida que implica la tarea ética del escritor. El artículo alude, en primera instancia, a la necesidad de que los intelectuales se erijan en defensores activos de la libertad —individual y colectiva— y llama, después, a soslayar las verdades derivadas de la conveniencia personal o política. En segundo lugar, Ugalde insta a los intelectuales a ser conscientes de su responsabilidad en la construcción de una realidad social y política nueva; y, por último, —en una referencia más práctica— reclama la necesidad de prescindir del uso de seudónimos mientras reclama de los escritores la asunción de responsabilidades derivadas de sus escritos.

Aguiar e Silva (1954: 65) considera que conviene proponer una distinción nítida entre lo que se entiende por *literatura comprometida* y lo referido con los conceptos *literatura planificada* o *escritura dirigida*. "En la literatura comprometida —recuerda Aguiar (1954: 65)— la defensa de determinados valores políticos y sociales nace de una decisión libre del escritor; en la literatura planificada, los valores que deben ser defendidos y exaltados y los objetivos que han de alcanzarse son impuestos coactivamente por un poder ajeno al escritor, casi siempre un poder político, con el consiguiente cercenamiento o incluso aniquilación, de la libertad del artista".

Precisamente, son profusas las reflexiones en las que Ugalde muestra su inquietud por evitar caer en la literatura panfletaria, sectaria o dirigida. Su obra, lo mismo la escrita en castellano que la redactada en euskara, se inscribe dentro de una concepción poética según la cual el acto de escritura debe ponerse al servicio de una determinada causa, debe poseer un efecto en el ámbito de la realidad y el autor busca involucrar al lector en unos valores determinados, transmitir una lección de vida; pero Ugalde se aleja de la que él define como "literatura de moralina social":

> Literatura konprometitua ez zait sekula gustatu, guardian egoten naiz neronenean ere. Defenda daiteke bakoitzak defendagarri sumatzen duena, edo uste duena, baina aitortu behar genuke nolabait bekatua. Ugalde (citado por Torrealdai 1998: 246)

> Moralina ez dut gustuko, baina nire idazlanetan ere agerian ikustea ere gertatzen zait, batzuetan ebitatu nahi badut ere, zeren eta ez naiz ni sermoilari, ez zait behintzat polita iruditzen; nahiko lan badu bakoitzak berearekin. Baina bekatuak egiten ditugu, seguru. Ugalde (citado por Torrealdai 1998: 246).

Estamos, pues, ante una escritura comprometida, que quizás, acogiéndonos a la distinción que Guillermo de Torre hace en su libro *Problemática de la literatura*, se acentúe de forma disímil en sus textos venezolanos —reflejo de una responsabilidad interna e íntima— y los de temática vasca, —condicionados por un compromiso ideológico fruto del contexto sociopolítico—; pero sin abandonar nunca del todo ambos parámetros.

> Sus textos más significativos en los géneros del reportaje, el ensayo, la entrevista o la historia están motivados por un constante intento de construcción de la realidad e indagación en aquellos valores que puedan hacernos a todos más libres y así avanzar hacia un pleno desarrollo de los individuos y de los pueblos. (Beti 2004)

Esbozos de una poética

De la mano de esta vocación comprometida —aunque libre y alejada de dirigismo alguno— llega, precisamente, la reivindicación de Ugalde a favor de una literatura de carácter popular, de la fundación de lo que él mismo denomina como *una literatura del pueblo* —"que recoja sus sensibilidades e inquietudes"— cuya cimentación, según el propio autor, "no es obra de una persona, ni de dos. Es una tarea de vascos de todas las tendencias que escriban de todos los temas en todas las formas de expresión. Porque en este esfuerzo de comunicación con nuestro pueblo y con los que nos rodean todas las voces serán pocas".

> (...) No podemos pasarnos sin una vigorosa literatura nacional vasca, que es memoria y nervio de los pueblos. (...) Nos estamos muriendo como pueblo, y ¿no va a quedar de esta crisis terrible y de esta agonía un testimonio capaz de hacer sentir y hacer andar a las generaciones de vascos que vengan? ¿Qué continuidad de pueblo podemos esperar? (*Tierra Vasca*, IV-1961.)

Ugalde invoca, en resumen, un esfuerzo colectivo hacia la indagación en la memoria cultural del grupo a través de la literatura, con el fin de construir aquellos conocimientos y experiencias colectivamente compartidos, de cuyo mantenimiento una comunidad se sirve para estabilizar y transmitir su propia imagen; porque —tal como afirma Iris Zavala[17]— "un texto literario es un agente importante en la transmisión de la cultura; en definitiva nos proyecta las imágenes (identidades e identificaciones) mediante las cuales los seres humanos configuramos nuestras vidas y actitudes, que se le comunican y transmiten a las generaciones posteriores". En ese sentido, la tarea que encomienda Ugalde a la construcción de una literatura nacional es principal, porque —si bien el escritor es consciente de que "el vasco sigue viendo con indiferencia y hasta con recelo al que escribe poesía o cuentos o teatro" (IV-1961)— esta empresa es "uno de los instrumentos estratégicos fundamentales de autoconciencia de una sociedad", vía central, en fin, para recoger y reflejar los matices idiosincrásicos del colectivo[18].

> Si no somos capaces de hacer oír la voz que relate, que cuente, que novele, y que cante la vida de nuestro pueblo no podremos sobrevivir a lo que viene. Nos ahogarán las voces de nuestros vecinos. ¿Dónde está nuestra literatura de la guerra? Dónde se nos han perdido nuestros héroes, dónde se nos han quedado tantas hazañas, dónde tantos ejemplos para nosotros y nuestros hijos? "Una deuda con Tellagorri" (*Tierra Vasca*, IV-1961).

En el caso de su obra de temática vasca, la voluntad de Ugalde llega estrechamente vinculada a una preocupación constante "por la suerte del euskara, y a la vez, de su actitud no derrotista de luchar por su futuro, por conseguir desarrollar las condiciones de su uso público, escrito y literario" (Zubiaur 2002: 370). Esta postura pasa indefectiblemente, según el escritor, por el uso de unos registros necesariamente alejados de los formalismos y los cultismos en los que, según Ugalde, se escudan muchos autores contemporáneos a él[19]. Así lo expresó en infinidad de ocasiones.

Las citas que siguen —extractos de un artículo publicado en *Alderdi*, (VIII-1955) la primera, y de una carta remitida a Txillardegi en 1961 desde Evanston, la que sigue— evidencian lo afirmado.

> Tenemos que salvar la gran diferencia que existe entre el euskara escrito y el hablado. Nuestro pueblo no ha podido cubrir, por su carencia de medios de cultura euskérica, la diferencia que existe siempre entre las lenguas habladas y las correspondientes escritas. Falta la niveladora de la divulgación. Este es un verdadero problema que nadie ha acometido con seriedad todavía, pero que es urgente resolver. Hace falta una campaña de divulgación que debe emprenderse con medios y métodos modernos. Para eso hay que bajar forzosamente del pedestal el euskara culto,

académico, que cumple su objeto, pero no el urgente que precisa nuestra lengua para superar esta terrible crisis. Ugalde (1955: 2)

Eta erriko euskera erabili nai nuke, nere gurasoek ulertu lezaketen euskera. Or dauzkat nik aita-amak, ia erderaz ez dakite eta euskerazkozerbait ematen diedanean irakurtzeko, ezin dutela esaten didate, euskera ori zailla omen dala eta. Nola piztuko da gure izkuntza bide orretatik? Euskera-garbitzalleen lana ederra da, ezin ba orren aurka joan. Nik pozik irakurtzen ditut bere lan apañak. Baiña, euskerak orren bear aundia badu ere, orrekin bakarrik ez da zuzpertuko, ziur nago. Idazlariak jetxi bear degu erriaren buru neurrira (gaiak eta idaz-bideak) irakurtzeko gogoa sortu nai badegu. Batetik bear dituan (berri, abar) eta maiteko dituan (bere biotzera dijoaztenak) gaiak eman bear dizkiogu, irakurtzeko gogoa sortuko badegu; eta bestetik izkuntza bi bideetan erreztu bearrean gera; batetik itzaberastasuna neurritu, graduak egin, beeko mailletik jakintsurraño, bigarren, itz-joskera neurritu era berean. (Carta de Ugalde a Txillardegi. Cita de Torrealdai, 1999: 129)

Idéntico compromiso al que Ugalde insta a participar a sus compatriotas vascos persigue el escritor con el *contenido venezolanista*[20] de su obra en el país caribeño. En su obra *Las manos grandes de la niebla*, "Venezuela impone el tono, el ritmo, la realidad. Consta de una serie de cuentos que narran y explican la tierra, pero no en su dimensión geográfica, sino en su diversidad de tipos humanos. Está el cuento del petróleo, de la sal, de la madera, de la perla, del cemento, del barro, etc., interpretado a través de los hombres que pueblan las regiones. Es mi testimonio de Venezuela íntima y admirable que me ha hecho escritor y me ha dado un destino"[21].

El joven escritor Ugalde trata de describir, también en Venezuela, "el alma popular de las gentes pequeñas" (1992: 8) y busca en sus reportajes y cuentos repletos de personajes representativos de esa alma idiosincrásica, "traducir con precisión las caras del ser venezolano, aprehender la imagen más profunda, pura y permanente del país"[22]. Ugalde busca contribuir con su escritura —mediante la transmisión una imagen de la comunidad de la que él se siente un miembro más— al canon literario venezolano, a su literatura nacional, "a un venezolanismo que estaba vivo en el hondón mismo del lenguaje al que tenían acceso los escritores venezolanos" (Ugalde 1992: 27).

> Porque se me revela la naturaleza colosal habitada por personas con nombre y con hijos, muchos barrigoncitos de hambre dejados de la Voluntad de Dios. (…) Porque aquí todo es menudo menos la tierra, el mar y la candela del sol, y no puede ser verdad que estas personas que viven de la esperanza puesta en el Gobierno tengan quienes cuiden de ellos para poder darles de comer completo. Ugalde (1992: 9).

Por tanto, la apuesta firme de Ugalde por un lenguaje *cercano al pueblo* tampoco se materializa exclusivamente en su obra escrita en euskara —que, obviamente, en aquellos primeros años estaba alejada del normativismo académico—; sino, también de forma clara, en su registro literario y periodístico venezolano[23]: "Un lenguaje muy distinto al que me enseñaron en la escuela, y en casi todas mis lecturas" (1992: 33).

> Era duro conseguir el tono de voz adecuado para contar un cuento literario al lector venezolano, y a la vez me producía una gran alegría cuando lo lograba (recurriendo con frecuencia a los libros de venezolanismos). Esta lucha por lograr una descripción literaria que pudiera llegar al lector venezolano como algo suyo, me producía, en medio de esa dificultad enorme, un goce que sólo la experiencia personal del escritor puede medir.

El lenguaje de los escritores venezolanos —"el castellano de mi libertad" (1992: 32)— y la disparidad del mismo con respecto al castellano normativo, supuso para el joven periodista un terreno de emancipación. Tal como demuestra el análisis exhaustivo del lenguaje utilizado por un jovencísimo periodista Ugalde, el registro empleado por éste en la infinidad de entrevistas que realiza para *Élite* —única publicación semanal caraqueña por aquel entonces— apenas se distingue del empleado por los entrevistados venezolanos. De forma análoga, los modismos lingüísticos adoptados para sus reportajes escritos para *Élite* o *El Farol*, al igual que el léxico empleado, se muestran repletos de *criollismos*, giros sintácticos dialectales y estructuras propias del español característico del país caribeño[24]. Destaca tal como señaló la crítica de la época que "sus vicios de dicción son los mismos que abundan en uso por toda la América Indo hispana olvidándose, en ocasiones, de la correcta formación del diminutivo o confundiendo las acepciones del verbo 'volver', en el sentido de mudar de dirección, cambiar de frente con el de "voltear"[25]. Estos, en fin, son sólo algunos ejemplos del intento firme y premeditado del escritor Ugalde por hacer suyos niveles de habla populares —vitales, espontáneas y auténticas— mediante una utilización *refrescante* de las posibilidades del sistema[26].

Sin embargo —y aun cuando tal como se viene reseñando, las referencias del autor a esta escritura popular y comprometida son recurrentes a lo largo de toda su trayectoria— el cotejo detallado de los documentos consultados con objeto de bosquejar la poética del autor desvelan un equilibrio consciente, explícito y evidente con respecto a la centralidad de la dimensión estética en su obra. El análisis de los textos patentizan que mientras en las entrevistas anteriores a 1980 Ugalde tiende a destacar el carácter marcadamente comprometido de la actividad literaria, —llegando en ocasiones, incluso, a subordinarla a una opción ética previa[27]— las citas recogidas con posterioridad a ese año hacen referencia a la dimensión estética de su lenguaje de escritor como algo esencial, si bien superando siempre el virtuosismo que se encierra en sí mismo[28].

Esta aparente y engañosa contradicción podría bien argüirse insistiendo en la aludida falta de sistematicidad en las declaraciones del autor; pero en realidad es, sobre todas las demás consideraciones, fruto de un intento tenaz por hallar cierta moderación entre su literatura reivindicativa (a menudo, aunque no exclusivamente, de temática vasca) y sus intentos de desarrollarse como escritor con un lenguaje poético propio[29]. La tensión fundamental entre el *significante* retórico-literario y el *significado* derivado de un compromiso esencial parece resolverse en unas afirmaciones que Ugalde hace a Torrealdai en 1998. Sus palabras resultan una suerte de síntesis de lo sostenido hasta ahora y demuestran que para Ugalde la escritura —si bien es también un ejercicio estético que va más allá de una excesiva conceptualización ideológica— no se reduce a su materialidad, no se agota en un mero juego de palabras.

> Komunikatu beharra (anima) eta zerbait adieraztea, aldarrikatzea (mezua) biak dira inportanteak. Hala ere, bat aurrean jarri behar bada, mezua. Mensajea, da, nik uste: esateko ezer ez baduzu, ez zaizu espresatzeko presarik, bultzadarik sortuko barruan, eta diskurtso alferra, indarrik gabekoa, izango dela pentsatzen dut". Ugalde (citado por Torrealdai 1998: 228)

Así recoge Beti (2000: 494) de forma resumida lo refrendado en las declaraciones del propio Ugalde:

> (La de Ugalde) siempre ha sido una escritura de urgencias realizada en función de una causa concreta y, además de haber sido expresión de realidades palpables, observadas y experimentadas directamente, ha pretendido también, a través de la palabra, añadir algo no existente a esa realidad, contribuir en definitiva a configurarla, a crearla. Beti (2000: 494)

Para el joven Martín Ugalde del exilio, la oportunidad que se le ofrece de libertad de expresión en Venezuela va a hacer que su pluma se cargue de argumentos y de temas proyectados hacia la intervención social, y, en ese sentido, la nota moral tiñe toda la prosa del escritor. Ahora bien, —alejándose de toda instrumentalización— Ugalde muestra una irrenunciable voluntad estética a lo largo de toda su trayectoria. En resumen, el arrojo ético y el anhelo tenaz por el virtuosismo técnico y poético se sostienen mutuamente y su equilibrio constituye la naturaleza misma de la obra del escritor.

> Lo puramente estético a veces se considera superfluo, inútil. Sólo lo que sirve para algo se justifica. Es cierto que ahí están los problemas del hombre como el hambre, el desempleo. (…) Hay que hablar de esto, y también a través de la estética. Ugalde (citado por Ariznabarreta y Beti 2002a: 40).

A lo largo de toda su extensa obra Ugalde asume de forma prácticamente estructural el vínculo, *estrechísimo* —en virtud de lo que se extrae de sus declaraciones— entre el autor y sus posibles lectores[30]. En ese sentido conoce bien la importancia de las estrategias que el autor y sus textos ponen en práctica con objeto de que, en el proceso dinámico que supone el acto de lectura, el receptor sea capaz de desentrañar la carga semántica del discurso construido.

> Es evidente que la parte inicial de esta comunicación la inicia el que escribe. Yo pienso siempre en quien puede leerme. Es para mí un sujeto principal. ¡Como quien escribe una carta! Tengo que saber, y si no lo sé trata de suponer, quién es el que va a poner sus ojos vivos sobre las frases que estoy componiendo como notas de música. Porque es importante que la letra suene en los oídos del alma. Me ha salido la frase algo cursi, pero a lo hecho, pecho. Lo natural, en comunicación, es importante. Creo que es Horacio Quiroga quien dice, porque todavía está

vivo en mí, lo leo muy a menudo, decía Horacio que cuando se puede decir y se dice, por ejemplo: "las aguas bajan turbias en el recodo del río", ésa es la manera de decir, y punto; empezarle a dar vueltas literarias para decirlo mejor, no. A veces se hace artificial. En el caso de tu pregunta, yo escribo algunas cosas de la manera en que un lector medio, y a veces personalizado, podría entenderme bien. Ugalde (citado por Ariznabarreta y Beti 2002a: 43)

El propósito de establecer lazos con un *lector casi tangible* surge en Ugalde a partir de una "necesidad de comunicar, de respirar, de decir lo que me brota por dentro hacia el mundo que me rodea. Una ventana interior por donde puedo hablar hacia fuera"[31]. En suma —tal y como recoge también la cita de Torrealdai que sigue— es la intención comunicativa de los enunciados del discurso la que primará sobre otras consideraciones de carácter expresivo.

Nik komunikatzeko idatzi dut beti, eta besterako bada ez zait irteten. Estimulo hau behar dut; bestela alferrik idaztea dela sentitu dut beti. Ugalde (citado por Torrealdai 1998: 109)

No es de extrañar, por tanto, que los géneros elegidos por Martín Ugalde como prioritarios y que más frecuenta desde los comienzos de su carrera como escritor, allá en la Venezuela de finales de los años cuarenta principio de los cincuenta, sean el reportaje, la crónica, el ensayo, la entrevista, la historia y el cuento; aquéllos precisamente que poseen desde un punto de vista comunicativo un más acusado carácter apelativo. El escritor vasco busca la conexión con su público y lo halla mediante el reflejo periodístico y literario de la vida que se está fraguando en su país de adopción al amparo del crecimiento económico.

Otra característica de mi actitud ante la escritura: respondo a una necesidad, bien sea temática para expresarme en un cuento, para responder en un artículo, para desarrollar en una novela. Esto en cuanto a mi actitud ante los medios. Y sobre todo esta actitud directa casi instintiva constituye la respuesta que debo a una situación de mi vida frente a algo fundamental. Ugalde (citado por Ariznabarreta y Beti 2000a: 32)

Esta marcadísima finalidad apelativa aleja a Ugalde del esteticismo vacío, aunque, aun así, el escritor considere que "el autor siempre debe valerse de los recursos estéticos como instrumentos para llegar al lector", "porque la belleza, en música, en literatura, además de no estorbar, ayuda a vivir, y ¡hasta cura!" (Ibid: 34).

La necesidad de comunicar, de establecer nexos con los lectores —"la sensación de haber dicho lo que quería expresar"— es para Ugalde —junto con la vocación de compromiso a la que se ha aludido— la condición central en su proceso de escritura y "las palabras y los resultados" se *imponen* de manera evidente a "la corrección, el estilo y la forma"[32]. El autor se define de forma muy gráfica como "un *corredor* eficaz, aunque desconozca la función fisiológica del tobillo"[33], y admite su propósito de escribir —tal como se recogía en una cita líneas más arriba— "de la manera en que un lector medio, y a veces personalizado, podría entenderme bien".

La presencia sempiterna de este receptor casi individualizado y la *necesidad de expresar la manera de sentir del escritor* confluyen con motivaciones ciertamente más materiales —"había que vivir", recuerda Ugalde— en la elección inicial de los géneros en los que se expresó sobre todo al inicio de su carrera como escritor en Venezuela. Preguntado sobre los razonamientos que le llevaron a preferir el cuento sobre la novela y cuestionado acerca de la intencionalidad de este hecho Ugalde responde de forma sincera:

Yo no he sido de los románticos que escriben con lápiz casi a escondidas, para después guardarlo por pudor en un cajón secreto y darle luego vueltas de paso redondo de trillar trigo hasta dejarlo en polvo que no se puede amasar. No, no. Yo era bastante iluso, soñador, buscador de un oro que me era difícil explicar, pero tenía claro el camino que tenía bajo mis pies, lo difícil que era abrirme un lugar entre tanta gente que escribe muy bien, lo leía todos los días. Total, que yo sabía lo que quería y lo difícil que lo tenía. Y medí mis pasos desde el periodismo hasta el reportaje y el cuento (novela, ¡ni pensarlo!, ese era un mundo inaccesible). Y tampoco la novela me llamaba como el cuento. Efectivamente, muchos cuentos se publicaban en los periódicos, muchos, sobre todo porque los periódicos habían instituido unos premios anuales. ¡Para mí ese fue el probadero! (…) En cuanto la relación con el lector, es evidente que también uno muerde más fácil un cuento que una novela, y la recompensa de la lectura está más próxima, también. Parece evidente. (…) En cuanto a la audiencia-lector el autor teatral tiene que pensarlo especialmente; el de la novela y el cuento son parecidos, y el reportaje, luego, es de lector de revista y diario. (…). Ugalde (citado por Ariznabarreta y Beti 2002a: 32)

La cita evidencia, en suma, que para el escritor guipuzcoano "la escritura fue su medio de vida, pero también una forma de vivir su vida" (Beti 2000: 497) y demuestra que Ugalde escribe, como se ha referido ya, "por necesidad material y por imperativo espiritual" (Ascunce 1993: 72). En definitiva, se evidencia que ningún objetivo es más esencial para el autor que el de tender puentes entre el horizonte de expectativas de la obra literaria y el horizonte de experiencias suplidas por un lector concreto.

Ugalde parece entender que —tal como defiende Aguiar e Silva (1972: 83) siguiendo a Sartre y a su intento audaz de conferir a la literatura una función político social— "si escribir y leer son correlatos dialécticos del mismo fenómeno, es necesario que la situación asumida por el autor no sea ajena al lector, y que las pasiones, las esperanzas y los temores, los hábitos de sensibilidad y de imaginación, etc., presentes en la obra literaria, sean comunes al autor y al lector. Que el autor se dirija a su hermano de raza y de clase, invitándole a colaborar en la transformación del mundo".

Cuando en 1949 Ugalde da sus primeros pasos de reportero en *Élite* de la mano de su amigo Paquito Villanueva, nombrado jovencísimo director del semanario caraqueño, apenas tiene referencias literarias venezolanas —ni mucho menos, como se referirá más adelante, vascas o españolas—.

> Leía, de los libros que traje del otro lado de la frontera; compraba en Donosti algo que me llamaba la atención por el título, a veces fascistadas. No tenía un amigo con quien hablar con alguna seguridad sobre literatura. Total, que puedo decir con verdad que en la libertad que deslumbró en Venezuela es muy fácil orientarse. No, no tenía ninguna referencia válida de la literatura española. Empecé a leer con algún sistema en Caracas. El profesor Arano me orientó a Unamuno, Baroja, Galdós, Azorín, Blasco Ibáñez. Ugalde (citado por Ariznabarreta y Beti 2002a: 48).

Así, el aspirante a periodista Ugalde descubre muy pronto que sus ambiciones pasan necesariamente por hacer suya la lengua de su nuevo país de adopción y lee la literatura venezolana "como el que empieza a aprender a leer, con la atención puesta sobre todo en la forma que me dificulta su comprensión" (Ibid: 50); porque:

> La lengua, aunque conocida, el castellano, es muy diferente por la forma y el tono, la música... La primera impresión importante es que mi castellano no me lo entiende el pueblo a la primera, porque así como a mí me choca el de ellos, a ellos les choca el mío[34].

Ugalde se zambulle en la literatura de la Venezuela de la década de los cincuenta y —"con el objeto de entender a

Venezuela y aprender comunicarse por escrito con ese mundo nuevo" (*Ibid*: 51) — devora las obras de Rómulo Gallegos, Guillermo Meneses y Alfredo Armas Alonso[35]. Las aspiraciones literarias del autor no pasan por *hacer criollismo* sino de "tratar de escribir para acercarse al país a través de una escritura que comprendan los venezolanos y que les afecte de algún modo" (Ariznabarreta y Beti 2002a: 50). Según se recoge en la cita que sigue, el escritor vuelve a insistir en este objetivo central a su obra *venezolanista* una vez instalado en el País Vasco, demostrando que para Ugalde ningún objetivo fue más central —tampoco durante los años del exilio— que el de establecer lazos con sus lectores potenciales en las coordenadas culturales y lingüísticas más favorables.

> Nik nahi nuen idatzi Venezuelan venezuelarrek idazten zuten bezela. Horretarako izan zen borroka handi bat. Bidea zen eredu onak aurkitu, ipuinlari onak, eta teknika ikasi. (*Zeruko Argia* 17-VI-1973).

A principios de la década de los cincuenta Ugalde realiza una serie de viajes esporádicos a los Estados Unidos que culminaran con una estancia más larga y la obtención del título *Master of Science in Journalism* por la Universidad Northwestern de Evanston, Illinois[36]. Durante su estancia en Norteamérica Ugalde descubre las narraciones breves —"y los finales"— de maestros consagrados como Salinger, O'Henry, Birce, Dos Passos, Steinbeck o Truman Capote; y redescubre, ahora en inglés, a autores que había leído en Venezuela: Poe, Hemingway o Faulkner entre otros[37].

> En Venezuela se lee mucho autor norteamericano, en original o traducciones. Poe y Faulkner son dos de ellos. En Venezuela oí hablar de los dos. Faulkner describe un universo norteamericano total que sorprende por su riqueza de expresión, partiendo del difícil medio negro, sobre todo desde la guerra de liberación del negro o sus recuerdos, con interioridades fantásticas. Poe es de una

creatividad prodigiosa en diversos géneros y alguien que se dedica a escribir tiene que leerlo. Ugalde (citado por Ariznabarreta y Beti 2002a: 51).

El descubrimiento de la literatura norteamericana se da "con propósito de lectura" y de tratar de conocer "la técnica, el oficio — el artefacto— de los maestros consagrados".

> Descubrí a O'Henry en Estados Unidos. No es que sea un gran prosista, pero al cuentista le viene bien estudiar un poco la manera en que "terminan las cosas bien", los finales, porque se aprende de paso a ver como terminan mal, y la referencia de este escritor es válida. Yo lo he leído con gusto. Salinger también en el norte, escribe relatos extraordinarios vistos a través de un hombre que se esconde, que se deja ver en lo que escribe. (Ibid: 51).

En lo que se refiere a la tradición literaria vasca, Ugalde entra en contacto con ella "desesperadamente tarde y en el exilio". A pesar de que los nombres de autores clásicos como Orixe o Lizardi le eran conocidos a través de la prensa anterior a la guerra y de que referencias a estos y otros autores eran repetidos en la escuela del gobierno vasco en Donibane Lohitzune, el escritor no llegó a leerlos de forma sistemática hasta muy tarde[38].

> Entro en contacto con la literatura vasca tarde, desesperadamente tarde, y en el exilio. La vida de las lenguas prohibidas es triste. Los vascos no tenemos una importante tradición literaria, pero la tenemos desde el siglo XVI, aunque haya estado escondida, criminalmente arrinconada. A mí en la escuela no me hablaron nunca de los autores vascos. No tenía referencias literarias cuando escribí los cuentos en euskara en Venezuela. Luego leí las novelas de exilados publicadas por Ekin. De nombre oí hablar de los dos antes de la guerra civil, seguramente a través de la prensa, *Euzkadi* y *El Día*. Pero no leí nada hasta en el segundo exilio, el de Venezuela. Nos hablaron

en Donibane Lohitzun, en la escuela del Gobierno Vasco, pero no había ejemplares para leer. Ugalde (citado por Ariznabarreta y Beti 2002a: 47).

Nik euskaraz ez dut maisurik izan zeren euskal klasikoak ez dira idazle handiak. Herri bakoitzak baditu bere lorpenak, eta guk baditugu geureak, baina nik nahi nuen idatzi euskaraz Venezuelan venezuelarrek idazten zuten bezala. (*Egunkaria* 9-XI-1997).

Paradójicamente, según algunos críticos de su obra, esta falta de referentes literarios propios de la tradición vasca no sólo no perjudicó el estilo literario de Ugalde, sino que resultó crucial en la adopción de tonos y maneras propias de otras tradiciones literarias, dotando a su obra de unas cualidades desconocidas en las letras vascas hasta entonces.

Zorionez, Ugaldek ez zeukan euskal literaturan eredu hartzeko moduko maisurik, eta izan balu ere zaila zukeen haren berri izatea. Poe Txekhov, Maupassant, Kipling eta latinoamerikarren tradizioan elikatu behar izan zuen. Eta ezagun du: erretorikarik gabe, zehatz, elementu formal apurrekin, mekanismo matxurezinak asmatzen dizkigu. (...) Bestek literatura folklorikoa egiten dutelarik, berak biziari, garaiari loturiko literatura egiten digu. Izagirre (1993: 14).

Izagirre se congratula, en definitiva, de que Ugalde pudiera escapar más que de una tradición literaria consolidada —cuya mera existencia niega algún crítico vasco[39]— del estilo ampuloso y rebuscado de muchos de sus contemporáneos. Ugalde pudo también esquivar el ascendiente directo de una ideología "esencialista, clericalista y tradicionalista que se procuró defender, pero no fue la crónica de la sociedad vasca de la época" (Olaciregui 2000: 520). Así, Ugalde se aleja —si bien no quizá de forma voluntaria— de lo que Aldekoa (2000: 480) denomina "los recios pilares que sustentaban una visión tradicional del mundo y del hombre". El autor se aleja, en suma, de lo que Aldekoa concibe como: "una concepción del hombre y su devenir que respondía a un sistema de ideas largamente depurado en el tamiz del cristianismo"[40].

Los géneros

Tal como recogen Warren y Wellek (1954: 272), "los géneros literarios no son meras taxonomías". La convención estética de la que participa una obra particular da forma también a su carácter y, en ese sentido, todo estudio crítico y valorativo implica de algún modo la referencia a tales estructuras. Iser (1978) y la escuela de la recepción a la que representa se refiere a los géneros como parte de los códigos, o reglas, que sistemáticamente rigen la forma en que una obra da expresión a sus significados. Códigos con los que, a su vez también —en virtud del carácter dialógico del proceso de lectura— el receptor debe estar necesariamente familiarizado para conseguir desentrañarlos.

Desde el culturalismo se defiende la naturaleza inevitablemente ideológica de los géneros y se argumenta que este carácter ideológico explica tanto su inestabilidad formal —característica axiomática desde coordenadas posmodernas[41]— como su obligatoriedad. Así, desde esta perspectiva, se perciben los sistemas de géneros como "instrumentos discursivos cuyas cúspides proporcionan un lugar particularmente ventajoso para observar el funcionamiento de la ideología en la obra literaria" (O.Beebee 1994: 16). Esta vinculación de géneros e ideología se relaciona estrechamente con una concepción utilitaria ("use-value") del discurso, cuyo *valor de uso* —y no su contenido, características formales o normas de producción— fundamentan las diferencias atribuibles a los diversos géneros discursivos; si bien admiten que "expresar el valor de uso de un género no es siempre un problema sencillo" (Beebee 1994: 5).

Cada género literario representa "un dominio particular de la experiencia humana y ofrece una perspectiva determinada sobre el mundo y sobre el hombre" (Aguiar e Silva 1954: 120). El crítico portugués considera que "esta representación del hombre y del mundo se explicita a través de una técnica y de una estilística propia, íntimamente conjugadas con la visión del mundo. Por consiguiente, los elementos genéricos que fundamentan el género literario así entendido pertenecen tanto al dominio de la forma interna —visión específica del mundo, tono, finalidad, etc.— como al de la forma externa-caracteres estructurales y estilísticos por ejemplo" (Aguiar e Silva, 120).

Las referencias al autor portugués son significativas porque Ugalde define los géneros de una manera análoga.

> Hablando en general, los temas no tienen fronteras de géneros literarios, aunque haya algunos temas a los que les vaya mejor un género que a otro. No se trata, creo yo, de utilidad de los géneros, sino de adecuación de cada uno de ellos a la manera de sentir lo que quiere decir el escritor. Yo me inclino por sentir el tema adecuándolo al cuento, mi camino preferido y el que domino mejor. Pero si visualizo el tema dentro de la complejidad que exige un tiempo de presentación (descripción de una ciudad por ejemplo, y otras circunstancias) elegiría el tiempo-novela. Hay, pues, la preferencia natural, y hay la adecuación técnica que mejor vaya con el espíritu y el cuerpo de la novela. Ugalde (citado por Ariznabarreta y Beti 2002: 35)

Persuadido del carácter dinámico de la relación autor-lector(es), —y empujado por su vocación ética— los diferentes modelos de estructuración formal adoptados por Ugalde desvelan un camino consciente, bien marcado y definido. Según advierte Ascunce (1993: 73), "desde un punto de vista creativo se puede proponer el camino recorrido por el escritor vasco desde sus artículos iniciales hasta sus últimas obras de exilio en la parcela de la novela: artículo periodístico, reportaje-cuadro de costumbres, cuento y novela".

La combinación en la figura de Ugalde de un periodista escritor y un escritor periodista —y su constante traslación entre géneros— permite, precisamente, subrayar la problemática de las lindes entre estructuras discursivas, evidenciando que para Ugalde ambos géneros deben ser considerados como "una palabra global" (*Ibid*: 36) que el lector llena de sentido, según su conocimiento de la lengua y su experiencia personal; incidiendo una vez más en el carácter fuertemente comunicacional de la escritura y aludiendo a la sempiterna centralidad del receptor.

El primero de los géneros trabajos por el autor que estudiaré será, naturalmente, el género periodístico. Tal como subraya Luisa Santamaría (1991: 108): la teoría de los géneros periodísticos es, evidentemente, una construcción teórica que surge por extrapolación de la teoría clásica de los géneros literarios. Según la autora:

> Desde este punto de vista, los teóricos de los géneros periodísticos reconocen gustosamente el vasallaje debido a los estudios de Poética sobre los estilos y los géneros literarios y se consideran a sí mismos como sujetos obligados a pagar un legítimo feudo a los grandes señores naturales de este campo científico. A partir de este reconocimiento de dependencia doctrinal, los principios inspiradores del mecanismo productor de la teoría de los géneros y estilos literarios es perfectamente aplicable al campo de los géneros periodísticos.

Santamaría define los estilos periodísticos, como "conjuntos de rasgos de ideación (o disposiciones anímicas colectivas de cierta base ideológica) a partir de los cuales podemos agrupar los diferentes géneros. Géneros y estilos nos sirven —según la autora— de piedra de toque para clasificar y valorar los textos periodísticos". (Santamaría 1991: 109)

La centralidad del género periodístico en su carrera como escritor es un argumento recurrente en la práctica totalidad de las declaraciones de Ugalde. El escritor concibe el periodismo como "el principio de la comunicación de mi experiencia visual sencilla que se transmite para que otros lo reciban, no completamente limpio de lo que uno ha visto y oído, pero el resultado primero de esta preocupación" Ugalde (citado por Ariznabarreta y Beti 2002a: 38).

En efecto, el periodismo supuso el primer contacto con el mundo de la escritura para el escritor guipuzcoano. A lo largo de su dilatada trayectoria Ugalde se reconoció periodista por encima de cualquier otra etiqueta profesional, y recurrentemente admitió que el hecho de haberse dedicado a esta profesión condicionó sus apuestas por los diferentes géneros literarios a lo largo de su carrera. La siguiente cita, recogida del diario *Egunkaria* (9-XI-1994), resulta fundamental para advertir el carácter central que otorga el periodista a la actividad periodística y comprender hasta qué punto determinó sus elecciones literarias y estilísticas posteriores:

Ni, oinarriz kazetari naiz. (…) Kazetari bezela egin daitezke gauza asko, ondo apuntatzen badituzu gauzak ondo finkatzen badituzu, bilakaera ona baldin bada. (Besteak beste) kazetari bezela igo naiz gora literaturaren bidean. Kazetari naiz eta izan ez banintz hasieratik, ez nuen nire bidea egingo. Kazetaritza oso gai serioa da, kazetaritzaren beharra bada. Literatura ere bai, baina kazetaritza da lehen pauso erresponsable bat. Kazetaritzan ni ez naiz ibili sekulan egunerokoan, notizia ez dut landu. Aldizkarietarako ibili naiz. Erreportaiak egitea niretzat izan da ipuin eta narribarako eskola. Narratibaren eta erreportaiaren artean badago zubi bat eta hor egin nintzen ni idazle. (...) Historiara ere bide beretik heldu nintzen. Kazetari bezela konturatu nintzen egin behar nuela gizon handien jakinduria hartu eta elkarrizketak egin. Lortu nuen historiaren sintesia ateratzea. Historia idazten hasi nintzen kazetari bezela eta historia idatzi nuen.

Preguntado con respecto al propósito diferente que persiguen el género periodístico y el literario el escritor no juzga que presenten una utilidad singular y distinta, más bien considera que cada autor siente inclinación hacia alguno de ellos y que técnicamente toma decisiones en virtud del espacio-tiempo que le parece más adecuado. Ugalde insiste en que es posible hallar una ubicación del periodismo con relación a la literatura, e incide en la recepción de la obra como aspecto central; aspecto que condicionará substancialmente las elecciones del autor con respecto al género empleado.

> No se trata, creo yo, de utilidad de los géneros, sino de adecuación de cada uno de ellos a la manera de sentir lo que quiere decir el escritor. 1) Partiendo del género por el que siente inclinación, 2) por lo que técnicamente, espacio-tiempo le parece más adecuado. Yo me inclino por sentir el tema adecuándolo al cuento, mi camino preferido y el que domino mejor. Pero si visualizo el tema dentro de la complejidad que exige un tiempo de presentación (descripción de una ciudad por ejemplo, y otras circunstancias) elegiría el tiempo-novela. Hay, pues, la preferencia natural, y hay la adecuación técnica que mejor vaya con el espíritu y el cuerpo de la novela. En cuanto a la audiencia-lector que dices, el autor teatral tiene que pensarlo especialmente; el de la novela y el cuento son parecidos, y el reportaje, luego, es de lector de revista y diario. Ugalde (citado por Ariznabarreta y Beti 2002a: 42)

Ahora bien, el autor admite que existen diferencias obvias entre ambas formas de escritura, y las encuadra en el concepto de *objetividad* que en Ugalde —tal como puede deducirse de lo afirmado en apartados anteriores de este mismo capítulo— se distingue claramente del concepto de *verdad*, objetivo este último que, según el autor, debe comprender a ambas estructuras genéricas.

Las diferencias entre géneros, en fin, radican en que mientras el periodista relata lo observado[42], "la literatura saca de esos datos aquellos apuntes que pueden servirle de sustentación de una verdad dicha de otra manera, mediante los brillos y las sombras de significación humana a los que llega a tener acceso el artista, interiorizando significados de un orden de percepción diferente, y llegando a veces a distorsiones que despiertan en el lector cosas muy diferentes y más significativas de la vida interior" (Ugalde citado por Ariznabarreta y Beti, 2002a: 45).

La obra narrativa permitirá, en suma, un repertorio de recursos literarios deliberados —un espacio de escritura estética— que se desarrolla a partir de una elemental aprehensión de la realidad, objetivo central de la actividad periodística.

> En relación al binomio periodismo/literatura te puedo decir que el periodista generalmente se queda fuera del contexto, y el escritor es, casi enteramente, creador, y por tanto parte del discurso. Como escritor, me "pertenece", es parte de mi yo proyectándome a través de la imaginación, y lo sugerente es mera referencia. Ugalde (citado por Ariznabarreta y Beti 2002a: 46)

Dentro del ámbito de los géneros didáctico ensayísticos, el ensayo, como modalidad literaria, está relacionado con el artículo periodístico y, en lo que se refiere a su origen, también está emparentado con los géneros gnómicos, es decir los más didácticos y moralizantes como son las sentencias, los apotegmas y los *exempla*, y con el epistolar, del que toma su estilo desenvuelto, familiar e incluso a veces conversado.

Martín Ugalde define el ensayo en los siguientes términos:

> Es un género que consiste en buscar la verdad, lo sustancial, de un tema cualquiera. Puedo improvisar diciendo que se puede comenzar por una definición lo más exhaustiva posible, seguir con las diversas situaciones que se puede hallar el objeto de ensayo, razonar con la distancia

debida del objeto propuesto, y sacar alguna conclusión o varias, de acuerdo con los caminos que uno va buscando, y a veces encontrando, a través de planteamientos no hechos hasta entonces, y dirigidos todos a abrir vías nuevas, comprobación de otras conocidas" Ugalde (citado por Ariznabarreta y Beti 2002a: 36).

En la esfera del ensayo, género por antonomasia didáctico, destaca de manera especial por la repercusión que tuvo en el momento de su publicación *Unamuno y el vascuence*[43], redactado en el exilio en el año 1966. El núcleo determinante de este ensayo es el archiconocido artículo de Unamuno "La cuestión del vascuence" publicado en 1902 y en el cual el filósofo bilbaíno sostenía que "el vascuence se extingue sin remedio exclusivamente por razones intrínsecas" a la vez que exhortaba a los vasco parlantes a abandonar el cultivo de su lengua materna a favor del castellano por considerar que el euskara no era una lengua suficientemente desarrollada para expresar en ella determinados contenidos.

La obra de Ugalde *Unamuno y el vascuence* es en realidad un contraensayo —así lo denomina el autor— en el que se rebaten las ideas que sobre el euskara reflejó Unamuno en el citado artículo. La reseña que el diario caraqueño *El Nacional* publicó tras la puesta en circulación de la obra habla del talante de Ugalde al arrogarse la tarea, subrayando que la actitud del periodista exiliado responde a un enfoque defensivo que tiene mucho de pragmático.

Fuera de las cualidades intrínsecas del libro, todas ellas propiedad del autor, queda, para los no interesados, el comprobar el valor de un escritor serio y de cuya responsabilidad literaria nadie duda, que se "enfrenta" a Unamuno. No por el prurito inútil de una competición intelectual, sino porque para Martín de Ugalde no importa cuál sea la dimensión del "enemigo"; sólo le preocupa la hermosa actitud "quijotesca" —simbolismo poco vasco, como raíz— de salir en defensa de algo que a todas luces está en la obligación de ser defendido. (*El Nacional* 27-VI-1967)[44]

En el propio registro en el que el bilbaíno fue una autoridad, y aceptando el reto en el terreno dialéctico en el que su adversario se desenvolvía a sus anchas ("Contra esto y aquello"), Martin Ugalde —aun reconociendo la autoridad de Unamuno en ciertas áreas de conocimiento— arremete contra las ideas de que el euskara es una lengua en extinción por causas intrínsecas, de que constituye un verdadero obstáculo para la difusión de la cultura europea. *Unamuno y el vascuence* se trata, tal como recogieron las reseñas de la época, de un libro serio —"un excelente pugilato conceptual", "un exquisito duelo literario"— profundamente documentado, y aunque no exento de pasión, "vacía de toda pretensión soberbia y de todo orgullo esnobista" (1979: 4).

A través de la erudición, el análisis detalladísimo y las constantes referencias a las fuentes bibliográficas Ugalde se empeña en demostrar que el euskara tiene la misma capacidad que cualquier otra lengua y que lo que realmente necesita para su desarrollo es libertad.

Otro de los géneros didáctico-ensayísticos en el que se expresa Martin Ugalde es la historia. Aunque no es precisamente un historiador de oficio, pues nunca ha pretendido realizar unos trabajos de historiografía positivista, sí que se percató del vacío existente en este terreno en torno al pasado del pueblo vasco.

Sobre cómo surgió la idea de escribir *La síntesis de la historia del País Vasco*. El propio autor lo expresó en los siguientes términos:

Recién llegado de Venezuela, me llamó la atención la escasa información que se tenía sobre el País, lo poco que se hablaba de él desde dentro, desde su interioridad como pueblo. Yo, periodista, y preocupado por el país, sabía que esta información no vendría de la escuela, donde había libros que hablaban de todos los pueblos que habían pasado en invasores por los Pirineos, los que llegaron por mar en todos los tiempos, con listas larguísimas de reyes, pero sin saber, al fin de dónde veníamos. Esta no era una novedad, la había padecido en mis años de escuela, pero ahora ya era una persona que había aprendido a hacerme preguntas y a buscar las respuestas. Este fue mi punto de partida. Ugalde (citado por Torrealdai 1998: 301)

Martin Ugalde —dentro de esta concepción de la escritura como servicio— se convierte en historiador porque está convencido de que sólo desde el conocimiento del pasado se puede preparar el futuro. Según el autor (1974: 3) es imprescindible "conocer de dónde venimos para saber a dónde vamos". En definitiva, se trata de una revisión histórica de urgencias, marcadamente pedagógica, formativa y divulgativa, que, aunque recibió algunas críticas por su heterodoxia metodológica, quizás sea la obra que más éxito comercial haya conseguido.

En una entrevista que el periodista concedía al diario *El País*, hacía hincapié en las dificultades a las que tuvo que enfrentarse durante la escritura del mismo.

En el segundo de los libros escritos en 1974 hice una historia del País Vasco «toreando la censura» a base de citas ya publicadas, pero redactado de tal manera que resultase lo más clara y auténtica que pudiera hacerse en las condiciones políticas y sociales en que se vivía aquí.

Para una persona a la que la sinrazón totalitaria le obligó a abandonar su país sufriendo varios exilios, la búsqueda de la identidad —y la explicitación discursiva de esa exégesis identitaria— se convierte en elemento conductor de muchos de sus productos literarios. Así lo justifica el propio periodista:

Pues este es el camino, para mí sirven desde el periodístico, hasta el ensayo, la historia o la literatura, para comunicarme por escrito, sobre todo, en algunos casos con intención más política, en otros más cultural. Y he hecho un buen camino en euskara, entre artículos, cuentos y las dos novelas, porque aquí también acudo en socorro a lo que me exige mi conciencia. ¿Por qué?, me preguntas, Larraitz, pues porque había una necesidad sentida por mí y he respondido en lo que he podido con mi trabajo. Es toda una línea elemental de mi escritura. Ugalde (citado por Ariznabarreta y Beti 2002a: 34).

Es precisamente la indagación en la identidad colectiva vasca lo que le llevará a Ugalde a hacer a hacer incursiones en el género biográfico. Las obras dedicadas al marino Lezo Urreztieta, al pintor irundarra Eloy Erentxun o al político estellés Manuel de Irujo, lejos de ser meros panegíricos, buscan mostrarnos la ejemplaridad de unas vidas que funcionarían en palabras del propio escritor como "una lección que hace comprender la seriedad y la disciplina con que actuaron los hombres de nuestro pueblo ante las circunstancias tremendas de la guerra y luego las dificultades del exilio digno (1992: 12).

Como vemos, en esta serie de obras emblemáticas del escritor vasco, cada una de ellas redactada bajo unas parámetros genéricos distintos, lo que se busca es enseñar, dar a conocer distintos aspectos del mundo y la cultura vascas con el convencimiento de que desde este conocimiento se puede llegar a fomentar la identidad de su pueblo, por un lado, y por otro, hacer respetar en los no vascos las aspiraciones legítimas de una nación que lo único que pretende es poder vivir en paz y libertad.

Dentro de este apartado de las entrevistas, una de las obras que más huella ha dejado y que más popularidad le proporcionó al autor fue *Hablando con los vascos*, publicada en 1974. La entrevista, que en un principio no tiene otra finalidad más que la de recoger por parte del periodista la opinión de una persona sobre una cuestión o conjunto de cuestiones, adquiere en la pluma de Martin Ugalde una dimensión no sólo informativa sino también formativa y comunicadora de valores concretos. Y esto lo consigue a través de distintos procedimientos técnicos y de composición. En primer lugar por la singularidad y la pertinencia de los sujetos entrevistados, en segundo lugar por la adecuación de las preguntas formuladas y, por último, por la clara idea del entrevistador sobre el mensaje último que quiere comunicar y que intenta que se desprenda de la entrevista.

La clara finalidad aleccionadora y de divulgación que presenta *Hablando con los vascos*, la indica con absoluta claridad Ugalde en el prólogo de la obra cuando afirma que su pretensión no es otra que la de proporcionar a la comunidad una visión de lo vasco, amplia, variada y fuera de prejuicios y estereotipos reduccionistas. En concreto el autor señala que:

> Las fuentes de los prejuicios son tan incontables como las razones con las que nos armamos diariamente para dudar de alguien o creer en alguien, para malentender algo, para atribuir al prójimo elementos de juicio que sólo están en nuestra óptica. Así, para presentar lo vasco en un ámbito de credibilidad capaz de sortear las inhabilidades propias de otros días, se me ha ocurrido pulsarlo en el juicio de aquellos que ya son conocidos por su madura competencia en algunos campos de lo vasco que han sido objeto de controversia. Ugalde (1974a: 11-12)

Para conseguir proporcionar al lector una visión lo más completa posible de la cultura vasca desde diferentes perspectivas y áreas de conocimiento, Ugalde nos ofrece seis entrevistas en profundidad realizadas al etnólogo José Miguel de Barandiaran, al lingüista Koldo Mitxelena, al escultor Agustín Ibarrola, al jesuita Pedro Arrupe, al músico Isidoro de Fagoaga y al naviero Ramón de la Sota. Ugalde recordaba así las razones que le motivaron a escoger a los entrevistados y las reacciones de éstos:

> Había que partir de que no se podía escribir sobre estos temas, y menos podía hacerlo yo, que había venido con el "permiso" de no escribir nada sobre política vasca, de no actuar políticamente en ninguna dirección. Porque el Embajador español en Venezuela actuó limpiamente,

porque la advertencia se cumplió después. Lo primero que ideé fue escribir, no yo directamente, lo que pensaba acerca del país, mediante unas entrevistas a personajes que, en suma, dirían, y ¡con más autoridad que yo!, que es y cómo vivía culturalmente el país. Hice entrevistas a José Miguel de Barandiaran, que me dio toda la prehistoria y la situación en que estaban las investigaciones; a Koldo Michelena que me dijo todo lo principal que se sabía acerca de la lengua vasca, su origen, sus altibajos históricos, la actualidad y sus exigencias de futuro. Era difícil quitar de cuajo estas voces autorizadas enseñando en universidades de Pamplona, Salamanca y París. Hablé con el Padre Arrupe en Roma, quien no me dijo mucho, pero la orden aquí sí que me completó las preocupaciones de la Compañía de Jesús acerca de la lengua vasca y el país, además de prestigiar el librito. Para tener un contrapeso, digamos ideológico, entrevisté al pintor comunista Ibarrola (al que quitó la censura casi cien páginas); para la música entrevisté a Isidoro de Fagoaga, figura internacional que tenía también ideas sobre el país y dijo las que pudo y, por último, a don Ramón de la Sota, el gran industrial y naviero vasco, a quien tuve la suerte de llegar a tiempo para recoger todo lo mucho que me dijo.

El libro resultó ser un verdadero éxito editorial y con él se vino a mostrar de manera palpable y enriquecedora que existen diferentes dimensiones de lo vasco y distintas formas de ser vasco, todas ellas respetables y válidas. En realidad, la publicación supuso por aquellas fechas una verdadera lección de espíritu democrático, contribuyendo enormemente a derrumbar conceptos y clichés trasnochados sobre lo que es el pueblo vasco. ¿Qué es el País Vasco? ¿Quiénes son los vascos? ¿Qué quieren los vascos? Éstas y otras son las interrogantes que Ugalde intenta que sean respondidas a través de la técnica de la entrevista y de su publicación en libro. Como se ha afirmado, la obra obtuvo un gran éxito y sirvió —además de para proporcionar a los lectores una visión poliédrica y más ajustada a la realidad de la cultura vasca—, como inyección de autoestima para los propios vascos al comprobar por boca de estas distintas personalidades, con ideologías y pensamientos en algunos casos bastante alejados entre sí, que la reconstrucción de Euskadi tras el franquismo merecía la pena y que el respeto y la asunción de las diferencias eran pilares sólidos para sustentar dicho proyecto.

En definitiva, Ugalde parece defender con Agustín Ibarrola que: "El País Vasco, como todos los pueblos del mundo, lo que necesita es poder afirmar su propia vida no en el terreno de las palabras y los principios sino en la vida real: en su vida económica, en su vida social, en su vida cultural" (Ibarrola citado por Ugalde 1974: 193).

No cabe duda de que la obra contribuyó a este propósito. Así recordaba Ugalde el proyecto en la entrevista realizada al autor en 1994. La cita (Ariznabarreta y Beti 2002a: 33) resulta clarificadora del ambiente de la época y de las dificultades que el autor tuvo que sortear para que la obra fuera publicada.

> Este primer libro escrito y publicado después de mi regreso, no lo llevé a una editorial de aquí, porque la censura me hubiera cortado de raíz. Tengo anécdotas de cómo me miraba la gente del régimen aquí, "cuidado con ese que ha venido de Caracas", y, caminos que el periodista los tiene aprendidos, busqué en Cataluña, una editorial importante, y se lo ofrecí a Ariel. Sacaron el libro adelante, dos ediciones muy bien hechas, después de las numerosas censuras, (hasta las encíclicas de Juan XXIII en primera censura recurrida y aceptada al fin), muchas páginas de Michelena, Barandiaran, de la Sota, Fagoaga y las muchísimas de Ibarrola. Se hicieron dos ediciones.

El artículo de opinión fue otro de los géneros trabajados por el autor. El artículo parte siempre de una cierta subjetividad. Tal como recuerda Van Dijk (1990) los artículos de opinión se enraízan siempre a la representación mental (*mental representation*) de

[73]

un escritor determinado, y a su vez, estas opiniones individuales están arraigadas en opiniones, o incluso prejuicios, compartidos por un grupo con el que de manera consciente o inconsciente, el autor se siente identificado. Es decir, según Van Dijk, los artículos de opinión se enmarcan ineludiblemente en una ideología estructural.

Durante el destierro en Venezuela, Ugalde publicó numerosos artículos de opinión en diversos periódicos y semanales. Algunas eran revistas de Venezuela como Elite o El nacional; otros muchos eran publicaciones vascas abertzales clandestinas, Tierra Vasca, por ejemplo, y otros tantos, órganos del gobierno en el exilio: Eusko Gaztedi o Alderdi[45].

También a partir de su regreso del exilio venezolano, Ugalde inicia una frenética labor articulista en distintos periódicos adecuando los temas a sus perfiles ideológicos en torno a sus concepciones sobre el pueblo vasco. Se observa que los asuntos que le preocupan en sus artículos escritos en euskara son de una gran inmediatez. No en vano el autor reconoce que:

> Es muy posible aunque no lo puedo demostrar, que si mi país de origen hubiera sido políticamente y culturalmente próspero, de no sentir la llamada de un país disminuido en lo político y en lo cultural, especialmente su lengua, no hubiera decidido volver. Ugalde (citado por Ariznabarreta y Beti 2002a: 37).

La inmediatez de los temas tratados responde, también a su regreso al País Vasco, a la responsabilidad del periodista Ugalde que a su vuelta se encuentra con que el país es un páramo de libertad necesitado de profesionales que desarrollen su labor en euskara. "Yo, al volver, no quería vivir del pasado, sino para preparar el futuro" (1992c), afirma el escritor, en lo que se antoja un verdadero decálogo de intenciones. En efecto, Ugalde se propone intervenir en esa nueva Euskadi que se está fraguando y que le es, en parte, desconocida[46].

A su regreso se vuelve a repetir el esfuerzo del Ugalde recién llegado a América. Ahora se trata de reencontrarse con su país de origen y de tomar el pulso al nuevo tejido humano que lo habita. Evidentemente este proceso es más ideológico que el que se da a su llegada a Venezuela, pero es, en fin, un trabajo arduo que da cuenta, una vez más, del compromiso del autor andoaindarra. Este reencuentro deja sus frutos en varios diarios publicados en Euskadi. En *Deia*, en artículos como "Euskara hutsezko egunkari baten amets zaila"[47] se hace eco de la necesidad de medios de comunicación escritos íntegramente en euskara, aspiración largamente perseguida por los vascoparlantes y que se tornará realidad con la aparición de *Egunkaria* en 1990. La importancia que la creación de una Universidad íntegramente vasca tendría para la cultura del país se recoge en "Euskal Herriko lehen unibertsitatea"[48] "Españarrak uko Gipuzkoari unibertsitatea"[49] y "La universidad vasca"[50]. La necesidad de un sindicalismo vasco se trata en el artículo "Sindikatuak Euskalerrian"[51]. Todas fueron aspiraciones largamente reclamadas por él que también fueron concretadas años después. En los periódicos *El Mundo* y *Diario Vasco* reivindica el derecho del euskara, lengua largamente perseguida, a acceder a la normalización ("Euskara eta Askatasuna"[52], "Euskal mundua zai"[53], "Euskara auzitan"[54]).

La transición entre los registros de la actividad periodística y literaria llega en la experiencia narrativa de Ugalde de la mano del reportaje[55], —"mi escalón desde el periodismo hacia la literatura"— punto intermedio entre la noticia y el cuento; género, en suma, que le permitirá engarzar el periodismo y la literatura como aliados inseparables. El propio autor confiesa que los reportajes significaron para él un escalón desde el periodismo hacia la literatura, porque en este caso no se trata simplemente de dar una noticia, de proporcionar una mera información de descubrir e interpretar la realidad a partir de toda una serie de viajes que el autor realizó por todo el país. La evolución estilística entre los géneros se da de forma acompasada y natural; "no tiene remedio", en palabras del propio autor. Así se refiere Ugalde a su técnica de escribir reportajes:

> Poco a poco uno va introduciendo en el camino su propio sentimiento, y cuando ya uno siente placer en meterse dentro del relato para dar cuenta de un suceso o describir un paisaje para que el lector se sienta también un poco dentro, ya estoy metiéndome en el reportaje. Uno empieza a decir las cosas de otra manera más interior, a adornar las cosas y los pensamientos, a encontrar placer en hacerlo, en pasar algo de sí mismo a los demás, comunicando algo más que una transcripción, inventándola sin mentir. Ugalde (citado por Ariznabarreta y Beti 2002: 38).

En efecto, "inventándola sin mentir". Porque tal como recoge Ascunce (1992: 117) "si bien se trata de verdaderos testimonios de escenas de la vida cotidiana de las gentes sencillas, están narrados con un lirismo, con un estilo, que los convierte en verdaderos textos literarios también con carácter de ejemplaridad". En los reportajes de Ugalde la literatura parece acercarse al periodismo en un doble movimiento, marcando distancias, por un lado, y aprovechando coincidencias, por otro. Las distancias llegan selladas por ambición de imparcialidad constante e incansable en el trabajo periodístico del autor; mientras que las coincidencias entre ambos géneros llegan al discurso de Ugalde a través de un lirismo que roza la poesía —y que también se evidencia de forma obvia en sus narraciones— que tiñe los reportajes venezolanos del periodista. Ugalde se vale, en definitiva, de los recursos que le ofrece la literatura para transformar en arte los hechos que testifican la realidad.

Los acontecimientos que se narran en los reportajes venezolanos de Ugalde son intranscendentes, "de los que no suelen merecer ningún titular" en la prensa habitual, sin embargo, tal como subraya Ascunce (1992: 117) esta selección de reportajes tiene "el valor de demostrar al país bajo una perspectiva diferente: la que ofrece a los ojos nuevos de un inmigrante; un exiliado que se hizo periodista aquí, porque en su tierra no había, ni hay todavía, aire ni luz para que pueda seguir viviendo un roble de libertad"[56].

El libro en el que se recogen los reportajes del escritor vasco resultó de gran utilidad, no solamente para los inmigrantes, sino para los propios venezolanos que como consecuencia de los cambios sociopolíticos resultado del importante proceso de industrialización que sufre el país, han perdido contacto con la diversidad humana y geográfica de Venezuela y buscan conocerla un poco mejor. Como apuntó Matías Carrasco, crítico de *El Nacional*, en 1964:

> "los reportajes están hechos de cosas pequeñas de la vida diaria de los venezolanos, de los dolores y los alborozos de nuestros paisanos. No hay en ellos ninguna aspiración de grandiosidad ni el menor deseo de deslumbrar al lector, sino más bien un empeño en ponerlo a pensar como la gente más sencilla para hacerle comprensible el mundo que le rodea. Eso sí, la información que ofrecen es la más completa, porque el autor es hombre de minucias y además habla en lenguaje de todos los días"[57].

Así, el lirismo presente en los reportajes de Ugalde —resultado del anhelo estético al que el escritor nunca renuncia— no se pone al servicio de la maestría ornamental hueca; —o como acertadamente resalta Ascunce (2002: 154) "los componentes líricos en el caso de Ugalde no se reducen a simples procedimientos de traslación metafórica"—.

Bien al contrario, su esfuerzo virtuoso —el recurso al lenguaje poético— es el enésimo intento del autor de abundar en lo esencialmente humano, en su experiencia empática para con "el otro". Lo lírico en los reportajes de Ugalde es sinónimo de mirada solidaria de la que el autor quiere hacer partícipe al lector. Lo poético en sus reportajes es muestra de la prevención de Ugalde para con la "realidad desnuda" y deja a las claras su inclinación por entender la realidad física no tanto como *realidad objetivable*, sino como resultado del tamiz de la subjetividad del individuo y los constructos identitarios de éste, a su vez constituidos de manera exógena. Ugalde es, en fin, consciente de que "el punto de vista elegido por el observador redelimita y redefine su objeto. Así en el lenguaje el punto de vista del escritor modela un objeto que no será el mismo si se cambia de punto de vista, aun en el caso de que la materia siga siendo la misma" (Todorov 1988: 5).

En suma, en sus reportajes, Ugalde se mueve entre las lindes difusas de los géneros periodístico y literario —y a pesar de que el autor afirma "no recordar haber trabajado un mismo tema en un reportaje y en un cuento a la vez"—, sí admite la eventualidad de que "algunos de sus temas preferidos hayan aflorado en distintos géneros de manera más literaria, más interiorizada" Ugalde (citado por Ariznabarreta y Beti 2002a: 41). Será cuando el autor perciba que su implicación crece con respecto a lo que relata, —"cuando uno se da cuenta de que está dentro de lo que dice, demasiado dentro"— la advertencia inequívoca de que "la trama merece un relato, un cuento" (*Ibid*: 38); consintiendo(se) de forma explícita a cruzar la frontera que separa el género periodístico del literario.

En lo que a textos literarios se refiere, Martin Ugalde hizo incursiones —si bien modestas, en el caso de la poesía— en prácticamente todos los géneros[58]: novela, teatro y cuento, destacando de manera singular en esta última modalidad literaria, que es precisamente en la que se estrenó como autor de obras de ficción.

Con el objeto de poder encuadrar la obra litería de Ugalde en los parámetros adecuados conviene referirse —además de a las reflexiones generales en torno a la literatura que se referenciaban al comienzo de este capítulo— a las definiciones aportadas por el propio escritor en torno a los subgéneros que constituían lo literario como conjunto. Ugalde se refiere a la novela como "un mundo entero, donde se nace, se vive y se muere en un escenario más o menos grande, donde se reflexiona, se juzga, se habla", o como "la del espejo que pasea el escritor por el mundo reflejando todo lo vivo y muerto que hay, con cierta coherencia y sin pensar en el espacio, que puede ser tan largo que a veces es larguísimo" (Ariznabarreta y Beti 2002a:39).

El autor vasco recuerda una anécdota vivida con un autor norteamericano al que pidió consejo para mejor andamiar estructuralmente su primera novela que, por cierto, jamás fue publicada.

> Leí en una de las muchas cosas que dijo escribiendo Unamuno, que le gustaría escribir una novela todo diálogo. Es cuando escribí en Caracas antes justo de venir aquí: *Las rejas están sembradas en el jardín*, mi primer intento de novela, título que a vueltas entre amigos míos de aquí y de Venezuela recientemente ha quedado en Josefina. Y, como lo he contado en alguna otra parte, tuve la ocasión de una comida de trabajo con el escritor norteamericano Michener, autor de Iberia, entre otras cosas, y le dije lo que estaba tratando de hacer, y que quería su consejo. Me dijo que una novela se podía hacer de muchas maneras, pero que a su juicio éste es un género en que entre relato y relato conviene un diálogo que haga más viva la historia, y entre conversaciones que reflexionar y entre un ensayo... Total que bastantes de los capítulos dialogados los cambié a relato. Esta es una de mis experiencias, que se enredó con un problema de principios y no sé qué va a ser de ella. Ugalde (citado por Ariznabarreta y Beti 2002a: 39).

En el apartado de la novela escrita en castellano destacan dos títulos: *Las brujas de Sorjín* y *Las rejas están sembradas en el jardín*, —novela esta última a la que el propio autor hace alusión en la cita anterior—. Ambas novelas se mueven dentro de los parámetros éticos y aleccionadores tan constantes en el autor.

Parecida a la relación existente entre *Ama Gaxo dago* y *Unamuno y el Vascuence*, se da entre *La síntesis de la historia del País*

Vasco y *Las brujas de Sorjín*. Si el primero de los textos supone, desde la dimensión objetiva de la historia, una verdadera indagación en torno al ser y existir del pueblo vasco y sus gentes, la novela, desde una vertiente simbólica, representa un intento de interpretación de lo que fue la vida en Euskadi desde la guerra civil hasta comienzos de los años setenta. Temas como las consecuencias de la guerra, el surgimiento de ETA, la industrialización, etc., van tomando cuerpo en relación con la multiplicidad de anécdotas y de personajes que conforman las secuencias del texto. La diversidad de puntos de vista desde los que se aborda la narración está en perfecta congruencia con la visión compleja que se nos ofrece del País Vasco y con la intención de bucear e investigar en su "intrahistoria". *Las rejas están sembradas en el jardín*, gira en torno a la vida deshumanizada que tiene lugar en el interior de un reformatorio. Es un texto de una dureza extrema que sin embargo transmite un mensaje último esperanzador. El esfuerzo personal y la fe en Dios y en el hombre se vislumbran como las alternativas de solución a la injusticia.

Las novelas escritas en euskara son fruto de un Ugalde maduro y reflexivo que echa la vista atrás sobre los acontecimientos políticos que han perfilado la historia de su país. La cotidianeidad vuelve a servirle de excusa para rescatar la memoria de los vascos y recurre a la ficción narrativa para actualizar episodios terribles que la nueva generación apenas siente como propios. "Gerra zibil batek amaiezina dirudi" exclama el narrador de *Mohamed eta parroko gorria*[59], última novela publicada por Ugalde; y, en efecto, la guerra del 36 proyecta su sombra sobre todas y cada una de sus novelas escritas en euskara. Las tres tienen como protagonistas a niños a través de los cuales se nos narran el horror de la guerra (*Mohamed eta parroko gorria*), la dura posguerra (*Pedrotxo*[60]) y el regreso del exilio (*Itzulera baten historia*[61]).

Estas novelas, dos de las cuales están narradas en primera persona, están llenas de ecos biográficos, de estampas presenciadas y vividas por el autor y su familia. La verosimilitud es, pues, un rasgo común a todas ellas; pero lejos de ser una limitación, la cercanía que rezuman sus personajes, es lo que les otorga universalidad. La compasión que embarga al lector tras la lectura de las novelas trasciende la tristeza de los episodios y está cargada de compromisos de justicia.

No es exagerado defender que Ugalde es uno de los primeros autores vascos en reivindicar, sin paliativos, la autonomía del cuento literario; así lo destacan Izagirre (1993), Lertxundi (1997), Olaziregi (2000), Kortazar (2002) o Mendiguren Elizegi (1998) entre otros.

> Ugalderen ipuinen meritua bi aldiz da azpimarratzekoa. Lehenik, berez duten balioagatik; bigarrenez, bera izan zelako lehena ipuin literatur genero moderno gisa lantzen. Ordura arte ipuina kontakizun erraz, folkloriko eta irrigarria izaten zen beti euskal literaturan. Hego Amerikan tradizio handia zuen ordea, genero autónomo eta seriotzat zeukaten bertan bai idazle bai irakurleek, eta han bereganatutako teknikak euskal lanetan txertatzen hasi zen Ugalde. Mendiguren Elizegi (1998: 258).

En una cita recogida por Lertxundi (1997: 27) el periodista exiliado denuncia que "en el País Vasco y también en España, hay la costumbre de creer que este género es un arte menor dedicado a los niños, algo así como la acuarela de ilustración infantil es a la pintura formal". Y, sin embargo ya en 1957, en una entrevista concedida a *Eusko Gaztedi*, el autor se mostraba convencido de que "el euskera se presta al cuento" debido, sobre todo, a "la tradición del cuento popular en el País Vasco". Según Ugalde "gracias a las aportaciones de los "modernos cuentistas vascos como Jon Mirande[62]. Ugalde considera que: "En el cuento se ha superado el género ñoño e intrascendental de antes. Actualmente se escriben cuentos que no tienen nada que envidiar a los más modernos de cualquier país".

Esbozos de una poética. Los géneros

Esta misma acusación es el eje central de un artículo publicado en 1974, —número XIX de la revista *Euskera*— que constituye una de las pocas excepciones en las que Ugalde reflexiona sobre los géneros con carácter teórico[63]. Esta aproximación a la poética de los géneros gira en torno a cuatro significativos puntos de inflexión: el esfuerzo por deslindar el relato breve de otras formas narrativas, la preocupación por equiparlo con otros géneros, el esfuerzo por encontrar una definición apropiada del objeto y, por último, el examen de algunos aspectos narrativos propios de los diferentes géneros.

El escritor comienza por constatar que pocos géneros literarios, aparte de la poesía, guardan tanta conexión con la cultura y tradición literaria popular vasca, transmitida oralmente, como el cuento popular. Esta observación, muy al estilo de Ugalde, viene sostenida sobre una serie de opiniones autorizadas y recogidas en definiciones de autores como Lhande, Mujika, Azkue o, incluso, Menéndez Pidal. La característica central del cuento popular, destaca Ugalde, es su carácter tradicional, —su antigüedad oral— y responde a la sed de contar, de comunicarse, que acucia al ser humano desde el primer origen de los tiempos[64].

> Gizonak beti izan du: batetik, gainontzekoei zer gertatzen zaien jakiteko barru-barruko gogo bat, eta bestetik, norberaren esperientzia gainontzekoei erakusteko eragin bizia. Ba, ipuina, komunikazio egarri honek gizona jarri duen bideetatik zaharrena izango da, (1974: 297)

Por el contrario, explica Ugalde, si bien el cuento popular y el literario coinciden a menudo en algunas características —brevedad, búsqueda del efectismo en el desenlace— y hasta presentan ciertas similitudes estructurales, este último debe considerarse un género independiente y novedoso; que si bien es desconocido en la tradición literaria vasca, "es acogido frecuente y respetuosamente en las páginas de los periódicos y revistas de los países anglosajones y magníficamente representado por la incorporación al género de jóvenes narradores latinoamericanos".

Este deslinde entre géneros es, según Ugalde, crucial para sacudir al cuento literario del desdén que sufre por parte de gran parte de la crítica de la época.

> Ipuina zaharra bada, kontua berri berria dugu. Emeretzigarren gizaldiak kontu-idazle on-onak eman ditu Alan Poe, Maupassant eta Gogol, iru aipatzeko; baina ogeigarren gizaldian artu du kontuak gaur duen indar berria: orain egunkariak eta aldizkariak maiz argitaratzen dituzte, eta kontu-liburuak ugaltzen ari dira; gure artean ere, eta batez ere sariak direla merio, literatura mota hau ugaltzen asia da. Hala ere ba du oraindik lotsa bat: Txanogorritxu-ren ipuin-motarekin lotzen dutela askok. Eta ez da hala. Ugalde (1974: 298)

El escritor cita al cuentista uruguayo Horacio Quiroga y coincide con él en afirmar que el relato breve debe ser "una flecha muy bien apuntada hacia un blanco"[65]. Este efectismo es exigido, según Ugalde por la misma propiedad retórica del relato y se relaciona con el concepto unitario del cuento. Esta misma intensidad unitaria acota la extensión del relato; y demuestra que la brevedad intrínseca al mismo —lejos de ser una característica propiciada por cuestiones formales o estéticas— es la consecuencia derivada de la estructura interna y el lenguaje propios de este género.

> Kontuak ekintza bat besterik ez du konta behar; kontalaria, abiadorea bezela da, ezin da egazkinarekin toki askotara irixteko asmotan urten, ez eta bi tokitara joateko asmoz ere, toki jakin batera irixteko asmoz baizik; norabait iritxi nahi badu behintzat. (…) Kontuan ez da kontatzen den gertakizunaren aurrekorik ez ondorenik ere esaten; alde batetik argazki baten itxura du: unetxo bat, sistada bat, erakusten du, bizitzaren zati motx, bakar eta esplikatzen ez dena. Ugalde (1974: 299)

Cuando pienso en la razón primera, quiero decir algo a partir de la impresión inicial del cuento, cualquiera que sea el estímulo. Pero lo pienso en términos estéticos, sé, o busco saber, la manera en que lo voy a decir, a contar; me recreo interiormente por el efecto que puede causar en el posible lector la manera en que pienso redondear, o romper estéticamente, el cuento. El punto de partida es, pues, la necesidad de contar el cuento; el cómo contarlo, a veces partiendo como el bertsolari nuestro, pensando en el final; de ahí que sigo teniendo en cuenta lo que estoy diciendo en el cuento, de manera que no chafe ese final. Pero, como ocurre con cualquier trabajo de creación, el cuento sale del raíl, y se acepta provisionalmente como una rama del tronco que nos va a distraer el fin, pero que acaso nos lleve a algo nuevo que sea mejor de lo propuesto, y resulta de todo este andar y desandar, un punto en el que ya uno descubre qué es lo que quería, al fin, terminar de decir. Ugalde (citado por Ariznabarreta y Beti 2002a: 50).

En la vasta obra literaria de Martin Ugalde solo encontramos dos piezas de teatro —una de ellas inédita[66]— y algunas pequeñas obras de guiñol escritas para niños, todas ellas escritas en euskara. Es evidente, por lo tanto, que en comparación a la narrativa y al ensayo, el género dramático no tuvo especial atracción para el autor de Andoain, o, tal vez pueda deducirse que, en aras del carácter comprometido de gran parte de su obra, Ugalde juzgó más útil cultivar otros géneros.

Esta única incursión realizada por Ugalde en el teatro, según palabras del propio autor, fue un "proyecto ideológico, no literario" (Ariznabarreta y Beti 2002a:40, y así lo reconoce en la introducción de la primera edición de su pieza:

> Antzerkitxo honek ba du bere jatorri berezia. Ez dut orain arte antzerki lanik idatzi, eta oraingo asmo hau ez da antzerki lanean ekinaldi bat egiteko gogo hutsarekin sortua izan. (…) Aspaldi neukan gizonak bere hizkuntzaganako

bete beharra zenbaterainokoa den gogor, ernegarri, esateko gogoa; baina (…) nola asmo hau egiazkien azaldu? (…) Herriko hizkuntza berarekin herriaren bihotz-bihotzera. Orduan, kontu bidea ezin erabili (…) ez baitzen asmoa herri-herrira helduko. Eta antzerki bidean esango banu? Ugalde (1964: 3)

Como se desprende de la cita anterior, Ugalde eligió conscientemente el género dramático con "el firme propósito de llegar al corazón —a la esencia— del pueblo, de la manera más eficaz posible". Esta afirmación no es marginal. En las obras de Ugalde encontramos con frecuencia declaraciones en aras del objetivo "popular" y "pedagógico" que pudiera acometer el teatro como género. Un artículo publicado en *Euzko Deya*, en 1962 da fe de lo afirmado:

El teatro viene a incorporarse de una forma natural, a través de la forma verbal y el uso de las formas populares, al esfuerzo cultural de nuestro pueblo. Esta es una gran herramienta de cultivo que tenemos que usar cada vez más. Ugalde (1962b:18).

En el mismo sentido hablaba el escritor en el artículo "Un ensayo y una lección" publicado en la revista *Eusko Gaztedi* el año 1955. Ese texto es muy esclarecedor a la hora de analizar el punto de vista de Ugalde sobre la literatura dramática, ya que es la reflexión más metódica del autor sobre el género teatral. Así mismo, cabe mencionar la gran semejanza que presentan los textos de Ugalde y los otros escritores nacionalistas vascos contemporáneos que versan sobre este tema —*Euskal Antzerkiruntz* de Labayen, entre otros ejemplos—. Esta similitud nos vuelve a recordar lo afirmado con anterioridad, es decir, que la obra de temática vasca de Ugalde fue, en gran medida, fruto del trabajo activo y tenaz realizado al servicio de una idea, compartida a su vez también por otros autores nacionalistas coetáneos al escritor.

La razón que indujo a Ugalde a escribir el artículo referido fue la siguiente: la compañía de teatro "Aitzol" representó en la Euskal Etxea de Caracas la obra *Jostailu komikoak (Los juguetes cómicos)* del escritor ruso Chejov, el día de "Eusko Gaztedi" del mismo año. La compañía recibió fuertes críticas. Por una parte, según la opinión generalizada, la puesta en escena del texto fue deficiente, y, por otra, para muchos miembros de la Euskal Etxea la elección de la obra de un autor extranjero para ese día de celebración de la identidad nacional había resultado un desacierto. En el artículo queda patente que Ugalde nunca fue —en palabras del propio autor— "partidario de críticas sin justificación" y defiende que se escenifiquen también obras de escritores extranjeros, convencido del beneficio que conlleva la traducción de obras universales al euskara.

En cualquier caso, el eje central del artículo es la reivindicación de un teatro nacional, donde Ugalde reclama principalmente "la necesidad de escritores que sepan llevar nuestros problemas, nuestros puntos de vista propios, nuestra angustia nacional, el significado de nuestra emigración o el drama de nuestro pueblo al plano universal mediante medios de expresión nuevos y contemporáneos" y "la necesidad de impulsar la promoción de nuevos actores".

Según Ugalde (VIII-1955), un teatro nacional vasco "debería cultivar temas y cuestiones cercanas o conocidas, para propiciar la reflexión entre nosotros y poder mostrar al mundo las bases de nuestra identidad". He ahí el teatro al servicio de una función social y pedagógica.

> ¿No tenemos un gran teatro? Es natural que carezcamos de autores si no presentamos y criticamos sus trabajos, si no los cultivamos y también es natural que si no creamos nuestro ambiente de teatro no saldrán de nuestras filas nuevos autores capaces de sacar al plano universal, con formas de expresión nuevas, modernas, nuestros problemas, nuestras peculiares formas de ver la vida,

nuestra angustia nacional, el significado de nuestra emigración, el drama de nuestro pueblo. (...) Debemos esforzarnos por crear y desarrollar nuestro propio teatro y darlo a conocer a los demás. Esto requiere que dediquemos atención especial a nuestro teatro, se estimule a los nuevos autores, facilitando de paso la creación de las nuevas promociones de intérpretes o actores mediante la facilidad que brinda interpretar motivos y circunstancias que ya se conocen y se han vivido de una u otra manera. Ugalde (1955).

Este punto de vista pedagógico del género dramático al que apunta Ugalde —y que se ha pretendido subrayar en las líneas precedentes— se alimenta de tres fuentes. Por una parte, de la tradición vasca: impulsada por la Iglesia, la literatura dramática ha desempeñado frecuentemente la función de escuela popular, como en el caso de los teatros populares y las pastorales[67]. Por otra parte, de los recuerdos de infancia del propio escritor, de la conciencia de que el teatro había constituido una de las pocas vías para que el nacionalismo vasco llegara al pueblo y se había erigido en, prácticamente, el único espacio para el relato de la historia nacionalista[68].

Esa conciencia se encuentra bien presente en los autores nacionalistas vascos de la época. Sirva de ejemplo el discurso de Antonio Labayen en el Antzerti Eguna de 1964:

> Guretzat euskal antzertia Aberriaren egun-sentiko igarle izatea nai genduke, euskaltasunaren intz suspergarri olermenez ornitua bai bañan orobat erriaren zirikalari ta laguntzaile. Labayen (1976a: 298).

Sarasola opina de manera idéntica cuando menciona la política lingüística del PNV de la época.

> La prioridad otorgada a la promoción del teatro fue una de las características de la política cultural nacionalista, que parecía apuntar al establecimiento de un teatro con

elementos folklóricos y espectaculares, cuya atracción sobre las masas populares fue muy notable. Sarasola (1982: 145).

Por último, conviene recordar que uno de los mayores empeños de Ugalde fue especificar qué pasos había que seguir en aras de la revitalización del euskera; y que el autor recalca en muchos artículos de la época la especial importancia pedagógica del teatro para esa labor.

La tradición cultural tiene un peso específico también en esta concepción práctica del teatro. Cabe destacar, de hecho, las similitudes entre la opinión de Ugalde con la vertida anteriormente por R. M. Azkue (1918).

> Gaur egunean erri hau euskaltzale egiteko, teatroa dala uste dot biderik laburrena eta errazena. Irakurri, gitxi irakurten dabe euskaldunak, eztakielako askok; neketsu dabelako gehienak. Txikitatik erderaz batera euskera begietan barrena sartu balitzakioke neke orren erdirik eleukee izango. Begiak argitzea gaitz degun ezkero, belarriak gozatu dioguzan erriari. Betoz (...) idazle berriak baserritar ta nekazaleen oitura on naiz galgarri mamintzat artuta, gatza ta erri usaintxo gozoa daben antzerki asko egitera. Olgetan-benetan ta ezarian-baiariaan on andia egin lekioke erriari. R. M. Azkue (citado por Labayen 1976a: 298)

Ugalde comparte con el sacerdote vasco este mismo sentir con respecto al carácter estratégico del género dramático:

> Gure herria belarri herri dugu hizkuntza kontuetan oraindik behintzat. Ez gera gu izparringi eta liburu irakurle onak. (...) Niri erreza eta azkar erabiltzeko bidea iruditzen zait (...) antzerkia. Ugalde (1965: 7).

La cita anterior recoge uno de los argumentos más recurrentes en todos los artículos de la época, que se refiere a la circunstancia de que el euskera tenía que llegar a los hablantes por "los oídos"[69], y que había que activar iniciativas para el logro de ese objetivo. Ugalde es consciente de que el euskera, —al contrario que las lenguas normativizadas— "es una lengua que sólo se ha conservado a través de la transmisión oral, y que el euskera escrito es difícil de leer para la mayoría de los vascos". Por eso hace hincapié Ugalde en "la necesidad de una literatura que sirva para que sea oída" y —si se quiere, paradójicamente— asume que "con esas cuestiones debería hacerse poca literatura, ensayo y periodismo" (1965: 7).

En suma, en muchos de los artículos de Ugalde se subraya la necesidad del "trabajo reparador de la divulgación, con el objeto de superar las desigualdades existentes entre la lengua oral y la escrita, debido a las carencias que ha soportado la cultura vasca".

> Tenemos que salvar la gran diferencia que existe entre el euskara escrito y el hablado. Nuestro pueblo no ha podido cubrir, por su carencia de medios de cultura euskérica, la diferencia que existe siempre entre las lenguas habladas y las correspondientes escritas. Falta la niveladora de la divulgación. Este es un verdadero problema que nadie ha acometido con seriedad todavía, pero que es urgente resolver. Hace falta una campaña de divulgación que debe emprenderse con medios y métodos modernos. Para eso hay que bajar forzosamente del pedestal el euskara culto, académico, que cumple su objeto, pero no el urgente que precisa nuestra lengua para superar esta terrible crisis. Ugalde (1955: 2)

La obra de teatro *Ama Gaxo Dago* fue publicada el año 1964 para gozo y estimulo colectivo de la autoestima de los exiliados vascos que vivían en Venezuela. De ese modo, una vez más, Ugalde —tal como lo hacen a menudo los escritores desterrados— "trata de dar respuesta al vínculo sentimental, la irremediable identificación nostálgica enraizada en la herencia cultural de origen" (Galfarsoro 2005: 34).

Geografías de un pensamiento

El exilio es vivir aquí y allí.

Lucio Aretxabaleta

El orden de la persona nos aparece ahora en su tensión fundamental. Está constituido por un doble movimiento, en apariencia contradictorio, de hecho dialectico, hacia la afirmación de absolutos personales resistentes a toda reducción y hacia la edificación de una unidad universal del mundo de las personas.

E. Mounier (1962). *El Personalismo.*

Beti eskamak kentzen, kentzen, kentzen. Nor gara gu? Zer gara gu? Euskotarrak gara gu.

Canción popular vasca

Terry Eagleton (1997: 257) define la ideología como "el lenguaje que olvida las relaciones esencialmente contingentes y accidentales entre él mismo y el mundo, y llega a confundirse a sí mismo como si tuviese algún tipo de vínculo orgánico e inevitable con lo que representa". En la misma línea, Ross Chambers defiende que "una ideología no puede ser idéntica a sí misma si pretende cumplir con su objetivo" y acuña el término *escisión-ideológica* ("ideological split") para referirse al hecho de que la ideología es, en último término, "una propuesta discursiva que posiciona a los sujetos en relaciones de poder diversas".

An ideology is not a doctrine to be accepted or not accepted but a discursive proposition that positions subjects in relations of power (power being itself a differential phenomenon, existing only through being unevenly distributed). Ideology necessarily produces these subjects relationally, and it is in the difference between them that the potential for ideological split resides, these subjects being differently positioned regarding the system that produces them. They "perceive" it, "understand" it, from different angles, so to speak, and in differing perspectives. Ross Chambers. (Citado por O.Beebee 1994: 15).

Así, el sondeo de las coordenadas de pensamiento de un autor supone, sobre todas las demás consideraciones, un análisis crítico de su discurso, de los recursos estilísticos empleados, y de los temas y enunciados por los que se inclina; lo que permitirá, finalmente, un análisis situacional —axiomáticamente con respecto al poder— de sus argumentos y sus textos.

Ésta, como no podía ser de otra manera, ha sido —si bien exclusivamente en un estadio inicial— una cata intuitiva en lo que se refiere al primer desbroce de las corrientes ideológicas, de pensamiento —y vitales— que aquí se referirán. Esta primera intuición, fundamentada siempre en el estudio pormenorizado del discurso del autor y las pistas aportadas por los estudios críticos de su obra, ha resultado esencial a la hora de distinguir y optar por las corrientes que aquí se desgranan y, por el contrario, obviar otras que —aunque de manera menos evidente— también han dejado alguna marca trazable, aunque no sobresaliente, en los textos del autor.

Se mezclan aquí las referencias a corrientes filosóficas que ejercieron influencia notable en la individualidad del autor, visiones antropológicas amplias que forjaron su noción del hombre, ideologías políticas que fueron centrales en su concepción social y cultural, y las metáforas conceptuales derivadas de las experiencias vitales que contribuyeron a forjar todas ellas.

La argumentación parte de una visión general y contextualizada de la experiencia vital, corriente filosófica o política reseñada, —aludiendo a la vinculación biográfica de Ugalde con la misma— para referirme después a las matrices de producción y composición que me han permitido rastrear las huellas, —y hasta los surcos en ocasiones— que éstas coordenadas filosóficas y vitales dejaron en las diversas evidencias textuales que han sido analizadas para este trabajo.

Es indiscutible que "el exilio es una marca repetidamente impresa en la andadura humana, política y literaria de Martín de Ugalde" (Lasagabaster, 2002: 304); y esto debido fundamentalmente a que, tal como apunta Zabala (*Gara* 5-X-2004) la trayectoria vital y profesional de Ugalde es fruto de la voluntad rebelde de "un inconformista empeñado en enfrentarse a su propio destino", del esfuerzo disidente de un *eterno exiliado*.

> El exilio no acaba nunca, no basta con volver al lugar de nacimiento y así lo ha demostrado en su propia piel este intelectual imprescindible para nuestro futuro, casi hasta el final amenazado con la cárcel, o con retomar los caminos del destierro, con ficha policial abierta a sus 84 años. Y mucho antes obligado a escribir entre líneas, a disimular su pensamiento frente a la censura, incomprendido muchas veces entre sus propios compañeros de ideología, observado con desconfianza por todos porque no era del todo de aquí y, seguramente, tampoco de allí. Es ese destierro al que se ha calificado como interior, mucho más cruel y castrador que el exterior, una persecución que queda minimizada porque la víctima vive en las mismas calles que los demás (…), pero siempre marcado por su disidencia. No es casualidad que sea éste el exilio menos conocido, el más difícil de cuantificar y, por ello mismo, el más sangrante. Zabala (5-X-2004).

En efecto, a los sucesivos destierros geográficos del escritor vasco, —entre los que destaca el exilio venezolano de más de veinte años— les siguió "el sentimiento de extrañamiento" —el exilio interior— que trajo consigo la vuelta a su tierra natal en 1969 aún bajo la dictadura franquista. Así lo sugería también el escritor Bernardo Atxaga en la conferencia inaugural del congreso dedicado

a Ugalde en noviembre de 2001, conferencia en la que Atxaga
repasó la obra del andoaindarra y las implicaciones que el destierro
había tenido en su trabajo para concluir preguntándose —de forma
retórica— si la llegada de Ugalde a Gipuzkoa en la década de los 70
no fue una prolongación de un destierro que no acabó nunca[70].

El propio Ugalde lo admitía en su columna diaria
"Egunekoa" del diario *Deia* en un artículo de opinión titulado "El
bien y el mal del exilio"[71]:

> Hay muchas clases de exilios. Sufre exilio quien, como yo,
> tiene que abandonar su tierra, pero también conocieron el
> exilio que quedaron aquí, vigilados, con la boca cerrada por
> la fuerza y privados de medios de expresión. También he
> pasado por la terrible experiencia de este exilio interior.
> Ugalde (*Deia* 27-XII-1982).

El trazado de una ruta por el pensamiento de Martín
Ugalde pasa, por lo tanto, indefectiblemente, por descifrar las
metáforas discursivas y conceptuales que el destierro —tanto
geográfico como alegórico— dejó en su obra, para analizar después
sus matrices de producción y líneas de pensamiento a la luz de esta
(des)composición de lugar(es).

En su sugerente artículo "Other tan myself/my other self"
(2005: 10) la escritora china Trinh T. Minh-ha apunta hacia la
paradoja de que —a pesar de que frecuentemente se afirme que los
intelectuales exiliados están "condenados a escribir (y a reescribir)
trabajos autobiográficos"— los textos de dichos autores aparecen a
menudo "invadidos de características temáticas y retóricas que
prevalecen a la experiencia personal y biográfica de esos escritores
individuales". Esta paradoja se funda, según la escritora china, en la
constatación de que los escritores desplazados suelen asumir como
objetivo central de su escritura aportar un testimonio de su
experiencia a sucesivas generaciones de la comunidad a la que
pertenecen.

Directing their look toward a long bygone reality, they supposedly excel in reanimating the ashes of childhood and the country of origin. The autobiography can thus be said to be an abode in which the writers mentioned necessarily take refuge. But to preserve this abode, they would have to open it up and pass it on. For, not every detail of their individual lives bears recounting in such an 'autobiography', and what they chose to recount no longer belongs to them as individuals. (...) They do not so much remember for themselves as they remember in order to tell. When they open the doors of the abode and step out of it, they have, in a sense, freed themselves again from 'home'. They become a passage, start the travel anew, and pull themselves at one closer and further away from it by telling stories. Trinh T. Minh-ha (2005:10).

Los intelectuales desterrados adoptan, en suma, el papel de representación que cumple "aquello que R. Bellah (1989) definió como *comunidad de memoria*, que se refiere a la aportación que hacen aquellas comunidades que con el fin de no olvidar su pasado, vuelven a contar su historia, narran su constitución, y al hacerlo están trazando el mapa, están iniciando e ilustrando el sentido y la definición de lo que esa comunidad cree que son los límites y los contenidos de la comunidad" (Gurruchaga 2005: 104). En pocas palabras, tal como señala Trinh T. Minh-ha (2005: 10), el escritor exiliado escribe —más que para *poder recordar por sí mismo*— para *narrar su experiencia a sus conciudadanos*; y, debido a esta particularidad, sus elecciones semióticas —aquellos matrices de significado y signos lingüísticos por los que opta en su discurso— siempre están supeditados a este objetivo testimonial.

Son muchos los escritores del exilio que han hecho declaraciones en este mismo sentido. En su artículo "¿Por qué escribo sobre la guerra y el exilio?" el escritor republicano Virgilio Botella Pastor (X-1975) se expresa de forma idéntica. La motivación del propósito de escribir sobre la experiencia personal del exilio reside según este escritor —además de en razones de tipo subjetivo— en "la decisión de dejar un testimonio escrito de la guerra y el destierro en cuanto tienen de más intenso y entrañable para así impedir que "la herida que provocó su destierro se cerrara en falso". El compromiso de "mantener la llaga al sol hasta que sanara como debía sanar" rige así la escritura del escritor expatriado. Según Botella Pastor, los escritores desterrados contribuyen "a colmar un vacio, a compensar de algún modo una vida truncada, llena de frustraciones espirituales y materiales; pero también a dar un cierto sentido de unidad a la dispersión, a sembrar el testimonio de los treinta y cinco años de resistencia del exilio interior y de los exiliados en tierras generosas donde las simientes prenden y germinan" (Botella Pastor 1975: 59).

También el profesor Federico Álvarez Arregui (2004: 43) alude a la "anormalidad del exilio" como factor constitutivo de una *mirada común* en todo exiliado; mirada que inexorablemente vincula al desterrado con una militancia política, con un objetivo testimonial y manumisor.

> Esa anomalidad del exilio crea una sensibilidad diferente y específica de lo nacional, que se manifiesta —cuando en realidad existe— de dos maneras que son en definitiva la misma: la militancia política (que es un militancia obsesiva porque tiene como objetivo el regreso a la tierra) y la nostalgia espiritual, cultural, subjetiva: memoria detenida a la que le hace convivir, como ya he dicho, con otra diferente, cotidiana, viva en el tiempo. Alvarez Arregui (2004: 43).

Así, —en la medida que epitoman el testimonio de un "eterno exiliado inconformista" y, por ende, fueron construidos desde el compromiso con la memoria (a)callada de sus coetáneos venezolanos y vascos[72]— también los artículos periodísticos y el mundo narrativo de ficción de Ugalde adquieren un valor de testimonio vivo de los *lugares de memoria* de colectivos silenciados ora por la censura franquista, ora por las consecuencias devastadoras entre las capas más desfavorecidas del *milagro económico* que trajo consigo la explotación petrolífera en Venezuela a partir de los años treinta del siglo pasado y, finalmente, también constituyen prueba discursiva de la disidencia con respecto a los requiebros de la *embrionaria democracia* española durante la transición.

El caso de Ugalde es, además, paradigmático del carácter periférico, errante y testimonial al que se alude debido, sobre todo, a que su(s) exilio(s) en Francia y Venezuela supusieron, —además de un extrañamiento de espacios geográficos— una alienación lingüística de doble dirección: con respecto a su lengua materna en primer término y, paradójicamente, en la lucha por recuperarla en su forma normativa y literaria ulteriormente[73].

> Por una parte, nadie en mi niñez me ayudó oficialmente en mi Andoain nativa a prolongar la lengua única de mis abuelos y de mis padres más allá del hogar y de la Iglesia. Luego he vivido fuera de mi país; ya se sabe que muchas veces, y es el caso de los vascos de lengua, una ausencia prolongada de la tierra la mata porque no tiene el vasco receloso la fortuna de poder emigrar a ningún otro país de su lengua. Para dar un ejemplo, no le faltó el aliento de su lengua a un León Felipe en México, pero exactamente en el mismo tiempo cronológico y político vivía Nicolás Ormaetxea 'Orixe', en el desamparo conmovedor de faltarle su lengua en Guatemala; cada uno ha dejado este entrañable testimonio circunstancial en su obra. (...) La diferencia entre un 'Orixe', el mayor poeta vasco contemporáneo (de quien, y es una acusación, no habrá oído hablar casi ningún crítico español) y León Felipe, uno de los grandes poetas españoles, es el mundo cultural de su lengua. Ugalde (1992: 45-46).

El destierro se nos muestra así en Ugalde como un ejercicio problemático de doble faz, en lucha con la nostalgia que le provoca el recuerdo fragmentado —y fracturado por la guerra— del país de origen que dejó forzosamente atrás, y en lucha, asimismo, con una lengua "llena de acentos desconocidos" propias de las gentes que poblaban "el juego de rompecabezas" que era la Venezuela a la que llegó Ugalde proveniente de Andoain —un, entonces, pequeñísimo pueblo de la Euskadi derrotada.

> Acaso es por esto que hay pocas cosas más entrañablemente sentidas por el vasco que el castigo del destierro. No es destierro para el vasco ese saltarse el Bidasoa (que es un cuento de faisanes) a lo Unamuno, pero sí el Atlántico a lo Orixe, y este tipo de viajes sigue produciendo hoy el mismo dolor profundo de los tiempos en que el castigo más severo que preveía la ley que se daban los vascos para castigar a los vascos era este alejamiento de su tierra. Pero aún hay otra manera de irse que todavía es más dramática: la del que queda en su propia casa a la intemperie del forzado abandono de su lengua. (Ibid: 46).

"El exilio es vivir aquí y allí", declaraba con acierto el expatriado delegado del Gobierno Vasco Lucio Aretxabaleta; y, en efecto, también la obra del exiliado Ugalde está —como lo está la narradora de su primera novela en euskara *Itzulera baten historia*— en permanente tránsito entre los dos espacios-conflicto y las dos lenguas de su experiencia. En virtud de esta circunstancia, —y en la medida en que "los textos de los escritores exiliados no son efectos mecánicos de un momento determinado, —un hablar por hablar— sino más bien resultado de la reflexión pausada de "lo que viene después de aquel momento"" (Bocchino, 2011: 97)—, los temas y los recursos estilísticos empleados por Ugalde cobran un valor simbólico y testimonial indiscutible. Por mencionar sólo algunos, el carácter marcadamente divulgativo de gran parte de su obra ensayística; los recursos a formas morfológicas que inciden en el carácter colectivo —y defensivo— de su identidad vasca que se trazan en sus artículos de opinión; o la carga simbólica de muchos de sus personajes y matrices temáticos sólo pueden explicarse desde la necesidad manifiesta de sacudirse el sentimiento de *desarraigo* que provoca "el dolor amarillo y difuso" ocasionado por el exilio (Ugalde 1992: 45).

Las alusiones literales y metafóricas a términos como *viaje* o *frontera* son abundantes en el discurso literario de Ugalde; y las connotaciones —de tropos cargados de significado— que presentan éstos y otros términos que refieren al campo semántico vinculado a las asociaciones topo-espaciales, permanecen como alegorías validas de la traslación —y permanente traducción— de sus textos a través de estilos heterogéneos y géneros diversos por los que optó el escritor en virtud, precisamente, de aferrarse al carácter testimonial de su obra.

Los viajes —siempre accidentados y azarosos— trasladan a los personajes de la ficción de Ugalde, o bien en busca de un mundo mejor, —aunque desconocido e impenetrable— o bien de regreso en busca de sus orígenes a una Ítaca que, una vez reencontrada, el personaje descubre que apenas guarda nada de la arcadia soñada.

Esta es la clave, ciertamente, en la que la *observación taquigráfica* del joven reportero Ugalde, que viaja por todo el país con "la ventaja que le dan al escritor unos ojos nuevos", adquiere su verdadero significado de búsqueda radial, en el que el viaje como metáfora permite establecer paralelismos obvios y da como resultado la geodesia detalladísima de Venezuela relatada en términos cartográficos (occidente, centro, oriente, sur) en su obra *Mientras tanto fue creciendo la ciudad*.

De manera idéntica, el crítico de la obra de Ugalde pronto se percata de la constante traslación entre géneros, estilos y lenguas que caracteriza sus textos. A esta luz, sobresale la reformulación —casi (re)escritura— de su única obra de teatro publicada *Ama gaxo dago*, —un relato parenético de trazos gruesos escrito en clave metafórica con el objeto de acallar las voces de sirenas en torno a la muerte del euskara— y la forma en que ésta se *traduce* al castellano en forma de ensayo, dando como resultado su libro *Unamuno y el vascuence.* También, las referencias positivistas propias de la epistemología del discurso histórico a la que aspira el autor en su *Síntesis de la historia del País Vasco* dan paso a las características y recursos estilísticos propios del discurso ficcional que denota la intrahistoria de los personajes simbólicos de la novela de héroe colectivo *Las brujas Sorjín.* Estas traslaciones —junto con la constante duplicación de los argumentos vertidos en infinidad de prólogos e introducciones a menudo en una lengua distinta y reformuladas en formatos genéricos diversos— epitoman, en fin, el tránsito entre lenguas y géneros literarios característico del autor que nos ocupa y dan fe de lo axiomático de la presencia del exilio en su obra.

Simétricamente, —abundando ahora en las metáforas conceptuales en torno al campo semántico del *desplazamiento* que rebrotan en su obra literaria— el arriesgado viaje de Jacobo Santiago ("Las manos grandes de la niebla") a la ciudad en "una caja suspendida del cable con dos ganchos de balancín"; los viajes sin retorno de muchos buzos en "El cabo de la vida"; el desengaño que la llegada de su novia supone para Juan en "La llegada de Engracia"; la búsqueda incansable del padre en *Pedrotxo*; el errar identitario del personaje del relato "Fracaso"; los sueños infructuosos de Anastase ("La semilla vieja") por volver a su país; los malos augurios y decepción profunda que provoca a la niña protagonista de *Itzulera baten historia* desandar el camino recorrido[74]; o la enajenación mental provocada por el dolor del destierro que le impide al anciano de "El regreso" siquiera reconocer a su propia familia cuando estos van a recogerlo tras años sin verlo, adquieren un valor simbólico indiscutible.

Las alusiones a las fronteras —geográficas y alegóricas— son igualmente innumerables en la obra literaria de Ugalde. Así lo sugería, expresamente, el escritor Inaxio Mujika Iraola en su artículo "Mugatik hurbil" (*Gara* 5-X-2004).

Muga da bere ipuin askotako gaia. Baina ez muga, gauza teorikotzat hartua; muga horiek zeharkatzen dituzten pertsonak baizik. Izan muga horiek politikoak, izan pertsonen artekoak, edo adinarenak, "Mantal urdina" ipuin bilduma zoragarri hartan bezala.

Considérense, en efecto, las lindes que demarcan el pueblo de Sorjín que contribuyen a separarlo de sus vecinos —"gentes de dos ciudades grandes"—; su río "que divide la aldea en dos"; y sus puentes, cuyo paso está "prohibido a las brujas" (*Las brujas de Sorjín*). Considérese —de forma también metafórica y en clara alusión al exilio— la frontera entre la vida y la muerte que traspasa Don Joxe Mari Naparra, y el carácter fuertemente simbólico de éste personaje, —"más vivo que muchos muertos que andan por su pie por los caminos del pueblo" (1975/1978: 20). Apréciese que el personaje de Migel (*Ama Gaxo Dago*) se describe en las acotaciones de la obra como "el hermano" que "en virtud de alcanzar "una vida de sabiduría" vive alejado del dominio rural-materno", y que, también en este texto teatral, los personajes que escapan del perímetro de influencia matriarcal-lingüística tienden a desvanecerse, a formar parte de un mundo desconocido. Pareja suerte corren los campesinos protagonistas del cuento "Del Cemento", —Lucía y su padre anciano— que se han visto obligados por su hermano e hijo, —que termina abandonándolos por una mujer— a cruzar las fronteras entre el campo —que recuerdan mediante la analepsis cómo un lugar arcádico en el que el afecto de la familia y la cotidianeidad permitían un acceso a la felicidad tranquila— y la ciudad, que se describe como "un cajón de cemento sin lucir" en el que el ambiente de silencio y de muerte habla de desarraigo, soledad y dolor.

En efecto, un número considerable de los personajes desventurados de la ficción de Ugalde se encuentran en situación de destierro, ora expresado en el discurso en forma de personajes emigrantes que experimentan el exilio exterior, —un alejamiento físico de la patria—; ora conceptualizado en la expresión de un exilio interior, —un desarraigo del mundo—, expresado por las dificultades vinculadas a la edad, la soledad, la incomunicación ("La luz se apaga al amanecer"), o la imposibilidad de integración. Así lo expresa Henar Amezaga en su reflexión en torno al tema de la integración en los cuentos venezolanos de Ugalde:

> La complicada integración del exiliado provoca la imposibilidad de sentirse de un lugar concreto. En el país de acogida es del país de origen, y al volver al país de origen se siente del país de acogida. El exilio los convierte en nómadas eternos que van dejando trozos de su alma en los países que les ofrecen el calor de la acogida. Henar Amezaga (2002: 234).

Sus narradores en primera persona, muchos desprovistos de nombre y desvalidos ("El regreso", "Del cemento. La trampa del cemento", *Itzulera baten historia*) se (re)construyen y comunican mediante el recurso a la "memoria afectiva" y buscan evadirse de una realidad caótica a través del sueño, el silencio, o la vuelta, —nunca resuelta de forma idílica—, al *hogar*. La niña protagonista de *Itzulera baten historia* llega a explicitar este extrañamiento de la manera que sigue:

> Bestalde, hasia nintzen pentsatzen, egitan, neuk ez nituela inoiz aitatxok bere lurrean ikusi zituen mirariak ikusiko. Ez nekien zergatik; behar bada neuk lur hau, nire aitaren eta amaren lurra, bereziki nirea bezela sentitzen ez nuelako. Neuk Ameriketako, Venezuelako, oroitzapen ederrak nituen... Baina, bestalde, oroipen zoragarri hauek nire guraso eta anaia eta ahizpekin, eta Rosa Chacón indiarrarekin ere lotuta zeuden; hasia nintzen, bestalde, amonarekin izandakoak gogoratzen, barnetegia ere nire munduan zegoen baina pentsatzen hasia nintzen nire aitak zituen egiazko erroak ez nituela neuk inoiz nire bezela ezagutuko...Eta hark ere ez nireak... (...) Dezepzio hau ere nire barruan zegoen dagoeneko. Ugalde (1990: 132).

En definitiva, los hombres y mujeres que pueblan la narrativa de Ugalde constituyen una constelación de personajes que "han nacido para esperar" (1964: 18). Son caracteres que, —"tropezando con su humanidad" (1958: 50) buscan interpretar las claves de su nueva realidad arcana, —"llena de acentos" (1958: 52)—, que a duras penas entienden, y a la que se adaptan con resignación ("La luz se apaga al amanecer" "De la niebla. Las manos grandes de la niebla", "La llegada de Engracia").

> Tropezando con su humanidad, recorrió la parte del muelle que ocupaba el barco como una docena de veces, y después de haber visto tanta gente y oído tanto grito, no se le quedó la imagen de una sola cara ni el acento de una sola voz. Era como un juego de rompecabezas, en que uno va a buscar una sola pieza, sin fijarse en ninguna más, y sigue sin conseguirla". "La llegada de Engracia". Ugalde (1958: 50).

En este sentido, —y con el objeto de analizar, tal como se aspira en este trabajo, las características temáticas y estilísticas referidas a la luz de las coordenadas situacionales con respecto al poder hegemónico—, cabe destacar que "hay una relación intrínseca entre los que no tienen poder y los desplazados" (Bocchino, 2011: 94). Porque, tal y como defiende la autora chilena: "moverse, correr, fugarse, implica no tener poder y, a veces, no querer poder, renegar de él, ser indiferente al poder".

> El poder fija, nos fija, y puede que muchos, muchas, expulsados/as o arrojados/as, impedidos/as alguna vez hacia la errancia, no puedan volver o, finalmente, tal vez elijan la errancia, el espacio y el tiempo del viaje aún cuando vuelvan para quedarse o "de visita" a sus lugares de origen, a aquello que llamamos patria.

El exilio se convierte así en condición irreversible y axiomática en la biografía de los desterrados, —también en la de Ugalde indefectiblemente— por lo que las alusiones genéricas a esta condición contribuyen a enmarcar el pensamiento de nuestro autor y las características de su discurso en las coordenadas geomorfológico-ideológicas adecuadas.

El personalismo comunitario como filosofía resulta una prolongación superadora del existencialismo, corriente filosófica —que si bien analizaba y penetraba en la existencia personal del individuo— apenas profundizaba en la dimensión relacional del mismo (Mounier 1990: 89).

Una primera lectura intuitiva de la obra de Ugalde —e incluso la mera aproximación a sus declaraciones— deja entrever, desde el inicio, que para el escritor exiliado la consistencia ontológica del individuo debe siempre entenderse como paso previo a su esencialidad relacional para con las demás personas. La centralidad de la relación yo-tú-nosotros (escritor-lector / individuo-comunidad / persona-colectivo) se deja entrever tanto en los rasgos discursivos del escritor —que a su vez se revelan en la primacía otorgada a la intención comunicativa de los enunciados del discurso sobre otras consideraciones de carácter expresivo— como en el carácter dialógico de su labor periodística, el intento de aproximación a sus lectores a través del uso de un lenguaje casi dialectal, o la empatía hacia los seres más desfavorecidos de la sociedad. En efecto —tal como afirma Izagirre (1993: 10)— toda la obra de Ugalde "rezuma humanismo y preocupación esencial por la persona en reciprocidad con *el otro*". El siguiente apartado se refiere a las fuentes filosóficas personalistas de las que Ugalde probablemente se surtió —quizá no de manera consciente y debido a la influencia indirecta de un cierto espíritu de la época— justificando esta influencia rastreable en su discurso mediante el análisis de diversas evidencias textuales.

Paralelamente, siguiendo a pensadores como Azurmendi (1990) se incide en la centralidad del pensamiento personalista en la ideología y praxis del nacionalismo vasco tradicional, al que la filosofía mencionada aportó un sustrato fértil sobre el que germinó la ideología del nacionalismo vasco de la época que nos ocupa.

El pensamiento personalista se hace patente en el núcleo de la mayor parte del pensamiento social, cultural y político vasco de la segunda mitad del siglo XX[75] y ninguno de los movimientos culturales e ideológicos de estas décadas puede estudiarse sin atender a esta teoría antropológica (Azurmendi 1990, Zabala 1991, Adúriz 2002).

Atendiendo a los autores citados puede defenderse que la médula del pensamiento nacionalista vasco de la época está, —aunque adaptada a la idiosincrasia del país y con matices propios—, anclada en una ideología de fortísimas raíces personalistas[76]. Así, según Azurmendi (1990) todas las manifestaciones culturales y sociales propias del período en el País Vasco continental, —actitud propagandística de mucha parte del clero vasco, el sindicalismo solidario, el cooperativismo, así como la actitud y las decisiones tomadas por los políticos democristianos del PNV— deben necesariamente ser estudiadas a la luz del pensamiento personalista, cuyo reto fundamental fue el de "elaborar un pensamiento sobre la persona que, fundamentando y justificando su subsistencia, su estructura metafísica, su identidad, su consistencia, permita dar cuenta de su apertura, —de su realidad relacional—, así como de su carácter inacabado" (Isasi *et al* 2002: 13).

Azurmendi (1990: 107) defiende que temas tan recurrentes y centrales entre los políticos, pensadores, intelectuales y escritores vascos de la segunda mitad del siglo pasado como fueron la libertad religiosa, la oposición al imperialismo, el compromiso social del cristianismo, la lucha de las clases marginadas y desfavorecidas, el futuro del Pueblo Vasco, el significado idiosincrásico del hecho cultural vasco, y la crítica frente a la sociedad de la opulencia, emanan, en esencia, de una preocupación central por 'la persona'.

Apez propagandistetatik sindikalismo solidariora, kooperatibismora eta ordu zailenetako demokristau batzuen jarreraraino Erlijio askatasuna, Inperialismoa eta kristautasunaren konpromezu soziala, pobreen eta zapalduen askatasun borroka eta biolentzia, Euskal

Herriaren etorkizuna, kulturaren esanahia euskaldunontzat, oparotasun gizarteko inkontzientzia eta lozorroa: kezka guztiok iturburu bat bera izan dute: pertsonaren ardura. Azurmendi (1990: 107).

Tal como trataré de demostrar en las siguientes líneas el análisis de las evidencias textuales indican que Ugalde no fue ajeno a esta influencia, —a esta suerte de humus antropológico— y revelan, en efecto, que el pensamiento, la actitud y hasta las características discursivas de los textos del Ugalde periodista y escritor participan en muchas de sus vertientes del pensamiento personalista[77]. El carácter dialéctico de toda su labor periodística[78], la dimensión universalista de su pensamiento político[79], e incluso su marcado talante práctico e incansable[80], expresan una indiscutible influencia de esta "suerte de fe sobre la existencia del ser humano"[81]. Tal como afirman los profesores González Allende y Pérez Moreno (2002: 298):

> En su obra Ugalde hace un llamamiento al lector para que despierte y vea la auténtica realidad; está proclamando una vuelta a la humanización, a la comunicación entre las personas; está apostando por la no masificación y por la paz.

El contacto de Ugalde con la filosofía personalista, concebida ésta de forma amplia y entendiendo que la "inspiración última de esta filosofía se halla en la concepción cristiana del hombre, así como en el valor absoluto que el cristianismo reconoce y confiere a la persona" (Calvo 2002: 475) comenzaría a una edad muy temprana durante su exilio en la colonia escolar establecida por el Gobierno Vasco en la *Citadelle* de Donibane Garazi, que se constituyó en un verdadero foco educativo y de formación cultural vasco.

La colonia contó con un plantel de profesores de gran nivel en sus respectivas áreas de conocimiento y amparó a numerosos niños que al término de los años se convertirían en personalidades de la cultura vasca. Los educadores y profesores escogidos para este fin, entre los que destaca José Miguel de Barandiaran y Vicente Amezaga, director de primera enseñanza del Gobierno vasco, además de "priorizar la recuperación y el fomento del euskara y el folclore tradicional vasco" (Alonso Carballés, 2000: 197) inculcaron a sus jóvenes alumnos valores cristianos y una noción de 'la persona' como categoría filosófica esencial[82.]

De lo afirmado por Alonso Carballés se desprende que en estos centros se concedía especial relevancia a la afectividad, a las relaciones interpersonales, a la diferenciación dentro de una igualdad radical, al carácter social, ético y solidario de la persona y a su apertura intrínseca a la trascendencia. Valores todos ellos que perfilaran el trabajo de Ugalde a lo largo de toda su trayectoria profesional y vital. Es fácil entender, por tanto, que un jovencísimo Ugalde encontrara en la aplicación de esta teoría antropológica una expresión estructurada a sus inquietudes de joven preocupado por la libertad, la solidaridad y la trascendencia y que el escritor se valiera de este pensamiento para encajar y articular gran parte de las vicisitudes a las que se enfrentó a lo largo de su azarosa biografía; no en vano para Ugalde el hombre y sus experiencias vitales son una unidad indisoluble:

> El hombre es un ser viejo, acostumbrado a morirse, pero celoso de no dejarse matar. El hombre ha ido adquiriendo angustiosamente un precioso sentido de la vida y de la libertad como ha aprendido a caminar erguido. Con el equilibrio físico se ha despertado en él un portentoso sentido moral, capaz de permitirle caminar sobre ese delgado filo de navaja que norma su conducta. Ugalde ("Galíndez: un silencio de cuatro años", *El Nacional* citado por: *Eusko Gaztedi*, IV-1960).

La cosmología del periodista no es por tanto un sistema cerrado y conceptualmente elaborado, —bien al contrario—, arranca del vivir cotidiano, del el 'aquí y ahora'. Para Ugalde la vida cotidiana ejerce una influencia notable en el pensamiento del hombre; es, en suma, el soporte, la fuente de todas las demás acciones, incluida la actividad de pensar. El autor defiende, en fin, con sus tantas veces refutado Unamuno que "la filosofía es una misma cosa que el hombre concreto, complejo, con su lenguaje vivo. La filosofía no puede ser pensamiento intelectual. Porque no se piensa sólo con la cabeza, se piensa con todo el cuerpo"[83]. De hecho, Ugalde —citando a Barandiarán— afirma que: "Nada sabríamos de nuestra existencia sin el grabador y calculador que es el cerebro del hombre; pero el hombre es más que sesos. Barandiaran dixit: 'Gu ez gaude gure baitan'" (Ariznabarreta y Beti 2002a: 26).

En la entrevista realizada al autor en 1994, preguntado por su concepción de lo 'real' en sentido abstracto, Ugalde afirma que:

> Es un tema inmensurable. En general lo real es aquello que uno ve o siente mediante sus sentidos. Lo que ocurre es que cada uno tiene los suyos y sus maneras de mirar, sus prejuicios y lo demás. (...) Y sujetando corto las palabras te diría que entiendo la realidad de la forma en que me han enseñado los que han estado desde el principio conmigo, mi madre y la familia de amigos del pueblo, y en euskara, que tiene acaso una dimensión más limitada, y aunque ésta tiene una profundidad que no alcanza su traducción, ¡siempre aproximada también! (...) Esto es: lo que veo y toco me lo imagino según los cuentos de la abuela y su imaginación, porque las abuelas más ignorantes de lo culto cuentan con una cultura que se tiene de pie sola". Ugalde (citado por Ariznabarreta y Beti 2002a: 25)

De la cita de Ugalde se traduce —y las coincidencias con Mounier son destacables— que el conocimiento de la realidad objetiva está estrechamente mediado por la singularidad de cada individuo, su *sustantividad personal*, y que ésta se forja —en palabras de Zubiri— por un *conjunto de notas* entre las que destacan: su corporeidad, su sentimiento, su intelecto, su bagaje, su cultura y su historia[84]. En Ugalde esta idea de la percepción subjetiva de la realidad se repite hasta la extenuación a lo largo de todo su trabajo[85]:

> El hombre con alma ha llegado hasta el punto de reconocer la realidad de distintas maneras, y estas maneras de ver y sentir el hombre dependen de los instrumentos que utiliza y de su propia singularidad. Porque cada uno tiene un cristalino espiritual distinto. Ugalde (2002a: 26).

> El periodista es un ser humano. El más escrupuloso peca de parcial por muchas razones inevitables, (...) distorsiona sin querer y si no reprime las tendencias naturales, puede llegar a convertir un hecho real en un cuento de caminos. Ugalde (2002a: 27).

> Gizatiarra berez da konplexu eta bere interesak ugari eta oso sentiberak". Ugalde ("Arnasa berria" *Egunkaria*, 30-VI-1996).

La sustantividad ontológica del ser humano y el carácter subjetivo de su percepción de la realidad no implica, —como puede suponerse por lo referido en otros apartados de este trabajo— solipsismo o incomunicabilidad en Ugalde. Muy al contrario para el escritor, paralelamente que para el pensamiento personalista, —el "yo", la persona, "constituye una presencia dirigida hacia el mundo y las otras personas" (Mounier 1962: 19). No en vano el pensamiento personalista entiende que la relación con las otras personas "no supone límites", —más bien al contrario—, contribuye a que el ser humano consiga desarrollarse en plenitud. Así, "la experiencia primitiva de la persona es la experiencia de la segunda persona. El tú y el nosotros, preceden al yo, o al menos lo acompañan" (Mounier 1962: 20)[86].

En suma, para Ugalde, el ser humano debe estar necesariamente asido y vertido a otras sustantividades, abierto a una dimensión comunitaria. Para el escritor ser persona implica reciprocidad y comunicación con *el otro*. La condición esencial del ser humano es su naturaleza dialéctica y Ugalde subraya a un tiempo el carácter irreductible, —la importancia suprema— del individuo mientras destaca la centralidad de la divergencia con respecto a otras sustantividades. Porque —tal como explicaba el autor en su columna del diario *Deia* en 1982[87]— "con la experiencia exterior, uno descubre lo que es común al ser humano, al hombre, aunque ahora con otro acento de voz, a veces con otro color de piel, que valora las cosas de manera diferente que tú por la cultura, pero que comparte enteramente contigo los valores esenciales, como son el sentido de la amistad, de la solidaridad, de la generosidad, del afecto, del respeto o lo diverso que eres también tú para ellos".

En ese sentido, la conciencia ética de la presencia real de los otros, la simpatía hacia ellos y, por consiguiente, la institución de un diálogo sincero con el distinto adquiere un valor central en el pensamiento y la praxis de Ugalde.

> La mayoría de las diferencias entre los hombres, si son sinceras, dependen de su particular jerarquía de valores; todos no pensamos en el mismo orden de importancias y preferencias, afortunadamente, y todos tenemos el derecho y la obligación de defender nuestro punto de vista y, si podemos, de convencer a otros. Esta es la dinámica de la verdad. Si este intercambio se mantiene con fluidez y con personalidad en las dos direcciones, el hombre irá en la dirección de la luz; y no de la que ciega, sino de la que nos ayuda a ver mejor. ("La importancia del euskera". *Tierra Vasca*, IX-1965)

La cita demuestra que, en la misma línea que Mounier (1962: 24), Ugalde entiende la tensión fundamental de la persona como constituida "por un doble movimiento en apariencia contradictorio, —de hecho dialéctico—, hacia la afirmación de absolutos personales resistentes a toda reducción y hacia la edificación de una unidad universal del mundo de las personas". Al igual que el filósofo francés, el periodista entiende y practica "la relación interpersonal positiva como una provocación recíproca, una fecundación mutua" (Mounier 1962: 22), y busca dar respuesta inmediata a todas las provocaciones intelectuales a las que se ve enfrentado tanto en su vertiente como periodista como en la de ensayista, ya que el escritor se muestra convencido de que "al margen de cualquier objetivo pre-establecido, y siempre digno de tratar de convencer a otros, me parece fundamental predicar y cumplir, la simple necesidad del diálogo constructivo y de la tolerancia entre nosotros. (...) La tolerancia no debilita nuestras convicciones, sino que las fortalece, y, sobre todo, las hace respetables aún para aquellos que estén inicialmente frente a nosotros" ("El final de una polémica" *Tierra Vasca*, I-1966).

Más allá de la creencia firme y la defensa a ultranza del derecho que todo individuo tiene de expresar sus opiniones, — derecho del que Ugalde se siente privado en tan repetidas ocasiones— el periodista vasco eleva la intercomunicación recíproca a categoría de *ethos*, —en el sentido de *modo adquirido por hábito*— hábito, a su vez, que el escritor alcanza a través de la repetición incansable de actos iguales. Durante toda su trayectoria Ugalde esgrime su talante de diálogo tolerante y lo manifiesta a cada ocasión que su actividad profesional le brinda. Para el periodista *la* defensa de un *diálogo fecundo* es más que un modo de pensar y de sentir; es una manera de conducir la propia vida, de estar en el mundo.

Así lo dejó escrito en su columna del clausurado diario *Egunkaria* (7-VI-1994): "Ez naiz burrukari, nahiago dut konbentzitu bentzutu baino". La cita indiscutiblemente recuerda al padre del personalismo cuando afirma que "deben primarse las técnicas de educación y de persuasión sobre las técnicas de presión, de astucia o de engaño". (Mounier 1962: 30)

La expresión periodística de esta conciencia ética anclada en el personalismo es para Ugalde resultado —y a la vez componente esencial— de un determinado modo de mirar su actividad diaria y las huellas que esta actitud deja en el discurso del escritor son múltiples y manifiestas. Los ejemplos son innumerables, —bien podría defenderse que cada uno de los escritos del andoaindarra están marcados por este rasgo dialógico— pero cabría significar artículos como: "Contra la razón de la fuerza" (*Eusko Gaztedi*, V/VI-1958[88]; "Diferencia entre generaciones" (*Alderdi* V-1962); la serie de artículos escritos al hilo de una conferencia presenciada por Ugalde en el Centro Vasco de Caracas: "El Euskara se muere irremediablemente"[89] (*Tierra Vasca*, IV-1965), "La limitación de los Euskeromanos" (*Tierra Vasca*, XI-1965) y "El final de una polémica" (*Tierra Vasca*, 1-1966), escritos ambos con el objeto de centrar una polémica con Luis Las Heras en torno al euskara[90]; o el artículo "Viejos y Jóvenes", publicado en *Euzko Gaztedi*, VII/VIII-958. Este último artículo incluye, además, un razonamiento estructurado y sólidamente argumentado que reproduzco a continuación por el valor que contiene como documento en el que Ugalde teoriza sobre la importancia del diálogo tolerante y la asume como un valor *per-se*. El autor se expresó de manera diáfana en numerosas ocasiones: "No lamento que algunos no estén de acuerdo conmigo. Precisamente esa diversidad de opiniones indica que estamos por el buen camino de las posibilidades democráticas". (*Euzko Gaztedi*, VII/VIII-1958).

Otra evidencia destacable del valor que Ugalde otorga a la *provocación mutua* que supone la confrontación periodística la encontramos en el artículo "Ez gaituzte ulertzen" en la que el periodista responde a un artículo previo del filósofo Fernando Savater publicado en el diario *El País*. Una vez más, convencido de la bondad de la divergencia Ugalde comienza por subrayar la "altura intelectual" del filósofo donostiarra para terminar discrepando con él después:

> Egia denok dakigunez, milaka aurpegiko irudia da; euskarak ba du hau adieraxteko esaera argi bat: 'Buru bezanbat aburu'. Fernando Savater-ek buruz argia denez, esaten ditu argiak diren bereak, eta bestalde, izpirituz

lokabe denez, interesgarriak aipatzen dituen bi muturretako euskaldun eta espainolentzat. Ugalde (*Deia*,10.VI.1983).

El artículo no es más que uno de los innumerables exponentes periodísticos, —si bien significativo por el nombre al que en él se refiere—, de que muchos de las columnas de Ugalde sirven —paradójicamente— para exponer el punto de vista de sus contrincantes ideológicos y, de esa manera, —antes incluso de que el periodista exponga su particular visión de las cosas— muestra la visión, —el enfoque, del sujeto, o el discurso, referido— al que, indefectiblemente, a lo largo de la estructura textual, terminará oponiéndose.

Por razón de este recurso estilístico, —que bien podría explicarse atendiendo al concepto de *cortesía discursiva valorizante* (Kerbrat-Orechioni 1996)[91]— Ugalde cede, si bien sólo transitoriamente, el uso de la palabra —y con ella el control de la interacción comunicativa— a quien si bien no opina como él, merece "la consideración que la democracia otorga al que opina distinto a nosotros" (Ugalde 1983: 10), consiguiendo, así, dotar su discurso de un signo ideológicamente polifónico o heteroglósico.

En la más pura tradición agonística Ugalde parece entender que las ideas se descubren en los enfrentamientos dialécticos y, en general, por contraste y opción frente a otras ideas antagónicas. El escritor apela a la habilidad para construir argumentaciones racionales y consistentes desde una perspectiva de la lógica formal, defiende que las ideas se expresan en opiniones, y sostiene que un razonamiento sólido sólo puede estructurarse con cierto grado de *objetividad* mediante el recurso a la ventrilocución que da noticia de la antítesis del argumento propuesto por él mismo[92]. Esta práctica periodística se reproduce y se explica en un artículo publicado en *Egunkaria* escrito a raíz del atentado en el que perdió la vida el concejal Gregorio Ordoñez. En él Ugalde se muestra convencido de que la defensa de una postura ideológica, de una opinión, debe estar sostenida sobre el convencimiento de que puede construirse un argumento racional y lógico en la dirección ideológica opuesta.

Iritziak, egiaren alderdi bat erakusten edo sostengatzen du bereziki, baina zeharkakoak eta kontrakoak ere diren defentsak isladatzen ditu batzutan; hala, interesatuaren zentzu honekin argudio bera erabili daiteke alderantzizko ondorioa ateratzeko". Ugalde ("Iritziaren Dinamika", *Egunkaria*, 31.I.1995).

La obra *Unamuno y el vascuence* comparte este mismo espíritu ventrílocuo o heteroglósico. El contraensayo, —así lo denomina el autor—, rebate las ideas que sobre el euskara reflejó Unamuno en un artículo publicado en 1902 titulado "La cuestión del vascuence". Aceptando el reto en el terreno dialéctico en el que su adversario se desenvolvía a sus anchas, Martin Ugalde parte por reconocer la autoridad de Unamuno en ciertas áreas de conocimiento[93], aunque inmediatamente arremete contra las ideas de que el euskara es una lengua en extinción por causas intrínsecas, de que constituye un verdadero problema para la difusión de la cultura europea y de que se trata de una lengua sin capacidad de evolución.

Muy en su línea discursiva Ugalde entabla un diálogo, —tan sistemático como lógico— con el bilbaíno y va desmontando prácticamente una por una la mayor parte de las tesis sostenidas por éste, a través de un estilo ligero y ameno, con gran rigor conceptual y con gran dosis persuasiva.

El diario venezolano *El Nacional* reseñó la obra ensayística de Ugalde destacándola como "un excelente pugilato conceptual donde las ideas planteadas conducen al lector a devorar el contenido de la publicación. No es necesario —sigue alegando la reseña— tomar partido ni con Unamuno ni con Martín de Ugalde; al lector no comprometido le bastará asistir a un exquisito duelo literario, donde está en juego la filosofía y sobre todo la supervivencia de una lengua que el autor estima defender por encima de todos los inconvenientes". Ugalde, en fin, trata perseverantemente de construir un discurso racional, tolerante y fiel a su talante dialéctico. Un discurso tan firme como empático, considerado y cortés[94]. No en vano el propio Ugalde recurrentemente insistió:

> Yo respeto el criterio ajeno, y sobre todo el de aquellos que me preceden en el tiempo y en el mérito, en el pensamiento y en la acción patriótica, pero disiento de ellos en este punto, y me siento, además, obligado a dar mis razones, a ver si en estos pacíficos choques de las palabras que son las discusiones constructivas (y de las que hemos estado alejados a falta de ambiente y de estímulo) llegamos a estar de acuerdo sobre algunas significaciones del problema. Ugalde ("Viejos y Jóvenes" Eusko Gaztedi VII/VIII-1958).

La pragmática (Lakoff, 1973; Leech 1983) y el análisis crítico del discurso (Van Dijk, 1993) orientan el fenómeno discursivo de la cortesía más allá de su referencia a un sistema de normas para el mantenimiento del equilibrio o concordia social, para enmarcarlo en estructuras discursivas más amplias y lo analizan a la luz de estrategias comunicativas de las que puede inferirse la posición de un discurso determinado frente al poder. Lakoff (1973: 296) define la cortesía como "una estrategia para evitar la fricción en la interacción social" y considera que si bien su aplicación puede variar ligeramente según las culturas en las que se emplea, sus formas básicas se repiten universalmente.

Según Leech (1983: 132) la cortesía se marca en el discurso a través de la observación de serie de máximas entre las que cabe destacar el tacto, la generosidad, la aprobación, la modestia, el acuerdo y la empatía. En resumen, esta estrategia tiende a incidir en aquellas expresiones y locuciones que buscan la cooperación del interlocutor en el acto de comunicación y mediante su empleo el emisor busca evitar, por un lado, que se limite su dificultad de acción, —contribuyendo a establecer una comunicación fluida con el receptor—. Por otro lado, trata de preservar el propio deseo de recibir un trato parejo por parte de sus contendientes. También Ugalde persigue estos objetivos comunicativos:

Me preocupa que cuando trato temas surgidos en una circunstancia personal determinada crean que aliento alguna pugnacidad particular. (…) Ocurre que en este mundo nadie tiene el monopolio de la verdad y de la razón, y que hay que ir descubriéndola todos los días, y generalmente con dolor. Pero este parto de la verdad es un trabajo de hombre al que no podemos renunciar por sólo evitar una discrepancia. Más bien, los que escribimos tenemos la obligación de airear y poner a la consideración de los demás los temas de interés general que surjan, porque estos puntos de vista siempre expresan estados de ánimo que trascienden de lo individual. (*Eusko Gaztedi* I/II-1958).

El cometido comunicacional de la cortesía es, pues, central para desentrañar el verdadero carácter de la relación comunicativa entre el autor-emisor y el lector-destinatario y así poder juzgar las claves de la relación entre ambos. En los textos de Ugalde las marcas pragmático enunciativas de esta estrategia se expresan mediante recursos estilísticos varios entre los que cabe destacar los enunciados parentéticos[95], el uso del estilo directo para garantizar la presencia polifónica de voces opuestas al emisor en el discurso, la ausencia de adjetivos calificativos o enunciados que pudieran incurrir en una lesión de la imagen del sujeto referido en el discurso, o la renuncia al uso de enunciados lógicos, —tales como los sofismas o las falacias lógicas— que buscan refutar una opinión contraria mediante argumentos poco consistentes o razonamientos falaces.

Desde este prisma, la argumentación discursiva se funda, para Ugalde, no en las descalificaciones *ad hominem* o en el embriague retórico, sino en los hechos documentados y las opiniones racionalmente argüidas. Así, los recursos lingüísticos y estilísticos no harían más que ordenar esas opiniones de un modo persuasivo con el objeto de convencer a un hipotético interlocutor.

[116]

Yo acepto gustoso la controversia, porque soy amigo del diálogo, que constituye la razón cimera de la democracia, y comprendo muy bien que muchos discrepen de mis puntos de vista, y, claro está, de mi actuación en tal o cual actividad literaria o de partido o de directiva, lo que podemos llamar vida pública. Así, sin dolor, trato de aceptar siempre la opinión adversa. Lo que me duele es que se argumente maliciosamente o se recurra al premeditado cambio de conceptos o de palabras para tratar de defender una postura cualquiera. (*Eusko Gaztedi*, I/II-1958).

Significativamente el trato periodístico que recibió Ugalde de sus contrincantes ideológicos no fue siempre, —tampoco en los rasgos constitutivos del discurso— equivalentemente cordial. Bastará referirse de forma explícita, —si bien otros ejemplos corroborarían lo afirmado— a la polémica que desencadenó la publicación del artículo del poeta andaluz y miembro de la denominada Generación del treinta y seis Antonio Aparicio, también exiliado en Venezuela y a la sazón redactor del diario *El Nacional*.

El 18 de abril de 1958 Aparicio publicó en el citado periódico caraqueño un artículo titulado "Ruralidad y nacionalidad" en el que hacía suyas algunas opiniones vertidas por Unamuno en torno al euskara y defendía "la ineptitud del eusquera para convertirse en lengua de cultura en razón de la pobreza que lo reduce a la condición de interesante idioma de estudio pero que carece de condiciones intrínsecas para servir de medio de expresión a un pueblo que entre de lleno a la vida espiritual moderna".

En el citado artículo Aparicio argüía que el "eusquera subsistía como una lengua rural, en que apenas se habla de la vaca, de la borona", y que "el pueblo vasco carecía de cultura indígena propia", lo que venía a demostrar que:

Como tantas otras afirmaciones unamunianas, también estas han sido confirmadas por el tiempo. ¿Quién habla hoy vascuence en el País Vasco? La mayoría de los vascos, íntimamente convencidos de lo que Unamuno decía, ignoran esa lengua que todavía se conserva a duras penas, en algunas apartadas aldeas del país. Aparicio (1958a).

Este artículo provocó la respuesta inmediata de muchos intelectuales vascos exiliados en Venezuela. Entre otros, Andima Ibinagabeitia ("Nacionalismo y ruralismo" *La Esfera* 25-IV-1958) y Vicente Amézaga ("Palabras de defensa, lengua y nacionalidad" *El Universal* 5-V-1958) replicaron a Aparicio en diversos diarios. La respuesta de Martin Ugalde fue la primera en publicarse en *El Nacional* el 22-IV-1958 bajo el título "Unamuno también dijo esto", a la que siguió la réplica de Aparicio ("Unamuno, la cuestión del vascuence y España". 28-IV-1958) y la contrarréplica de Ugalde con un artículo final titulado "Contra la razón de la fuerza" publicada meses más tarde (2-VI-1958) en el mismo diario en el que se inició la disputa periodística. El análisis lingüístico de los artículos fruto de esa polémica arrojan luz sobre el signo desigual de los recursos estilísticos y las máximas de (des)cortesía empleados por los interlocutores que intervinieron en ella[96].

Con el objeto de centrar este análisis en el contexto comunicativo, —e histórico— procedente cabe destacar en primer lugar que la polémica suscitada se dio exclusivamente entre dos interlocutores (Aparicio/Ugalde), y que, si bien hubo otras respuestas al artículo de Aparicio, las réplicas de Amezaga e Ibinagabeitia fueron en realidad escritas no de forma espontánea sino, en parte al menos, en apoyo a un Ugalde descalificado.

Aparicio y Ugalde colaboraban en esas fechas para el diario *El Nacional* y los dos habían logrado para entonces un cierto estatus como escritores[97]. Los artículos de Ugalde hacen mención del respeto que Aparicio le merece como poeta y admite "sorpresa al ver que el articulista, en quien no tenemos reparo en reconocer una ágil y culta pluma" utilice "las palabras de Unamuno, —un hombre contradictorio según Ugalde—, como tapadera".

Mediante el uso de la máxima de la cortesía (Leech 1983) Ugalde se muestra abierto a seguir colaborando en la progresión temática del discurso, en ningún caso ignora la capacidad ilocutiva de su interlocutor, y a partir de estas premisas de cortesía discursiva, se propone construir una exposición que desarme los argumentos esgrimidos por Aparicio.

> Si en lugar de meter en csto a Don Miguel, el escritor Antonio Aparicio hubiese escogido como asesor de su artículo "Ruralidad, nacionalismo" (*El Nacional*, 18 de abril) a un lingüista y filólogo mejor versado en lengua vasca como Arturo Campión, por ejemplo, hubiese quedado mejor en la materia, pero seguramente hubiera quedado corto en su intervención. Ugalde (2-VI-1958).

El tono utilizado por Aparicio (128-IV-1958) en la réplica a Ugalde es harto distinto. Comienza el andaluz por desprestigiar a Ugalde y lo acusa de ser "un gacetillero con pretensiones, fiel a la más pobretona tradición del periodismo peninsular, aquella que de espaldas al raciocinio lo fía todo a la bombarda verbal para cerrar abrazándose al latiguillo político (…)". Aparicio (1958b 28-4) describe el artículo de Ugalde como un "desatino", "un desahogo cargado de interjecciones" y afirma que "por desgracia mi *contradictor* revela un desconocimiento total de la obra y el pensamiento de Unamuno"; porque, según Aparicio, "Unamuno no puede ser traído y llevado como pregonero de aldea que gritará lo que queramos que grite".

Los argumentos de Ugalde apenas son dignos de respuesta según Aparicio "porque la respuesta, aunque otra cosa parezca, hay también que merecerla"; aunque justifica su réplica en virtud de que puedan obtener alguna lección "quienes se interesen por la cuestión (y yo confío que sean muchos entre los españoles y no menos entre los venezolanos atentos a la cultura y al destino de España)".

De forma explícita Aparicio incumple el principio de cooperación (Leech 1983) mediante el ataque a la imagen del periodista vasco[98], desacreditándolo mediante términos de valor negativo, poniendo en evidencia sus palabras y negando el valor de las pruebas aportadas. Aparicio acusa a Ugalde de desconocer la realidad a la que se refiere y, —aludiendo al principio de autoridad de un autor de reconocido prestigio como Baroja— afirma que "cuando se oye decir, como se ha dicho ahora, que el vascuence puede servir para traducir el complejo y profundo pensamiento de Shakespeare o de Platón[99], vale la pena volver a Baroja, el escritor admirable que con sus novelas en castellano ha hecho entre los españoles y extranjeros tantos amantes del paisaje, de los hombres y de las costumbres vascas como antipatías ha suscitado el separatismo reaccionario".

> Dice Baroja al respecto: "Si algunos han querido demostrar que el vascuence es una lengua que puede transformarse en un idioma literario y científico, han sido corto número de chiflados, y un gran número de éusqueros carlistas con disfraz de filólogos que creen que toda la verdad del mundo está encerrada en el Astete"[100].

Aparicio enmarca el discurso de Ugalde en el marco del "separatismo reaccionario y regresivo", —en el contexto ideológico del "divisionismo criminal"— que "se anima artificialmente en algunas zonas litorales de la nación"; y acusa a éste, —el salto dialéctico es reseñable— de ser el causante de "sostener y perpetuar la tiranía" [sic].

> Quien a la hora presente se complace en subrayar diferencias en lugar de convocar afinidades, no hace, en el caso de las provincias, más que recoger la tradición reaccionaria de aquel cura vasco que gritaba desde el púlpito a sus feligreses (y es Unamuno quien lo cuenta): "No enviéis a vuestros hijos a la escuela que allí les enseñan castellano y el castellano es el vehículo del liberalismo".

Los fragmentos del artículo de Aparicio dejan, en fin, observar varias estrategias de descortesía mediante los que el andaluz, lejos de buscar el acuerdo y la armonía con su interlocutor, parece pretender marcar las diferencias con éste. Aparicio proyecta, en suma, convertir la contribución de Ugalde en una *comunicación fallida* (Leech: 1983). Sin embargo, —haciendo gala una vez más de la fe inquebrantable en el valor de la controversia y el diálogo que lo caracterizó a lo largo de toda su trayectoria periodística y a la que aludíamos al comienzo de este apartado— Ugalde no parece darse por vencido y replica a Aparicio para mostrarle que no acepta "su artificioso juego de palabras, porque la premisa de valor absoluto que atribuye cómodamente a Unamuno es falsa".

Ugalde se arroga el poder representar a un colectivo (destaca en este sentido el giro morfológico adoptado de la primera persona del singular del primer artículo a la preponderancia del uso de la primera del plural en éste) y alude, —no sin un cierto aire quijotesco—, al desconocimiento del mundo cultural vasco que muestra el andaluz.

No uno, ni un ciento de hombres, por más celebrados (!)[101] que sean por la cultura castellana (que en este caso es la invasora) puede sustituir la conciencia que tiene un pueblo entero del valor de su cultura, de su razón política y sus derechos. El pueblo vasco tiene, además de Unamuno y de Baroja, otros hijos bien eminentes como Arturo Campión, Sabino de Arana y Goiri, Resurrección María de Azkue, Larramendi, Mendiburu, Miguel de Barandiaran, Orixe, Andima de ibiñagabeitia, Vicente de Amezaga y otros muchísimos que Antonio Aparicio con más precipitación que preparación en la historia vasca no conoce.

El periodista vasco se levanta, en honor al título de su artículo, "contra la razón de la fuerza", y tilda el tono de Aparicio como "inaudito e hiriente". El artículo de Ugalde busca reparar su *imagen lesionada* para lo cual esgrime lo que en la taxonomía de Leech podía especificarse como la *máxima de la modestia*.

En este artículo hace el escritor y poeta Antonio Aparicio unas omisiones y unas alusiones a mi persona que quiero contestar en un simple párrafo: "la pobretona tradición del periodismo peninsular" que me achaca la he adquirido modestamente en Venezuela, donde comencé a escribir. Ugalde (V/VI-1958).

Seguidamente, Ugalde "pide" (el valor semántico volitivo y el carácter subjetivo del verbo empleado merece ser resaltado también) a Aparicio, —al que acusa de "precipitado"—, que "para hablar del tema de la nacionalidad y la ruralidad de lo vasco, se salga por debajo del capote generoso (repárese en el adjetivo utilizado sin carga irónica) de "Don Miguel" (la referencia a Unamuno utilizando su nombre de pila denota cercanía afectiva), "que no era político ni historiador, y enjuicie el problema a la luz de la verdad histórica y política; todo lo demás, la españolidad de Darío y Neruda, tan americanos, el "castellano lengua divina", la hispanidad imperialista disfrazada de universalismo generoso, no es sino literatura".

Si bien desde el punto de vista lingüístico destaca en este fragmento el uso manifiestamente marcado de algunos términos ("españolidad", "divino") y sintagmas ("hispanidad disfrazada", "universalidad generosa"), e incluso se vislumbra una cierta carga irónica en los enunciados, —especialmente en los parentéticos: ("tan americanos", "no es más que literatura") y el lenguaje empleados; no es menos cierto que la contención discursiva que evidencia el texto analizado y el recurso a la ironía permiten a Ugalde defenderse sin llegar a vulnerar el principio de cortesía para con su interlocutor; y, así, el artículo deja en clara evidencia la desproporción de los tonos y la modulación discursiva empleados por ambos interlocutores en sus elocuciones, desvelando, no solamente el carácter socialmente (mal)educado de cada uno de ellos, sino, sobre todo, la naturaleza asimétrica de su relación política y cultural[102].

[122]

La contextualización de los rasgos estilísticos vinculados a la cortesía discursiva obliga a referir el carácter defensivo de gran parte de los textos de Ugalde, muchos de ellos, tal como se ha afirmado, escritos en respuesta a las provocaciones de contendientes ideológicos, que se manifiesta por lo que en términos del análisis crítico del discurso podría definirse como un intento textual de sortear la discriminación comunicativa y la marginalización de su discurso. No en vano Bordieu (1976: 654) opina que "las estrategias discursivas de un emisor están orientadas, excepto en contadas ocasiones, no tanto por la contingencia de ser entendido o malinterpretado (eficiencia comunicativa), sino más bien por las posibilidades de ser escuchado, creído, u obedecido (eficiencia política); incluso aun cuando cabe el riesgo de ser malinterpretado"[103].

En conclusión, si bien el discurso *moral y lógico* de Ugalde de circunstancias fuertemente dialécticas (afirmación del yo a través de la reciprocidad comunicativa con el otro) viene enraizado en el humus de la antropología personalista a la que se aludía al comienzo de este capítulo y se manifiesta de la mano de fuertes y palmarias convicciones democráticas, sus tácticas discursivas se justifican también como una tentativa estratégico-discursiva de eludir la marginalización de su ideología. Ideología que en el contexto de aquel *espacio-conflicto* recibía críticas, no exclusivamente como era esperable del poder hegemónico de la España franquista, sino también, como ha quedado atestiguado, de aquellos con los que los nacionalistas vascos habían defendido la legitimidad republicana durante la guerra.

Todos los trabajos consultados en torno al exilio vasco (Gurruchaga 1985, Díaz Noci 2001, Hermoso & Rodríguez, 1994, Iztueta 2001, López Adán 2008) coinciden en subrayar la función cohesiva y representativa que las revistas y periódicos pertenecientes a líneas editoriales del ámbito ideológico nacionalista que se publicaban en el exilio cumplieron entre los vascos dispersados por el mundo tras la guerra del treinta y seis[104].

Los políticos e intelectuales nacionalistas de la época, conscientes de que la prensa resulta —mucho más si cabe en aquel espacio-conflicto— un marco esencial a través del cual se construye rutinariamente el mundo social (Van Dijk 1990), y buscando generar entre sus bases la *impresión de ceremonia de masas* a la que aluden algunos autores al analizar el fenómeno periodístico[105], concedieron una importancia capital a aquellas revistas de reducido tamaño impresas en multicopistas o mimeógrafos.

El valor de aquellas publicaciones periódicas radicaba —tal como denunciaba el propio Martin Ugalde en la revista *Alderdi* (X-1966)—: en que "mientras el mundo vive una revolución política acelerada por los modernos medios de comunicación, el Partido Nacionalista Vasco no ha podido comunicarse con su pueblo sino a través de los débiles hilos de la hoja clandestina, de la revista que le llega difícilmente y con riesgo de la consigna ocasional".

Dadas las circunstancias de dispersión, y ostracismo —dentro y fuera del país respectivamente— en que se encontraban sus bases sociales, la cimentación y difusión de un andamiaje ideológico sólido y perdurable resultó una preocupación principal para el Gobierno Vasco en el exilio, por lo que el fomento de todas las estrategias que contribuyeran a la subsistencia y transmisión del capital ideológico acumulado con anterioridad a la guerra fue forzosamente vital.

No en vano, —tal como recoge Van Dijk (1990)—, la ideología cumple un rol significativo en los procesos de creación y conservación de los símbolos de identidad de una comunidad o pueblo y tiende a ser la base —el apoyo— de la resistencia entre las personas que conforman grupos excluidos del poder. La ideología, —a modo de marco de referencia— a menudo contribuye a definir identidad social y los intereses entre los miembros del grupo y favorece la percepción de unidad —también con respecto a los objetivos a alcanzar— entre los miembros de un colectivo social. Consecuentemente, la adhesión a una ideología concreta convence a sus miembros de la necesidad de articular una acción política que vehicule las ideas que defiende el colectivo.

Así, el máximo designio de la actividad cultural y editorial del exilio nacionalista vasco fue el de "transmitir reproduciendo el marco de referencia grupal y el legado cultural y simbólico acumulado en el proceso de creación y consolidación del código de funcionamiento social nacionalista vasco anterior a la guerra". Además, tal como recoge Gurruchaga (1985: 185) resultaba igualmente central "la construcción de un marco de referencia que guiara simbólicamente las iniciativas sociales del colectivo".

De este modo, —tal como mencionan Hermoso y Rodríguez (1994: 48)—, comienza la publicación de artículos, la creación de revistas y la actividad propagandística por parte de los intelectuales nacionalistas vascos exiliados. Fue el fruto de una política de hermanamiento, amistad y mutua colaboración en los diferentes países en los que se materializó este asentamiento. Uribitarte (1994:70) en "Voces de los vascos en el exilio" recuerda el valor de los periódicos de la época: "Porque mantuvieron altos el ánimo y el fervor, hicieron acto de presencia externa ante terceros, ante los gobiernos y los círculos internacionales, y sirvieron de comunicación y vínculo patriótico para la larga jornada de resistencia y espera".

El propio Ugalde se refirió en infinidad de ocasiones a la importancia trascendental "del andamiaje de este marco de referencia ideológico que guiara las iniciativas sociales de la resistencia vasca" (VIII-1955) y destacó, igualmente, la necesidad de que este armazón ideológico se realizara en "términos modernos" alejados de folklorismos y círculos "parroquiales".

> Para despertar el interés sobre este punto de la deseducación de la juventud vasca ¿no hay un enorme vacío que llenar en el terreno de dar armas ideológicas, las razones históricas, el fuego ideal de futuro a nuestras juventudes? Ya no bastan las razones de apego social, que

a veces es de alcances parroquiales, el tradicionalismo estático, el cariño a unas tradiciones folclóricas, para mantener en la juventud de hoy ese fuego ideal que mueve a la acción en las dimensiones que necesita nuestro esfuerzo nacional. Ugalde (*Alderdi*, IX-1955).

Es, precisamente, con el objeto de afianzar y transmitir el *código nacionalista vasco,* vigente con anterioridad a la derrota del treinta y seis en parámetros de aquella época cambiante, que los hombres y mujeres que constituyeron el exilio cultural y político nacionalista vasco, —"la generación de la continuidad" (Sarasola 1982: 94)—, se propuso fundar las decenas de publicaciones de impronta marcadamente *patriótica* en el periodo de posguerra, y hacer suyo el esfuerzo de reunir los trabajos y opiniones de los intelectuales vascos que vivían dispersados en el exilio.

Se debe y se puede hacer esta enorme labor de afianzar los estribos espirituales e ideales de nuestra juventud desorientada distribuyendo dentro y fuera de Euzkadi, con las limitaciones y las formas que imponen las circunstancias, una serie de folletos breves, pedagógicos, de puntos de vista ideales vascos que son sustanciales en la vida moderna. Ugalde (*Alderdi* VIII-1955).

Entre estas publicaciones de signo nacionalista se distinguen "dos focos principales de irradiación" (Torrealdai 1977: 305), entre los cuales sobresalen los boletines, órganos y publicaciones del PNV. Ugalde colabora en la mayoría de estos órganos de prensa que controla el Partido Nacionalista Vasco desterrado, destacando en número de artículos *Euzko Deya* (Buenos Aires/México); *Euzko Gaztedi,* —creada por el propio Ugalde en 1948—; *Euzkadi* (1942-1950)[106], *Aberri* (México, 1946) o *Alderdi*.

Igualmente, entre "las revistas más salientes" del exilio que menciona Torrealdai, cabe subrayar *Tierra Vasca* (1946), —boletín del partido Acción Nacionalista Vasca en la que colaboraron firmas afines a Ugalde como José Antonio Olivares Larrondo

"Tellagorri", Pablo Archanco o Justo Gárate entre otros— y *Euzko Deya* (París, 1936) por tratarse ambas de publicaciones en las que Ugalde colabora de forma muy habitual.

La ausencia total de la firma del autor en revistas del exilio de carácter culturalmente *más elitista* como *Euzko Gogoa* (Guatemala, 1950)[107], —dirigida por el jesuita mondragonés Jokin Zaitegi—; o la ausencia de la voz de Ugalde de publicaciones como *Jagi-Jagi* (1932/1946) —periódico de signo más radical editado por la rama independentista escindida del partido antes de la guerra "Mendigoxaleak"[108]— merecen igualmente ser mencionadas. Estas ausencias contribuyen, —como poco—, a mostrar el signo de publicaciones por las que Ugalde mostró preferencia aportando, —por extensión—, información significativa sobre los matices de su pensamiento nacionalista[109].

La adhesión de Ugalde a las ideas nacionalistas y el compromiso del escritor para con el Partido Nacionalista Vasco fue dilatado en el tiempo. El padre de Martín Ugalde había ostentado el cargo de concejal del PNV antes de la guerra en su Andoain natal y esta circunstancia fue precisamente la que le *permitió* optar por Venezuela como lugar de exilio para él y su familia.

Tal como recuerda el historiador Koldo San Sebastián (1993b): "la mayor parte de las instituciones y publicaciones vasco-venezolanas estuvieron controladas desde el primer momento y durante los años de la dictadura franquista por gentes del PNV" en virtud de una serie de circunstancias históricas que convienen ser relatadas con el objeto de contextualizar la prominencia del pensamiento nacionalista en el exilio venezolano.

Cuando los primeros exiliados vascos llegan a Venezuela, el país apenas había salido de la feroz dictadura del militar Juan Vicente Gómez, "el bagre". Cuando el nuevo gobierno que toma el poder en 1935, con López Contreras a la cabeza, decide apostar por una inmigración controlada que procurara mano de obra para la incipiente industria venezolana, Simón G. Salas —delegado designado por el gobierno para dicho cometido— emprende negociaciones con Jesús María Leizaola, a la sazón consejero de justicia y cultura del gobierno de Agirre. A los posibles inmigrantes —además de una serie de cualificaciones profesionales— se les requerirá *honradez* y una *declaración firme de pertenencia al dogma católico*. Las negociaciones establecidas entre ambos gobiernos terminaron concediendo prioridad a los miles de afiliados del PNV que buscaban tras la derrota un país que los acogiera y les permitiera establecerse. Fue el mismo Partido Nacionalista Vasco el que realizó la selección de emigrantes y procuró a sus afiliados y bases un medio de transporte (los buques *Cuba*, *Frande* y *Bretagne)* que los trasladara hasta el país caribeño.

> He solido pensar muchas veces que para Venezuela salieron en esta ocasión sobre todo aquellos que no tenían medios para movilizarse por su cuenta, que preferían cualquier cosa a dejarse coger por los alemanes y exponerse a ser entregados a Franco. (…) Otros con más posibilidades, con más relaciones, calcularon con sus referencias de Argentina, Uruguay, Chile, México, rumbos más prometedores, más cultos, más seguros; además "había tiempo". Ugalde (1992: 13).

En Venezuela el joven Ugalde se significa muy pronto políticamente entre los exiliados vascos que acudían al Centro Vasco de Caracas. Se afilia al partido el mismo año de su llegada en 1947 y al año de llegar funda —junto con Joseba Emaldi— *Eusko Gaztedi* (EG) en el Centro Vasco de Caracas. Un año más tarde el PNV lo nombra presidente de la Comisión de Exteriores. Durante su estancia en Caracas fue también director de la Euskal Etxea de aquella ciudad (1959-1961). A su vuelta al País Vasco en 1969, alineado con Ajuriagerra, fue miembro del Comité Operativo del PNV; y el año 1972, a la muerte de Joseba Rezola, Leizaola lo nombró consejero del Gobierno Vasco. Permanecerá en el cargo hasta 1975, cuando lo abandona por propia iniciativa. El año 1977 acepta la subdirección del diario *Deia*, cercano al PNV, y edita las obras completas de Sabino Arana, Jesús María Leizaola y José Antonio Agirre —tres pro-hombres del nacionalismo vasco— a lo largo de los cuatro años siguientes. El año 1982 el escritor fue elegido director para los asuntos de euskara del Departamento de Cultura del Gobierno Vasco y ostentó dicha responsabilidad hasta el año 1987, año en el que se escenificó la escisión en el seno del que había sido su partido hasta entonces. Ugalde apostó de forma clara, —aunque no sin dolor—[110], por alinearse en el nuevo partido fundado por Carlos Garaikoetxea y abandonó el Gobierno Vasco. Fue miembro destacado de Eusko Alkartasuna hasta el final de sus días, si bien su trabajo a favor del primer periódico escrito íntegramente en euskara centró prioritariamente sus esfuerzos, —y hasta desvelos— durante sus últimos años de vida.

Los vínculos indiscutibles de la biografía del autor con la ideología aranista y la marcada tendencia ideológica de las publicaciones para las que colabora el periodista durante el exilio obliga a estudiar los textos de Ugalde como *sistemas de representación* entroncados en unos marcos referenciales ineludibles (Alba Juez 2009: 215); políticamente explícitos y emparentados a una ideología muy determinada —el nacionalismo aranista en este caso—. Por ello, el análisis de su discurso, —además de arrojar luz sobre la cualidad y los matices de su pensamiento nacionalista— resulta fermento para el análisis de las discrepancias —si las hubiere— de su pensamiento con respecto a la ortodoxia del partido al que perteneció durante largos años.

En este sentido, cabe adelantar que, —tal como deja claro el seguimiento cronológico de los artículos de opinión del periodista— ante las primeras grietas que aparecieron dentro del abertzalismo tradicional vasco, prevalece en Ugalde la lealtad y la disciplina de partido[111]. Cuando en la década de los 50 se empieza a escuchar las primeras voces en favor de la radicalización dentro del PNV, Ugalde mantuvo firme su apuesta en favor del nacionalismo más ortodoxo[112]. El artículo "Respuesta a una declaración de Matxari" *Eusko Gaztedi*, (I/II-1958), entre muchos otros, es reflejo de la lealtad del de Andoain para con el PNV más tradicional[113].

De hecho, son muchas las cuestiones estratégicas para el PNV de la época que quedan pronunciadas en los artículos de tipología política de Ugalde, destacando entre otras: la confianza y esperanza en los regímenes democráticos[114], el rechazo al fascismo, la desconfianza para con el comunismo[115], las ventajas políticas de la unión europea (Ugalde 1966b), la defensa del carácter idiosincrásico del sindicalismo vasco (Ugalde 1960), la defensa de la iglesia-popular y su clero paralelamente al ataque contra la iglesia oficial[116], la defensa a ultranza del nacionalismo vasco, y el desglose discursivo, —en forma de innumerables de artículos— de los diversos componentes que constituirían, —siempre según el nacionalismo ortodoxo— la idiosincrásica identidad vasca, siendo la lengua su eje principal.

Definitivamente, pues, las opiniones articuladas en el discurso político del periodista están, —además de fundadas en la *legitimidad republicana* (Gurruchaga 1985: 177)— ensambladas estructuralmente a la doctrina del partido.

Según Gurruchaga (1985: 187), la doctrina del PNV del exilio deja a la vista dos ejes tácticos o estratégicos: el primero, *la política*, —cuya articulación discursiva tiene por objetivo mantener viva la memoria histórica—; y el segundo, el directamente unido a la cultura. Durante los primeros años, la estrategia política del PNV del exilio se basa en conservar la realidad política fraguada en la autonomía vasca de la época de la república y la guerra. Inicialmente, —y hasta bien entrada la década de los cincuenta—[117] los objetivos del partido eran, entre otros, *devolver al pueblo* el Gobierno Vasco y las competencias políticas atribuidas al mismo durante la república[118]. Para la consecución de ese objetivo era fundamental la transmisión y mantenimiento de un centro simbólico de la memoria colectiva y el abertzalismo.

Culturalmente, por otra parte, la generación a la que tocó vivir la guerra toma para sí la responsabilidad de mantener vivo el trabajo temático y estilístico acumulado antes de la contienda armada. Entre otras, se convierte en necesidad imperiosa la transmisión de códigos simbólicos que aseguren la pervivencia del euskara y que refuercen las señas de identidad colectiva. También los artículos políticos de Ugalde reproducen sin fisuras —y hasta con disciplina política— ese objetivo continuista y testimonial que la táctica del PNV consideraba central en virtud de transmitir "el código nacionalista" a la sociedad del silencio y a las generaciones futuras.

De igual manera, cuando en 1977 —una vez muerto el dictador y en plena transición política— el periodista asiste al nacimiento de los diarios *Deia* y *Egin* y a la aparición de semanarios tan trascendentes como *Punto y Hora*, *Garaia* y *Berriak* —referentes incuestionablemente centrales de la época— Ugalde —igual que muchos escritores e intelectuales vascos[119]— recibe la noticia con la esperanza de que al amparo de las nuevas instituciones derivadas de los pactos de la transición se pudiera fraguar la libertad necesaria para el desarrollo de un pensamiento —también en la prensa— de carácter democrático[120].

Ugalde llega a *Deia* de la mano de Juan Ajuriagerra que le propone como subdirector y responsable de euskera del nuevo diario. El periodista acepta el reto bajo dos condiciones: exige en primer lugar que los periodistas que trabajen a su cargo sean profesionales "libres" con un alto dominio del euskara y reclama, además, la figura de Koldo Mitxelena como asesor del citado grupo de periodistas[121]. Cuando Ugalde acepta este nuevo reto vuelve a hacer patente su compromiso con el PNV, compromiso que se había concretado antes en su trabajo en Venezuela y en la representación del partido en el gobierno del exilio bajo la dirección de Aguirre primero y Leizaola, después. Sin embargo, tal como él mismo señaló en numerosas ocasiones, el periodista nunca se mostró partidario de adhesiones ciegas, y la nueva responsabilidad que adquiere estará vinculada, sobre todo, a su esfuerzo en pos de un periodismo "abierto y de calidad" en euskara.

> Hona etorri nintzenean EAJ-koa nintzen. Ajuriagerrarekin nengoen. Ni politiko sentitzen nintzen, baina ez agintetik, kontrakoa baizik, erresistentzia egiteko nengoen preparatua. Kargu bat hartzea hori ez zen nirea. Ez nintzen sentitu partiduko. Niri interesatzen zitzaidan euskalduntasuna eta euskara[122].

Así, si bien los artículos de opinión del periodista en el exilio y su labor periodística y ensayística en la década de los setenta y ochenta dejan bien a las claras el compromiso de Martin Ugalde con las ideas del partido, —el ya tantas veces aludido *compromiso práctico*— para con las ideas nacionalistas, que no abandonó a lo largo de su dilatadísima carrera y extensa obra, no es menos cierto que sus textos denotan el carácter "rebelde" (Izagirre 1993) de un escritor que, lejos de defender una mansedumbre vacua e irreflexiva, considera que "dentro del colectivo hay que reforzar el espíritu de la ciudadanía y el trabajo en común; pero el gregarismo puede convertirse en nuestra perdición" (1976b).

El autor lo expresaba de forma inequívoca también en su extenso ensayo "José Antonio Aguirre y el problema Generacional de Euskadi" (1974/1983: 899).

> Hay quienes tienen conciencia de los problemas y luchan comprometidamente para resolverlos, mientras los demás, que son los más, se las ingenian para sobrevivir sin comprometerse, haciéndose pasar por quienes no sienten deberes, ni claro, sienten culpas, y viven de comer a dos carrillos de lo que consiguen los demás para asimilar como cosa natural y sin dolor los nutrientes que han elaborado dolorosamente los demás

Son innumerables los artículos de opinión, introducciones o pasajes biográficos en los que Ugalde relata una anécdota vivida

junto con el Lehendakari del Gobierno Vasco José Antonio
Aguirre en relación al carácter reformista, —alejado de posturas
revolucionarias— que debía amparar el nacionalismo vasco.

> Recuerdo con profundo respeto lo que oí más de una vez
> de labios de nuestro querido Lendakari Aguirre acerca de la
> necesidad de hacer de Erasmo, y nunca de Lutero, cuando
> llega el momento de exponer nuestras diferencias de
> criterio, queriendo significar que deben ser presentadas y
> discutidas en casa, sin sacarlas a la luz del escándalo
> público. He tratado de aplicar esta excelente medicina de
> salud política no sólo a través de mis escritos sino también
> en el curso de mi modesta actuación personal en los
> medios vascos de Venezuela y también por medio de
> alguna relación epistolar; pero tengo que confesar que no
> con mucho éxito. Ugalde ("Los nuevos rumbos" *Gudari*,
> 1963. Citado en Ugalde 2003: 86-87).

Esta "precaución" recurrente en la ideología nacionalista
de Ugalde informa el carácter de todos y cada uno de sus artículos;
explica los hilos conductores de su pensamiento a la vez que
manifiesta la actitud poco conflictiva, integradora y universalista de
su discurso político. Así, y a pesar de que Ugalde (1980: 47) hace
suyas las palabras de Agirre cuando afirma que "en la reafirmación
y búsqueda de las fórmulas políticas y administrativas que
respondan a la personalidad e identidad del pueblo vasco, la
recuperación y la consolidación de la lengua y cultura vasca juega
sin duda un papel preponderante, y comportan una dinámica
revolucionaria", el periodista también entiende, y así lo demuestran
también infinidad de testimonios epistolares[123], que sólo una
actitud "abierta en matices" y "profundamente liberal" revelarían el
camino estratégico a seguir por el nacionalismo vasco.

En resumen, entre las líneas temáticas más sobresalientes
en sus artículos destacan: la defensa de un compromiso nacional
universalista basado en la defensa de la identidad y la cultura vasca
y el respeto hacia otras culturas; una visión ética del mundo guiada

por el humanismo cristiano y una filosofía personalista; y, por último, una postura activista que refleja su punto de vista subalterno, patriótico y anti-hegemónico, resultado de la combinación de los dos argumentos anteriormente citados y que, de modo indirecto, informan toda la obra de Ugalde[124]. El escritor arguye, en suma, que: "la resurrección de la cultura y de la personalidad (vasca) debe fundarse sobre un humanismo esencial y debe, en todo caso, tender al universalismo" (Ugalde 1980: 255).

En este sentido —y con el objeto de observar las divergencias del pensamiento y la praxis de Ugalde con respecto a la ortodoxia del partido— conviene recordar que "la bibliografía que se edita en el exilio, y que trata de mantener la comunicación histórica con la sociedad vencida del interior, está anclada en la visión que los autores de la preguerra tienen sobre la historia vasca y que no difiere sustancialmente de la versión aranista (Gurruchaga 1985: 402). Según este mismo autor: "Los autores mantienen sin excepción los diversos dogmas históricos o mitos enraizados en la mente popular vasca y utilizados por el nacionalismo histórico como cobertura a sus ideologías".

Es en estas coordenadas ideológicas de nacionalismo ortodoxo, confesional, "utópico e idealista" (Ascunce y San Miguel 1993: 45) el discurso de orientación reformista de Ugalde —aun sostenido sobre una actitud firme en defensa de los derechos de un pueblo "estrecha y despiadamente asediado desde fuera" (Ugalde 1980: 47)— adquiere tonos de voz disonante dentro del Partido Nacionalista Vasco y le granjea la fama de "heterodoxo"[125] entre muchos de los militantes nacionalistas de la época[126].

> Soy un vasco como los demás. Tengo una ideología, pertenezco a un país, a un partido, —el Partido Nacionalista Vasco— pero soy un periodista y escritor que valora la importancia de un criterio libre y si me ponen en la alternativa de elegir entre una idea política o un criterio moral o personal, me quedo siempre con lo segundo, con el hombre. Ugalde (Citado por Angulo 28-I-1977).

Ugalde fue un hombre de escasa referencia al *Yo*. El escritor Anjel Lertxundi (2004: 3) proyectaba la verdadera magnitud del carácter colectivo y social del trabajo de Ugalde en un artículo dedicado al periodista tras la muerte de éste.

> Ni gutxiko idazlea izan zen Martin. Zegoen tokian zegoelarik, nahiago zuen gu bateko partaide agertu. Gu euskaldun, gu etorkin edo gu idazle: kolektibo bateko partaidetzat jotzen zuen bere burua, gu baten kate-begitzat zeukan bere lana. Idazleei eta sortzaileei egozten zaien indibidualismorik gabe, besteen ondoan garatu zuen bere giza autonomia, bere izaera soziala, bere literatura: izaera eta balio-sare berekoen edo bertsukoen loturan, kontraesanen hausnarrean, hausturen eta arazoen sufrimenduan, ahulen aldeko jardunean. (…) Martinek besteekin ikusten zuen bere burua: euskalgintzan zein herrigintzan.

En los años del exilio en los que las tensiones entre facciones y diversas generaciones del abertzalismo más conservador y "los nuevos rumbos" (*Gudari* 1963) comenzaban a hacerse manifiestos, Ugalde repite sin descanso, —a menudo con tristeza—, que "la historia de los vascos está repleta de egoísmos y tensiones entre hermanos", y que "ese mismo egoísmo" ha limitado, —según el periodista "por desgracia"—, "la subsistencia de Euskal Herria".

> Zoritxarrez, euskotarrok ez gera alkarrekin anaikor ibiltzekoak izandu. Gure ixtori guzia anai arteko berekoitasun goraberaz eta burrukaz betea dago. Ta horrek mugatu du zoritxarrez gure herriaren izatea.! Sakabanatzen ari gara! Eta gudarik ez da bukatu… (…) Oraindik. Euskal Herria hor dago, zai, nekean, eta batzuetan hil zorian. Guda bideak aldatzen arei badira, guk gure bideak neurri berean aldatu beharrean aurkitzen gera. Herriak aldaketaren zaztada hartu du, eta erakutsi du". Ugalde (VIII-1965).

Esta idea vuelve a recogerse en la conferencia dictada por el periodista en el Centro Vasco de Caracas con objeto de conmemorar el aniversario de de la muerte de Sabino Arana ("¿Es anacrónico el nacionalismo vasco?" 25-XI-1957). En la citada conferencia —cuya reseña se recogió en la revista *Eusko Gaztedi* (número de diciembre de 1957)— Ugalde vuelve a insistir en "la falsa dicotomía entre los términos *internacionalismo* y *nacionalismo*" y defiende que "a pesar de ser cierto que en nombre de algunos nacionalismos se han cometido y se cometen barbaridades, se trata de actos cometidos por nacionalismos corrompidos por la voluntad de dominio y de conquista, no de nacionalismos naturales y espontáneos".

En una carta remitida a Pello Irujo, responsable durante la década de los 60 de la revista *Tierra Vasca*, Ugalde muestra a las claras esta dimensión universalista de la que hizo gala a lo largo de toda su trayectoria y felicita a Irujo por la diversidad de ideologías a las que da cabida la publicación que él dirigía. La cita que se recoge a continuación da fe de la actitud *reformista* del nacionalismo de Ugalde, a la vez que aporta información sobre el signo de la línea editorial de la revista dirigida por Irujo.

> Creo que estás realizando una excelente labor al traer a nuestras preocupaciones a los socialistas, los republicanos y los cenetistas vascos que han pensado siempre en España. Esta creo yo, es la labor más importante que está cumpliendo *Tierra Vasca*; lo que ha dicho siempre; algunos no lo comprenden y discuto con ellos. (...) Cada vez me parece más importante que el nacionalismo vasco se abra en matices, para que quepan todos, aunque perdamos con eso algo en profundidad; porque si queremos conservarnos enteros corremos el riesgo gravísimo, que yo creo fatal, de perderlo todo[127].

También la larga polémica que Ugalde mantuvo con el escritor José Luís Álvarez Enparanza "Txillardegi" en torno a la necesaria apertura del nacionalismo en matices da cuenta de este talante *aperturista* y *posibilista* que aboga por abrir las puertas del partido "al socialismo de rostro humano" (Ugalde 1980: 255).

> Zure lan guziak bezela, zure "Frente nacional vasco o frente declase" gustatu zait. Ematen baidiezu beti lojika-balio berezi bat, eta neri Orixe gustatzen. Eta ala ere, beste zure asmo batzuetzaz bezela, ez nago zurekinosoro. Ara nere asmoa. Egi-egia diozu: gure errian bizi diran sozialistak ez dira gure erriaren alde ezer arrixkatuko dutenak; oiek sozialista dira lenen, eta gero ere sozialistak, eta gero, apika, "vasco"ak. Gero, gañera, ez dute gure erri-arazoa ikusten, eta erdi-ikusten badute ere ez dute sentitzen. Eta, ba, sozialismoa erriaren aldekoa da eta ez erri-iltzallearen aldekoa, teoriz eta printzipioz; baiña sozialistek, gure erriko sozialista geienek beintzat, bere lan-burruka dute lenen, eta askotan ori bakarra. Au kontuan euki zazu ondo aurrerako zure asmoetarako. (Carta de Martin Ugalde a Txillardegi desde Caracas 24-XI-1966. Citado por Torrealday 1999).

De forma significativamente idéntica Ugalde se muestra muy crítico con la "bigotería política" del partido a raíz de una sugerencia de Manuel de Irujo que le hacía llegar en una carta — escrita en diciembre de 1974— la crítica de algunos miembros del partido por haber sido "excesivamente abierto" en la elección de personajes entrevistados para su obra *Hablando con los vascos*. La respuesta de Ugalde (21-XII-1974) es muy elocuente del carácter universalista de su concepción de lo nacional y en ella exhorta a Irujo a "limpiar la vara de medir, que está muy roñosa y nos está haciendo tomar medidas que no son actuales".

Con destacada vehemencia Ugalde se lamenta de "que el PNV ha tenido la virtud de alejar de la organización a todos los intelectuales que piensan un poco por su cuenta en temas que no son de partido; por ejemplo lo religioso, lo progresista en cualquier campo, (…)"; y acusa al partido de "exclusivista":

¡Pero qué exclusivistas somos! Chillida ha presentado estos días dos obras dedicadas a Neruda, un gran poeta, y a Allende un hombre de izquierdas que fracasó por algo más que sus propios pecados. Acaso le cargan en la cuenta a Chillida esto también.

Paralelamente a lo observado en su correspondencia, la labor periodística de Ugalde también muestra la concepción de lo *nacional* como algo *integrador, no excluyente.* Sería interminable la lista de artículos escritos en esta dirección; pero quizá sirva referirse a uno de los primeros publicados en la revista *Alderdi* en 1955 en el que Ugalde invoca "un nacionalismo vasco de proyección universal, lejos de localismos estrechos"[128]; y referirse, inmediatamente después, a una de sus últimas columnas en el diario *Egunkaria,* donde, 50 años más tarde, vuelve a abogar por un nacionalismo abierto a todos:

> Txikitandik erakutsi digute, eta alegi bide sakonetik, gure herriak duen elkartasun beharra. Behin aita batek bildu omen sitúen aserre zebiltzan bere seme-alabatxoak eta esan zien 'Arbastak banan bana erraz puskatzen dira, baina esku beteka arbastaz osatutako sorta ez du indartsuenak ere apurtuko[129].

En la mayor parte de los artículos de opinión publicados se refleja el esfuerzo realizado por Ugalde en sortear el individualismo. El autor (*Alderdi* 1971-II) incide insistentemente en la necesidad de aunar fuerzas; de "recoger la aportación de todas las facciones del colectivo en el proceso de construir una nación libre y democrática", porque entiende que "los caminos del pueblo —deben ser—, unitarios e indivisos (...)"; y juzga que una "única fracción particular, no constituye ni representa a todo un pueblo".

En esta línea Ugalde defiende que existen "diferentes formas de ser patriota" y busca abrir las puertas del Partido Nacionalista Vasco a toda clase de sensibilidades, obviando los matices y las divergencias que otros miembros del partido juzgaban insorteables. En un artículo escrito el 14 de diciembre de 1969 en la revista *Zeruko Argia* el periodista hace referencia a unas palabras del escultor Jorge Oteiza quejándose, precisamente, de este carácter fuertemente solíptico, presente en la descripción llena de *clichés* de lo que debía constituir la esencia del nacionalismo moderno. Merece recoger la cita en su totalidad ya que muestra claramente — no sin carga irónica— el hartazgo de Ugalde con respecto a la "interminable lista de condiciones que el vasco debe cumplir para que sea admitido en el grupo como miembro de *pleno derecho*".

> Oteiza'k ondo esan nai duan bezela (…) danok elbarriak izan: "batek euskera badu, besteak ez, eta eskerarik ez duana ez du kideko hartzen; euskera duanak xinixmenik ez duala, ta xinixmena duten guztiak kixkali bear dira; xinixmena duanak dirua ere baduala, ta dirurik ez duten zorigaitzekoak enbazo egiten diote; batek sozial eragite ori neurri berean kezkatzen ez duana guretik kanpora, baztertua, geratu bear du; bat jakintsu-edo dala, ta eztakiña bidertzean ustekoa besterik ez da; batek euskera amaren titiatatik edan duelako, berak bezela egiten ez dutenen bizkar par egin lezake lasai, batek mugaz auntzako euskera goxo ta esangarriaz ongi bete duana bere mingaña, ta gañentzeko beste euskaldun zorigaitzekoak orretara makurtu arte ez da geratuko; ta onek dalako h sakratu ori darabilkiala, ta marka ori berean ez dabilkianari purrust egin eta reakzionarioa dala esango dio; ta batez eliza ta errikotasunaren erakundeak bereizten ikasi ta bakoitzari berea ematea diola, ta ez da gure zeruetan sartuko; (…) bat erakunde batekoa dala-ta, klise makurgarri bat erantsi ta akabo!" Ugalde (Zeruko Argia 14-XII-1969).

Equivalente espíritu *aperturista* recoge el artículo "Los nuevos rumbos" (*Tierra Vasca*, 1963-IV) en el que el periodista reflexiona sobre "la visión un tanto distorsionada de la situación actual en Euzkadi". El autor considera que "las más enaltecedoras realizaciones patrias del pasado no confieren la flexibilidad y la energía necesarias para hacer frente a las nuevas realidades de nuestro pueblo. Ugalde desea, en fin, "dejar clara la admiración y respeto" por la trayectoria política, la experiencia y el prestigio del partido hasta esa fecha; pero opina que "la renovación del movimiento vasco en los campos de la acción en las circunstancias actuales requieren una imaginación y una osadía (propia) de jóvenes e insta al partido a "proyectar nuestra propaganda partiendo de elementos que contengan una razón práctica o emocional hoy, descartando algunas de ayer que ya no resultan efectivas".

Los argumentos defendidos por Ugalde en este artículo (1963: 5) incluyen: la conveniencia de "sumarse a las fuerzas progresistas europeas que defienden un saludable aconfesionalismo de los partidos políticos"; la necesidad táctica de abandonar las "imágenes idealizadas de la Euzkadi del 36"; la obligatoriedad estratégica de dotar a la doctrina del partido de "contenido social y cultural que tenga vigencia emocional en la realidad" y la bondad de "sustituir los viejos argumentos que ya no llaman la atención por otros de contenido práctico que respondan a las necesidades más perentorias de nuestro pueblo hoy, como son las universidades, una legislación social acorde con sus equivalentes europeas y otros elementos de orden práctico de fácil referencia actual". Porque según el autor: "Estos vitales elementos que necesitamos ir incorporando a nuestro programa para combatir hoy las razones de apatía de nuestro pueblo y a la vez combatir otras doctrinas marxistas que constituyen la otra única alternativa de futuro".

Además de la apuesta inequívoca a favor de la unidad, un posibilismo práctico y un aperturismo europeísta alejado de clichés, en los artículos de opinión escritos en el exilio por el de Andoain, encontramos otra serie de constantes bases argumentales que dan fe del signo reformista de su discurso: la defensa de que *el partido* podía alcanzar la conquista de sus metas a través de mecanismos de corte *institucional reformista* tales como el amparo de la democracia representativa junto con otros grupos anti-franquistas (*Alderdi* V-1962); la puesta en marcha de un sistema educativo propio (universidad vasca e ikastolas) (*Alderdi* V-1967); la reforma social a través de la lucha social del sindicato ELA-STV estrechamente vinculado al PNV (*Deia* VI-1977, IX/X-1983, *Egunkaria* 24-III-1996); o la acción colectiva de los intelectuales vascos a favor de la construcción de un andamiaje cultural que permitiera recuperar el euskara dotándola de mecanismos e políticas estables que abonaran su pervivencia.

El escritor se muestra recurrentemente temeroso frente "al peligro de perder lo conseguido hasta el momento, y, —en consecuencia—, "como a menudo nos ha sucedido a lo largo de la historia", el individualismo extremo y el "orgullo" llegue a ahogar al pueblo".

> La patria necesita de los mayores y de los jóvenes, los dos tienen capacidad de trabajo y experiencia. Las generaciones políticas deben ser complementarias, y sería un grave error que los unos pretendan dejar fuera a los otros. Tenemos que encontrar las bases comunes que nos unen para así poder trabajar juntos. (*Eusko Gaztedi* VII-1965).

Por lo que, según Ugalde "como en otras circunstancias de la vida conflictiva del hombre, aquí también se hace necesario trabajar por el equilibrio de los impulsos extremos y centrarlos en un camino que tenga futuro, y futuro útil, para nuestro pueblo" (Ugalde 1983/1974: 901).

El contraste de los textos de tipología política de Ugalde con las características semántico-discursivas que autores como Van Dijk (1999) o Fairclough y Wodak (1997) confieren a dicho tipo de discurso desvela un uso destacablemente recurrente de los denominados *enunciadores colectivos* en los textos analizados, constituyéndose estos en virtud de su recurrencia, en uno de los principales ejes en torno a los cuales se construye el discurso político del periodista vasco. De forma paralela los textos de Ugalde muestran una tendencia evidente —si bien modalizada en grados diversos— a subrayar una lógica de la diferenciación con respecto a la estructura normativa, oficial del régimen. El recurso a los enunciados colectivos y la polarización discursiva contribuyen a problematizar la "entronización de la estructura oficial como única voz del discurso del poder". (Gurruchaga 1985: 190).

Según Van Dijk (1999: 205) el recurso a la *polarización discursiva* es frecuente en los discursos articulados en defensa o legitimación de un determinado grupo social. Y puesto que, tal como señala el mismo autor:

> Los conflictos acerca de los recursos sociales escasos pueden ser el mismo núcleo y función del desarrollo de las ideologías, la posición y las relaciones de grupo son la contrapartida social más directa de las estructuras ideológicas, como es obvio en la conocida *polarización* entre *el propio grupo* y *los otros*.

Como explica Gurruchaga (1985:131) durante el franquismo y los primeros años de la transición "la dinámica exclusión-inclusión controla el centro referencial desde el cual los grupos imaginan su código y perciben el código del contrario".

> Las relaciones sociales que emergen de esta dinámica son conflictivas, no solamente porque el cierre del espacio público prohíbe la actuación de aquellos que no están de acuerdo con la única interpretación consentida, sino también porque la supervivencia de la estructura de comunicación requiere una labor continua de realimentación y mantenimiento del acervo social de conocimiento producido por el proceso socio histórico. La única forma de conseguir el objetivo es segregando una tensión permanente, donde el Nosotros es percibido por los Otros diferente, para así Nosotros, a su vez, sentirnos diferentes.

Ugalde, en definitiva, vuelve a recurrir al principio de polifonía, —en este caso endógena—, en virtud de articular un *discurso democrático* (Van Dijk 1999), ayudar a construir la conciencia colectiva, evidenciar lo arbitrario del Estado-nación dominante y representar a los enunciadores que se ocultan tras la figura del emisor/locutor en un intento de subrayar que la suya —lejos de testimoniar una voz solíptica— es la expresión de un colectivo de la que él es un miembro más[130]. Ugalde se identifica, en fin, con el colectivo social que comparte con el periodista un sistema de dificultades, "un sistema de riesgos" (Ugalde 1980: 47). Los enunciados de los títulos de su obra *El problema vasco y su profunda raíz político-cultural* resultan elocuentes de esta articulación polarizada[131].

> Segunda parte: Si los vascos tenemos o no cultura propia. Lo que a veces se toma por cultura vasca. La dificultad de ser vasco. (…)
>
> Tercera parte: Si tenemos los vascos derecho a hacer uso de esta cultura que nos es propia. La utilización política de la cultura, sobre todo de la lengua. Un cuadro histórico político de nuestro país, y sus mecanismos coloniales.

En los artículos de temática vasca de Ugalde las aspiraciones del grupo se articulan fundándose en una "relación Nosotros-Otros vivida radicalmente, donde Nosotros son todos aquellos que comparten el código de funcionamiento nacionalista y los Otros son los seguidores de la estructura oficial" (Gurruchaga 1985:131); y se despliegan formalmente en dos direcciones calculadas: a través de una serie de marcas gramaticales que subrayan el carácter colectivo y democrático de la enunciación (enunciadores colectivos), primero; y a través de una polarización semántica de términos pertenecientes a campos semánticos de significados connotativos divergentes (polarización valorizante), por otro.

Entre los recursos gramaticales de los enunciadores colectivos destacan: las desinencias verbales que marcan el plural ["Beste gazte bat akatu digute"[132]; "Euskaldun salduak ere baditugu"[133]; "Tenemos que asumir Euzkadi en toda su complejidad"[134]; "Gorrotatzen dugun gerra"[135]; Euzkadi eta munduko langileak bildu <u>gaitean</u>!"[136]; "Ez <u>gara</u> nahiko abertzale"]; el recurso a adjetivos posesivos y pronombres personales de la primera persona del plural [<u>Nuestra</u> emigración"[137]; "<u>Gure</u> erriko guda apunteak"[138]; "<u>Gure</u> demokrazi oinarriak"[139]; "La conciencia de <u>nosotros</u> mismos"[140]; "Los cimientos de <u>nuestra</u> democracia"[141]]; o la marca de la desinencia del artículo plural proximal (-ok) en euskara ["<u>Abertzaleok</u> eta udal-hauteskundeak"[142].

Mediante el recurso a la *polarización*, Ugalde pretende "problematizar las evidencias sociales-estatales" (Gurruchaga 1985: 49); desenmascarar la falacia inherente al discurso hegemónico; denunciar —en palabras del propio Ugalde (1976: 9)— "la verdad antidemocrática, intolerante y monolítica".

La alusión a una de sus obras ensayísticas más políticas: *El problema vasco y su profunda raíz político-cultural* vuelve a resultar clarificadora de esta necesidad de problematizar la verdad oficial. El autor destaca los rasgos negativos del "vosotros" —al que se refiere a lo largo del texto recurrentemente como "el enemigo" (22) o "el bando de los vencedores" (236) o "los victimarios" (146)— mediante el empleo de léxico de connotaciones peyorativas: "opresión cerril" (49); "burla cruel" (226); "imperialismo lingüístico" (241); "asimilación cultural" (239); "imposición por la fuerza" (21); "asedio despiadado" (47); "interpretación tendenciosa" (29); "mecanismo/resorte colonial" (227, 197, 155); "violencia descarada" (223); "conjuración sistemática y permanente" (219); "salvajada genocida" (209).

Por el contrario, los términos vinculados al "nosotros" incluyen, no tanto léxico con connotaciones positivas, como palabras pertenecientes al campo semántico del *desamparo* y la *resistencia*: "cultura huérfana y desatendida" (16); "isla cerrada sin accesos" (32); "alma mortificada" (210); "desprestigio" (158); "fatalidad" (158); "supeditación colonial" (228, 182); "pueblo al que se le niega hasta el nombre" (31); "angustia profunda de no poder vivir la esencia de una cultura"(31); "dificultad de ser vasco"

(25); "nacionalidades sin abrigo institucional" (21); grave daño para el euskera" (174); esfuerzo descomunal (17); "lucha desigual" (221); "dinámica revolucionaria" (22); "desafío cultural" (39);"hacerle frente en la conciencia" (38); "restablecer su equilibrio en su justicia y libertad" (171); "resistencia vasca frente al levantamiento franquista" (206); "pueblo enérgico, activo" (197).

El libro *El problema vasco y su profunda raíz político-cultural* —repleto como ha podido confirmarse de un carácter discursivo polarizado y rebelde—concluye sin embargo en un tono esperanzador que se enlaza de forma obvia con el carácter reformista del nacionalismo de Ugalde. El escritor considera que "hay fuentes para la esperanza" (1980: 257) a pesar de que, explicativamente, éstas se recojan en apenas cinco páginas. Estos atisbos de esperanza se fundan en las bondades del "sueño de una Europa de los pueblos varia y tolerante en la libertad que genera la convivencia" y "en las leyes alentadoras" resultado de "la restauración del cuerpo político que puede dar sentido coherente a nuestra nacionalidad" (1980: 248).

El recurso a la polarización y a los enunciadores colectivos, el carácter fuertemente ideológico, la alusión recurrente a ejes temáticos vinculados a la idiosincrasia identitaria vasca y la permanente preocupación de Ugalde por dar voz desde el exilio a un colectivo social silenciado por la guerra, sin duda confirman la idea de que Ugalde tenía asumido el papel de representación del grupo. Recíprocamente, la esencialidad de los significantes discursivos y significados metafóricos de la presencia del exilio, y el carácter democrático, dialógico y cortés que denota el discurso de Ugalde son evidencias de que la voz del periodista fue regida, —no por la condescendencia benevolente del intelectual— sino por la rebeldía (Izagirre 1993) que le provocó "la dificultad de ser vasco" (Ugalde 1980: 25) y el deseo práctico de cumplir el papel de representación que le provocó la responsabilidad de ser un "ciudadano impedido para la política"[143].

Significativamente, Ugalde adoptó el pseudónimo "erritar" para firmar muchos de los artículos políticos referidos en este capítulo, y —en ese sentido— bien puede admitirse con el propio Ugalde (Torrealdai 1999: 129) que ninguno de los textos analizados, "ni una sola línea" fue escrita "en el nombre propio del periodista"; —más bien al contrario— que el de Andoain las escribió todas *en nombre del colectivo*, en virtud de su identidad vasca censurada.

> Euskeraz egin dedana (…) beti «Erritar» izenordearekin egin det. Venezolarrek badakite ni euskotarra eta ez españarra naizela. Eta an bizi naizen ezkero, bertako jende eta lurrarenganako maitetasuna eta eskerra azaldu dedala; ez nere izen berekian, euskotar baten izenean baizik. (Carta De Ugalde a Txillardegi desde Evanston 14-VI-1961. Citado por Torrealdai 1999: 128-129).

Estas son las coordenadas ideológicas, en fin, en la que el crítico de la obra de Martín Ugalde, tanto literaria como periodística, debe analizar los matrices de producción y líneas de pensamiento de la obra, tanto literaria como periodística, del polifacético autor.

Identidad(es) de resistencia y de proyecto

Para un hombre sin país, escribir se convierte en un lugar donde vivir.

Theodore Adorno (1945)

So, if you really want to hurt me, talk badly about my language. Ethnic identity is twin skin to linguistic identity- I am my language. Until I can take pride in my language, I cannot take pride in myself.

Gloria Anzaldúa (1987)

En una perspectiva histórica, y en el mundo en general, la clave de un desarrollo fecundo de las identidades colectivas es su transformación de la resistencia al proyecto, de la defensa de la memoria colectiva a la construcción común del futuro.

Manuel Castells (2003)

La obra de Martin Ugalde es, en muchos sentidos, la narrativa de una doble afirmación identitaria[144]; lo convenía el propio autor en el periódico caraqueño *La República,* (1964) cuando alegó que: "en realidad, toda mi obra literaria y periodística, responde a un complejo proceso psicológico: de adaptación y de interpretación". En estas coordenadas, la obra de temática vasca del escritor, podría bien definirse como un *argumentario práctico* cuya finalidad fue contribuir a la (re) construcción de la identidad comunitaria vasca silenciada durante el franquismo; mientras su obra *venezolana* evidencia la interiorización de valores personalistas y cristianos que conforman —hasta ser fuente de sentido y praxis— la identidad individual del escritor. La pregunta que inmediatamente se plantea, entonces, es si en la figura del escritor se da una suerte de síntesis que aglutina ambas identidades, o por el contrario, como han defendido algunos de los críticos de su obra, el constructo de la identidad en Ugalde es una realidad plural —o incluso híbrida— que se constituye, a su vez, sobre valores de carácter diverso, fruto del conflicto entre su origen vasco y el contacto prolongado con la cultura venezolana[145].

> Cuando en 1946 sale de España en dirección a Venezuela va a un exilio voluntario pero inevitable, sufre la ausencia de su patria y el desarraigo de su país; pero encuentra la acogida de otros brazos y el enraizamiento en otra tierra. A partir de ese momento Venezuela y Euskadi serán sus patrias; vascos y americanos sus hermanos. Sin embargo de esta dualidad de sentimiento y comportamiento nace el problema. ¿Cómo poder presentar una conducta coherente y autentica en medio de la pluralidad? Opta por la ruptura interior y por el desequilibrio emocional como medio imprescindible para aunar lo euskérico de sus raíces con lo hispánico de su país de adopción. En este contexto de desazón emocional y desasimiento humano encuentra la escritura como antídoto eficaz. Ascunce (1993b: 69).

De acuerdo con las teorías identitarias enmarcadas en el culturalismo (Schick 1999; Capra 2006) las prácticas sociales y discursivas constituyen un marco mediante el cual los individuos y los grupos se *muestran* a los demás, y, paralelamente, a través de este ejercicio autorreferencial, se descubren en el proceso de (re)construir su propia identidad. Así, también en el caso del autor vasco, el discurso narrativo resulta un campo fértil para el estudio de las construcciones identitarias tanto individuales como socio-culturales; y, en esencia, la propia identidad resulta —paradójica e inversamente— una articulación narrativa.

> Narrative analysis provides a systematic way of understanding how people make events in their lives meaningful and how they engage in the ongoing construction of their identities. Through this type of analysis, we can see how interlocutors build their identity by assuming stances not only towards ideologies, but also

with respect to each other or to absent third parties. (…) It is largely within discourse, and in particular within narrative, that we find the answers to many questions about the construction of local and global identities. Alba-Juez (2009: 168-169).

Tal como recuerda el historiador marxista Luis Vitale (1998: 47): "la identidad no está dada de una vez y para siempre. Es un proceso. Se va haciendo en la continuidad histórica, en la pertenencia a un territorio, a una lengua, a una clase, a un género o una etnia"[146].

Comparablemente el profesor exiliado Federico Álvarez Arregui (2004: 41) alude a la centralidad de la identidad nacional en la construcción identitaria de los desterrados; pero atribuye una importancia sustancial a otros factores que terminan perfilando la íntima subjetividad del individuo.

Esa identidad "de aquí y de allá" acaba resultando una síntesis natural. La identidad es, según Aristóteles, la unidad de sustancia. Parece claro. ¿Hay una unidad de sustancia de lo espiritualmente vasco? La hay sin duda. Esa identidad se manifiesta de manera objetiva en el espíritu nacional vasco y, de manera subjetiva, en cada uno de los vascos. ¿Es igual la identidad vasca colectiva (lo objetivamente vasco) que la identidad subjetiva de cada vasco? Evidentemente no. La identidad de cada persona es inconmensurable con la de cualquier otra. Tienen en común la identidad vasca colectiva, pero cada una de ellas está determinada por muchos otros factores. En circunstancias como las actuales es seguro que en la mayoría de los vascos el factor nacional común sea en su íntima subjetividad, el factor más importante de su identidad, pero ello no presupone que no pueda haber otros factores identitarios también importantes. El género, por ejemplo; la vocación profesional o estética; la condición psicológica; el origen de clase. La identidad personal fluye en todas las direcciones de la vida cotidiana, y el núcleo nacional no es sino una condición de pertenencia común a muchos.

El presente capítulo trata de estudiar los elementos constitutivos de la construcción identitaria del autor guipuzcoano a la luz de algunos conceptos propios de teorías identitarias modernas y mediante la atención crítica a diversas evidencias textuales del escritor —aquello que Barthes (1971) convino en definir como *biografemas*. Se pretende, en suma, analizar los *contenidos simbólicos* (Castells 1999) de la identidad del escritor y desentrañar los esquemas heterogéneos que la conforman a través del análisis de su autorrelato.

Se consideraran para el estudio —una vez más y atendiendo a lo sostenido por el análisis crítico del discurso— no exclusivamente las referencias autobiográficas del escritor vasco; sino también aquellos textos que por virtud de su carácter interpretativo arrojen luz sobre el andamiaje fluido y los constituyentes identitarios de Ugalde. Indiscutiblemente, también sus textos literarios conforman este terreno interpretativo; ya que, tal como afirma Iris Zavala: "un texto literario es un agente importante en la transmisión de la cultura; en definitiva nos proyecta las imágenes (identidades e identificaciones) mediante las cuales los seres humanos configuramos nuestras vidas y actitudes, que se le comunican y transmiten a las generaciones posteriores"[147].

El capítulo tratará de demostrar que los esquemas heterogéneos que confluyen en la construcción identitaria del escritor obedecen, por un lado, a un ejercicio personal de carácter consciente, reflexivo y práctico; y, por otro, a negociaciones sociales complejas. Extensivamente, se tratará de medir la dimensión del signo defensivo del discurso referente a la identidad colectiva del autor vasco, para calcular si esta característica constriñe la posibilidad de que esta articulación se cristalice discursivamente en una *identidad de proyecto* (Castells 1998: 2003) andamiada junto con otros rasgos identitarios de cariz individual.

Tal como señala Sandra Harding (2006: 246) la cimentación de toda identidad —sea ésta de carácter individual o colectiva—, es el resultado de negociaciones sociales complejas; nunca la consecuencia derivada de decisiones u opciones meramente personales.

> Both individual and collective identities are constructed, through, only through complex social negotiations and never as a matter of completely free individual choice. (…) some are ascribed -given to us by others, without our consent. Others are achieved; the result of struggles to discover and create shared histories and visions with others. Harding (246).

En este intercambio problemático de dinámica sociocognitiva intervienen vectores de intensidad diversa entre las que destacan las realidades étnicas, culturales y políticas del individuo y el tipo de relaciones que éste consigue establecer con su entorno (Harding 2006, Van Dijk 1999)[148], porque tal como afirma Van Dijk (1999: 152): "en su representación del sí mismo, la gente se construye a sí misma como miembro de varías categorías y grupos (...). Esta auto representación (o esquema de sí mismo) está ubicada en la memoria episódica (personal). Es una abstracción construida gradualmente desde las experiencias personales (modelos) de los acontecimientos".

Bocchino incide en esta misma idea y (2011: 94) lo expresa en los siguientes términos:

> Las identidades son construcciones frágiles sostenidas por un equilibrio inestable, en constante composición y recomposición, incapaces de escapar, sobre todo en situaciones extremas, a las patologías de la desintegración, pero capaces de recomponerse y reestructurarse en las condiciones menos esperadas.

Las experiencias límite, los traumas o *recuerdos fundacionales* de un individuo o colectivo (Capra 2006)[149], a menudo adquieren una relevancia de primer orden en esta construcción identitaria. En esta línea, tal como subraya Said (2000: 175), la crueldad exilio —más allá de las connotaciones metafóricas y literarias que sugiere— [150], radica en que el castigo persigue silenciar y negar la identidad a aquellas personas que lo sufren. Así, paradójicamente, el exiliado debe (re)construirse sobre esa *negación substancial* y en el proceso se ve obligado a explicar(se) las tramas sobre las que cimentará su renovada identidad.

El exilio cobra así valor sobresaliente como momento de identificación identitaria, traccionando la exégesis de un determinado constructo identitario, que se substancia, a su vez, a través de una determinada narrativa, de un meta-discurso en torno la propia identidad.

> Escribir es el destino del que se arma el desterrado para seguir viviendo (…). Se trata del testimonio de una subjetividad que, en tanto testimonia, recuerda, arma su recuerdo, sabe que recuerda y sabe, porque lo escribe, que está armando su recuerdo y que no se trata de una manifestación espontánea. A medida que escriben (…) se reconstruyen como subjetividad y, al mismo tiempo, recobran su identidad". Bocchino (2011:96).

Esta necesidad exegética —a la que el propio Ugalde alude como "una actitud instintiva, que constituye la respuesta que debo a una situación de mi vida frente a algo fundamental" (Ugalde 2002)[151]— se moldea en el escritor a través de "la palabra escrita como medio de exorcizar los demonios personales y de concretar los ideales subjetivos" (Ascunce 1993b: 69); inexorablemente tornando su "destierro en un lugar de creación obligada" (Atxaga, *Diario Vasco* 6-XI-2001. Citado por Ibargutxi 6-XI-2001).

Ciertamente, en el caso de Martin Ugalde no resulta difícil rastrear los momentos de identificación, los recuerdos fundacionales, que intervienen en la dinámica fluida de su construcción identitaria[152], las referencias, significantes y las marcas repetidas y reconocibles en sus biografemas, son innumerables; emergen dondequiera que el crítico de su obra detenga el análisis. Destacan sobre todos los demás "dramas que viví y que me han enriquecido"[153]— su condición de miembro de una cultura minorizada[154]; el recuerdo de una guerra "incivil"[155]; la experiencia dolorosa del destierro[156], y la necesidad de adaptación a su nueva patria. Estos ejes biográficos de identificación, y las negociaciones sociales que comportaron, serán pilares fundamentales sobre los que se construya la narrativa de la identidad individual y colectiva del escritor.

En resumen, la obra de Ugalde se torna evidencia —de indudable carácter personal y moral— de aquellos valores culturales y sociales adquiridos en su infancia y juventud —valores que permanecen indelebles en el escritor—; y, a su vez, resultan un relato, una articulación, de las señales identitarias nacidas de sus nuevas *lealtades* conscientemente adquiridas a partir de su condición de desterrado[157].

No en vano, tal como recuerda Asselin (1998: 220), éste es un esquema que a menudo se reproduce entre los exiliados:

> Identity strategies illustrate the freedom of frequently changing identifications, including those that develop under cover of respect for a tradition. However, for all that, they are not drawn up in a totally arbitrary fashion, but subject to cultural and social conditioning. On the one hand they are based upon a cultural bedrock that both pre-exists and constraints them; on the other hand, they emerge and evolve in relation to detailed social and political challenges, because they are defined by their links with national and international forces that generate domination, discrimination and resistance.

La apelación a la identidad colectiva en Ugalde es un ejercicio personal de carácter consciente, reflexivo y práctico[158]; donde lo que Capra (2006) denomina el *trauma fundacional del colectivo* adquiere una relevancia de primer orden. La centralidad atribuida al ámbito cultural y político como espacio conflictivo entronca el discurso del periodista con la ideología del nacionalismo vasco y confiere al espectro de la política —siempre desde una perspectiva comunitaria— un carácter estratégico de supervivencia.

> Desde su aparición el esfuerzo del nacionalismo vasco por revitalizar las manifestaciones, estudios científicos y creaciones relativos al ámbito vasco tenía que ver con la insoslayable necesidad de construir la conciencia colectiva, de dotarse de unas señas de identidad propias y diferenciadoras de las oficiales, de evidenciar lo arbitrario del Estado-nación dominante y, en definitiva, como consecuencia, de afirmar el derecho alienable a construir las propias instituciones políticas. Apaolaza (1994: 121).

Así, la construcción de la identidad colectiva en Ugalde únicamente adquiere sentido desde la conciencia de la alteridad, en la relación con "el otro", que en este caso toma forma de "poder cerril —producto monstruoso— cuyas imposiciones son intolerables para un colectivo que dramáticamente trata de sobrevivir" (Ugalde 1980: 87)[159]. La relación problemática con un poder centralista que como reacción "provoca un esfuerzo natural del pueblo por restablecer su equilibrio espiritual, y que se localiza en un conflicto capaz de engendrar una dinámica revolucionaria" (Ugalde 1980: 22) contribuye, de este modo, a la demarcación de los elementos constitutivos de la identidad comunitaria vasca, los explica y los justifica; a la vez que los dota de un esencialismo resistente que tiñe toda la obra de temática vasca del escritor.

> Porque hay culturas que malviven la supeditación de su contenido lingüístico cultural bajo otro que se le impone por la fuerza a través de sus instrumentos: la escuela, la administración, los medios de comunicación, y muchas veces, como ha sido el caso de los pueblos catalán y vasco, dividida entre dos Estados. Y en estas circunstancias ocurre a veces que estas nacionalidades sin abrigo

institucional reaccionan ante la discriminación con fuerza, y a veces, si no se le sabe dar un cauce político adecuado, violentamente. Tal como afirma André Malraux con más fuerza: "la cultura no se hereda, se conquista". Ugalde (1980: 21).

El desarrollo de la identidad cultural representa para Ugalde, como para la ortodoxia nacionalista, una *dificultad*, una *condición frustrada* —una realidad conflictiva— de la que, según el escritor, también sus contendientes políticos que constituyen la alteridad del colectivo son conscientes.

> Los españoles saben que en el fondo de todo el conflicto que plantea lo vasco existe un problema cultural no resuelto. La angustia profunda de no poder vivir la cultura que lleva uno mismo de manera esencial. De querer expresarse de un modo que no encuentre caminos, que le están cerrando las puertas a un pueblo que se le niega hasta el nombre, que se le quiere hacer renegar de su propia raíz existencial. Esta angustia profunda de no haber podido realizarse naturalmente. Ugalde (1980: 31).

Significativamente, la omisión o soslayo de esta realidad conflictiva por parte de sus contendientes ideológicos implica, según el autor, una postura falsamente equidistante con respecto a una "injusticia radical" (1980: 25). Lo expresa con fuerza inusitada en algunos de los versos extraídos de su poema "Aberria" (1975) —uno de los dos únicos poemas publicados por el escritor— que gira reveladoramente sobre la construcción problemática de la identidad colectiva vasca y las opciones vitales comprometidas que ésta necesariamente implica.

> (...)/ Baina, zer da egiazko Aberria?!/ Asmakizun hauxe duzu aberria:/ Baduzu, zer falta zaizun ez dakizu;/ ez baduzu,/ orduan sumatzen duzu falta! / Ez duzula konprenitzen?/Urean dihoan amorraiak ez daki ura zer den,/ baina zizarez jantsitako amuari kosk egin/eta

arrantzalearen saskian dihoan amorraiak, bai!/ Euskaldunok aspaldidanik ba dakigu Aberria zer eta zein den./ Hasieran ez genekien zergatik,/ gero bai,/ izen-abizen eta guzti./Aberri honen alde egin du borroka/ hainbat gudarik,/ eta oinazez, tiroz eta frentean: "ai, ama!" / esan eta,/ "¿qué te pasa?"/ esaten dizutenean/ animan atximur bat sentitzen ez baduzu,/ zaude lasai,/hilik zaude eta;/pakean zagoz, ez duzu askatasun faltarik/Edozein uretan igeri egiteko arrain ustela zara,/ ez duzu zure aitonamaren haizerik behar arnas hartzeko;/ haize-ustelak sabela bete eta,/ puztuta,/ igeri bezala,/zabiltza... Ugalde (Cita extraida en línea de Armiarma Literaturaren Sarea).

Desde este axioma del todo central que parte de una identidad cultural y social problematizada por razón de las limitaciones impuestas por "el otro", toda reafirmación y búsqueda de las fórmulas culturales, políticas y administrativas que contribuyan a vertebrar la identidad del pueblo vasco comportan —según el propio autor— "una dinámica defensiva" (1980: 28) que responde exclusivamente a un compromiso con respecto esa realidad percibida como conflicto; y los textos de temática vasca del escritor resultan, por ende, una respuesta articulada a "la dificultad de ser vasco" (1980: 48)[160]. Porque, según defiende el autor, —en una cita que resulta extremadamente clarificdora— "aunque a los vascos nacionalistas se nos acusa a menudo de elitistas, de etnocentristas, nuestra posición no tiene sino un alcance defensivo". (Ugalde 1980: 41).

Así —tal como demuestran el recurso a la polifonía endógena y polarización discursiva a la que se aludía en un capítulo anterior—, la identidad colectiva es, para Ugalde, una construcción elaborada en relación a las lindes que se establecen entre los grupos que están en contacto con la suya propia, y, a la vez, son percibidas como agresoras del constructo emancipado de la propia identidad.

Y así como otros vascos que nos han precedido tuvieron que enfrentarse a la idea de vida nacional, y con ella la de su cultura, sobre todo la lengua, y en esto Sabino de Arana es una lección estupenda, siendo fieles a su espíritu y a su realidad socio-política, nosotros tenemos que hacer frente a las realidades que nos ha tocado vivir en nuestro tiempo, no con las mismas armas. Ugalde (*Deia* 28-XI-1982).

Precisamente con el objeto de expresar la raíz del carácter rebelde y defensivo propio del discurso nacionalista —y por extensión explicar las matrices de articulación del suyo propio— Ugalde alude —interesadamente a mi juicio— a los paralelismos existentes entre el pensamiento *abertzale* y la doctrina marxista[161].

Lo vasco ha estado sujeto a todos los riesgos políticos y policiales a que ha tenido que enfrentarse la defensa de lo expresa y peligrosamente prohibido. A pesar del riesgo, y acaso por eso mismo, han venido asumiéndolo los jóvenes intelectuales que se han rebelado contra la verdad oficial que era mezquina y reduccionista. Ha sido una rebeldía que acaso cueste comprender a los que la ven desde fuera, y una circunstancia que, como dice Santamaría, resulta curiosa, porque "son esta dificultad y este desamparo las cualidades a las que hoy se reconoce, si creemos a Marx, una enorme virtualidad dialéctica, la que se beneficia de la misma fuerza y energía que desde el punto de vista marxista se atribuye al proletariado. La condición proletaria es una condición frustrada y de esta misma negación arranca su fuerza y su energía. Se comprende, pues, que muchos de estos jóvenes vasquistas sean al mismo tiempo marxistas. La concepción patriarcal de lo vasco está para ellos completamente superada; ellos viven de una concepción revolucionaria de lo que es la antítesis de la concepción tradicional. El problema cultural vasco se les ha presentado como alienación. Ugalde (1980: 28).

Son innumerables las evidencias que muestran el signo estratégico, transformador y defensivo de la *obra vasca* de Ugalde. Baste mencionar el carácter divulgativo de gran parte de sus contenidos; la elección calculada de los diferentes géneros; el rigor metodológico al desgranar y sistematizar las características constitutivas de la identidad comunitaria; la preocupación por hacer pedagogía con el euskara; o la conciencia manifiesta por hacer llegar el mensaje a diferentes generaciones de vascos, que en palabras del propio Ugalde (16-X-1962) muestran "una gravísima apatía y una cierta indiferencia política, una falta de interés por la solución de problemas que desde la perspectiva que nos permite el exterior se nos antojan de enorme gravedad".

> Las razones del poder coercitivo que ejercen los regímenes totalitarios no se reducen a crear este mecanismo exterior del temor que actúa desde fuera hacia dentro, sino que está destinado a generar otro más importante: el de la inhibición en profundidad sobre la conciencia política; ya no sólo sobre la expresión, sino sobre el mecanismo del pensamiento político mismo en el hombre. Y esta inhibición es gravísima, porque destruye en el hombre el mecanismo de la rebeldía moral, y porque termina insensiblemente con el sentido de responsabilidad individual y de grupo, amansándolo y predisponiéndolo para cualquier clase de sumisión moral, social y política de signo totalitario, sea el franquismo o (y este es importante) el comunismo. Ugalde (2003: 84).

El escritor se muestra manifiestamente consciente de "la relación íntima que se establece entre el grado de implicación del receptor con respecto al contenido del mensaje y las estrategias discursivas y evaluativas diversas que debe emplear en sus formulaciones con el objeto de que su objetivo comunicacional se consume" (Hatim, 1997: 48) y vertebra el ejercicio narrativo de disenso en dos direcciones calculadas; a través de argumentaciones constituidas de manera calculadamente disímil; tratando de hacer de su "sentimiento vasco un arma discursiva moderna que se adecúa en lo ideológico a lo más avanzado de las ideologías que andan abriendo caminos de búsqueda social en el mundo" (1980: 62).

Atendiendo a este objetivo, un primer conjunto de artículos persiguen alcanzar un diálogo con el complejo entramado del poder *hostil y monolítico*; representar la voz de un colectivo silenciado y contribuir de esta manera al diálogo fecundo que "debe constituir la verdadera democracia" (*Alderdi* X-1966). También libros como *Unamuno y el Vascuence* o *El problema cultural vasco y su profunda raíz político-cultural* cumplieron este mismo propósito y comparten —además de idéntico fin comunicativo— muchos de los recursos estilísticos que caracterizan a este tipo de textos.

> La democracia necesita para respirar del contacto humano a través de la palabra, del calor de la controversia. Amordazado, el hombre se ve forzado a la actividad desterilizante de la autocensura y a restringir su actividad intelectual a hablar de futbol. (Porque) el andamiaje que monta el despotismo en un país tiene un poco, el carácter de esos campamentos de carpas que levantan los comediantes en las ferias. Consciente de la provisionalidad de su domicilio, no se ocupan sino de armar lo más indispensable, montar su espectáculo y luego sacar lo que pueden, indiferentes a la opinión y a la existencia del pueblo. Ugalde (*Euzko Gaztedi*, III-1958).

Por el contrario, un segundo grupo de artículos fueron escritos hacia el *interior*, pensados para un país —un colectivo— que "se encuentra cultural y socialmente aletargado" (Ugalde, *Alderdi* 1955); y constituyen un intento indiscutible de articular un reglamento para una nueva cultura. Ugalde escribió la mayoría de estos artículos en euskara, y, utilizó el sobrenombre "Erritar" para firmar muchos de los textos mencionados[162]. El periodista sustenta ahora su discurso en unos parámetros menos políticos y axiomáticamente de signo cultural y social. Estos últimos artículos reflejan un Ugalde diferente al que se entreveía en el primer conjunto de argumentos; los textos, en fin, descubren un escritor políticamente menos beligerante y estilísticamente más cercano, divulgativo, pedagógico y constructivo.

> Gaurko euskararen egoera garai hartakoa baino hobea bada ere, nahiko kezkaturik gaude "Bateginik" osatzen dugun alderdietakoak garen eta ez diren guztiak; egindakoa ez da gutxi, baina ez da aski; horrexegatik ari gara ahal dugun neurrian mintzaira eta idatzitako euskara bultza nahian; lehen mailako eskolatik hasi eta euskaldunen alfabetatzetik pasa eta beharrezko dugun Egunkaria eta dugun liburugintza polita, dena bultza nahian; oraindik asko baino gehiago falta baitzaigu! Ugalde (*El Diario Vasco* 27-III-1988/ 2003: 238)

Este segundo grupo de artículos muestra, además, una clara prevención por parte del periodista de que el colectivo termine por demagogizar la lucha y Ugalde insiste recurrentemente en los peligros que el extremismo político podría acarrear para los objetivos culturales y políticos del colectivo.

> Berez kolokan sentitzen diran erriak eta gizonak izaten omen dira besteenganako eraso-aldi edo agresio eragiñak geien sentitzen dituztenak. Onek ez du esan nahi gogorkeri-bide hau guda bera dala; izan leike, bañan guda ezik beste era askoetara bidetu liteke oldarkeri au; ta erriak erritik kanporatzen duan gogorkeria ainbat aldez-bestekoa izaten omen da errian bertan sortzen dan alkarrekiko oldarkeri au ala, kanporatzen dan oldarkeria andia ba da, erri-bertarako gordetzen dena txikia da; ta kanporatzen dan oldarkeria txikia ba da, erri-bertarako geratzen dana, aundia. Gure erriari bertako oldarkeri, gogorkeri, askotxoegi geratu ote zaion beldur naiz. Ugalde (*Argia* 14-XII-1969/ 2003: 112).

La identidad vasca debe, según Ugalde, reconstruirse como identidad de resistencia frente al franquismo, su conquista debe necesariamente implicar el derecho a la práctica cotidiana de su identidad.

> Ya conocemos los obstáculos; de ellos hemos venido hablando durante veinte años largos que no han dado mucho de sí. Nadie que tenga sentido común se atreverá a desconocerlos y a proponer fórmulas mágicas que los superen. Pero ha llegado, creo yo, el momento de ensayar nuevos caminos para revisar nuestros programas, de hacer un inventario de las herramientas de trabajo de que disponemos y de comenzar a pensar en crear las nuevas que necesitamos para irlas adaptando a los trabajos de la nueva situación socio-política y al nuevo escenario de realidades de dinámica política y económica que se están creando. Ugalde (*Gudari* 1963/ 2003: 86).

Los artículos que se ha convenido agrupar en el primer conjunto —estructurados discursivamente en forma de contra-argumentación la mayor parte de ellos— están dirigidos a un receptor externo —distinto al *nosotros* que conforma la identidad colectiva— y buscan, en palabras del propio autor, "dar vuelta a la representación distorsionada y al descrédito creado, de forma no limpia, por las fuerzas ideológicas de la cultura oficia y monolítica" (Ugalde X-1966).

La mayor parte de estos escritos se publicarán en forma de artículos de opinión en la prensa venezolana y española; en los textos publicados fuera de las revistas y periódicos pertenecientes a líneas editoriales del ámbito ideológico nacionalista vasco. Los artículos escritos para diarios como *El Nacional* y *Élite* primero, o *El Diario Vasco*, *El Mundo* y *El País*, más tarde, se cargan de estrategias que demuestran haber sido escritos con un marcado carácter defensivo. La ironía[163], el uso de los marcadores semánticos, el recurso a estructuras parentéticas —a menudo guiños a la potencial empatía de algún lector implicado ideológicamente con la opinión defendida por el escritor— las recurrentes preguntas retóricas[164], o los denominados "excitantes de la atención", formas apelativas —imperativos, pronombres, vocativos, interrogaciones— que buscan golpear enfáticamente la conciencia del interlocutor— buscan desenmascarar "la representación distorsionada y el descrédito creado, de forma torticera, por las fuerzas ideológicas de la cultura oficial" ("La censura y Euzkadi", 1976b/2003)[165].

Ugalde equipara el recurso a la censura con la coacción del "Estado prepotente y totalitario" (2003: 130) —no democrático, en suma— y afirma que "cuando el Estado, sea del color que fuere, penetra en el terreno de las ideas y de la conciencia personal, es la esclavitud".

> La persona coaccionada se ve en esta situación forzada al silencio o a la colaboración y de cualquiera de las dos maneras, la censura consigue su objeto, porque el que calla, otorga, y el colaborador queda eliminado como ser pensante y se convierte en un mero instrumento al servicio de otro que actúa con todas las prerrogativas a sueldo del Estado prepotente. Ugalde (1976b/ 2003: 130).

El periodista se muestra explícitamente consciente de los mecanismos que los discursos del poder utilizan para ofrecer una imagen simplificada e interesadamente deformada de la identidad vasca; y para Ugalde (2003: 130) "ésta es una forma sinuosa, solapada, pero real, de ejercer la violencia".

La idea de un poder hegemónico, definido en términos de control y con acceso privilegiado —prácticamente exclusivo— a recursos sociales tales como el conocimiento, la información o la posibilidad de divulgarla es un argumento central en este primer grupo de artículos; porque tal como defiende el periodista (X-1966): "el desarrollo de las comunicaciones es un multiplicador poderoso, pero neutro, y si se aplica como factor a una mentira resulta un peligroso enemigo de la verdad".

Según Ugalde (2003: 85): "la centralización y la concentración del poder en manos de hierro que están manejadas desde lejos, que no sienten nuestros problemas, va dando al sentido de responsabilidad cívica individual una perspectiva de lejanía que entorpece el mecanismo de la responsabilidad personal y el sentido de la participación personal en la cosa pública y en la decisión política de la sociedad a la que pertenece".

En estos parámetros el abuso de poder por parte de un Estado totalitario se torna peligroso en tanto el colectivo termine aceptándolo de forma naturalizada a través de los medios —la mayor parte de ellos no coercitivos— al servicio del poder hegemónico.

Hay una razón evidente, una razón generadora de apatía política que es fundamental: el aislamiento informativo y cultural en que la dictadura tiene sometido a nuestro pueblo, y simultáneamente el bombardeo constante de propaganda política a que ha venido siendo sometido durante casi un cuarto de siglo. Ugalde (*Gudari* 16-X-1962/2003: 83).

Porque para Ugalde (2003: 84) "el poder coercitivo del estado totalitario no se reduce a crear un mecanismo exterior del temor que actúa desde fuera hacia dentro, sino que está destinado a generar otro más importante: el de la inhibición en profundidad sobre la conciencia política".

Esta inhibición sobre el mecanismo del pensamiento político mismo en el hombre es gravísima porque destruye en él el mecanismo de la rebeldía moral y porque termina insensiblemente con el sentido de la responsabilidad individual y de grupo, amansándolo y predisponiéndolo para cualquier clase de sumisión moral, social y política de signo totalitario, sea el franquismo o (y este es importante) el comunismo. Ugalde (*Gudari* 16-X-1962/2003: 84).

En definitiva, para Ugalde (1966-X-10) "la democracia descansa no sólo en el pueblo, al que se puede engañar, al que se puede encajonar en una dirección calculada, sino, y sobre todo, en la opinión pública, o sea, en un pueblo libremente informado sobre todo lo que le afecta, y que hace uso de su derecho de discutir sus problemas con entera libertad".

Si bien exclusivamente como sendas evidencias textuales de la infinidad a la que se podría aludir, sus artículos "Aguirre: La democracia vasca en el exilio" (*Élite*, III-1959) o "Residuos nacionalistas" (*Diario Vasco*, 11-VII-1991) —publicados con una diferencia temporal y geográfica reveladora con respecto a lo axiomático de la presencia defensiva del discurso de Ugalde en la prensa de líneas editoriales no vasquistas— reflejan muchos de los recursos estilísticos que caracterizan a este primer grupo de artículos, a la par que dejan entrever un grado de evaluabilidad ideológica directamente proporcional al grado de rechazo previsible con respecto al mensaje del autor[166], elevado si reparamos en las líneas editoriales de las publicaciones a las que se apunta.

> Por fuerza mental, el hombre siempre está dispuesto a creer que los Estados fueron establecidos así desde los primeros días de la Creación. Esta conciencia no es sólo de ahora; así pensaban en Venezuela a principios del siglo pasado, cuando precisamente se estaba perpetrando el atentado contra la nación vasca. Pero la vieja memoria de los pueblos no olvida tan fácilmente su derecho a la vida. (…) Naturalmente, cuando los pueblos se despiertan a su conciencia (ya que es un error conceder sólo este privilegio a los pueblos de América o de África), cuando con su desarrollo político los pueblos despiertan a la conciencia de su lengua, de su cultura y de su personalidad, levantan la voz para pedir que se les oiga y se les respete[167]. (…) Y el País Vasco (Euzkadi lo llamo el Libertador de la conciencia del pueblo vasco, Sabino de Arana), ¿tiene razones suficientes para aspirar a este reconocimiento; o es una

terquedad, o es un simple capricho? Ugalde (*Élite* III-1959).

El estado (fruto de las violencias), ¿va a seguir imponiendo la uniformidad a la vieja manera de la "una y grande" o la lucha de clases? ¿Se van a cometer los mismos errores que aquellos en que incurrieron los grandes Estados que han descuartizado Europa muchas veces "a mayor Gloria" de los grandes ejércitos y las ideologías totalitarias que han convertido sus dominios en unos Estados carceleros que se han agrietado demasiado tarde para salvar de la tortura, el olvido y la muerte de muchos millones de europeos? ¿Va a hacer Europa en casa lo que hizo en África? "Residuos nacionalistas" Ugalde (*Diario Vasco* 11-VII-1991).

Nótense en ambas citas los marcadores gramaticales impersonales —que difieren de manera obvia de la predilección por la polifonía endógena y los marcadores que la denotan presentes en otros textos ya analizados– ; recursos mediante los cuales el periodista trata de encubrir la carga evaluativa del discurso ("los pueblos", "los hombres", "se despiertan", "se les oiga", "se les respete") en aras de que este recurso a la objetividad contribuya estratégicamente a lograr su propósito de "decir la verdad al poder" (2003: 84).

Nótense también las estructuras parentéticas que le permiten al autor establecer conexiones ideológicas —más o menos veladas— con los presupuestos ideológicos de un lector potencialmente identificado con sus posiciones ("Libertador de la conciencia del pueblo vasco", "fruto de las violencias"); estructuras que contribuyen a referir la ideología del autor sin que éste necesariamente se enmarque en el principal eje argumental del artículo. De manera paralela, destacan el uso irónico del propio lenguaje del contendiente ideológico —el poder centralista en este caso— ("una y grande", "a mayor gloria") con el evidente propósito de que la heteroglosia lingüística contribuya esta vez a desenmascarar y ridiculizar el discurso "del otro".

Los recursos enfáticos a través del uso de léxico semánticamente cargado ("descuartizar" "totalitario" "terquedad"), o las preguntas retóricas —que el autor lanza cual anzuelos ideológicos— arrojan luz sobre a la altísima evaluabilidad ideológica y el carácter defensivo del discurso contenido en este primer grupo de textos.

También su artículo —publicado esta vez en euskara en el semanario *Argia* (9-V-1976) "Sánchez Albornoz eta atzeratuak"— comparte este mismo espíritu defensivo y refleja muchos de los recursos estilísticos mencionados. En este caso, valiendo la circunstancia de que el citado artículo está redactado en euskara, el análisis pragmático del mismo permite reparar en el recurso a la polifonía y heteroglosia —en este caso particular incluso lingüística— subrayado por el uso del castellano en las estructuras parentéticas —guiños indiscutibles al receptor— lo que, juntamente con el recurso a los enunciadores colectivos, irrefutablemente contribuye a crear y mantener una imagen de alteridad con respecto al discurso referido, y constatar que la ideología *oficial* —encarnada esta vez en la figura del político e historiador Sánchez Albornoz[168]— es el resultado de una imposición.

Sanchez Albornoz jaunak "España federal" bat nahi du. Ongi. Hala, tolerantziazko federazio hau nortzuk osatu behar dutenaren arian abiatzen denean esaten du: "los catalanes son inteligentes" (gu ados), "los gallegos son inteligentes" (gu berriz ere ados), eta: "el problema está en las Vascongadas (a!). "Los vascos son los últimos que se han civilizado en España; tienen mil años menos de civilización que cualquier pueblo; cuando San Isidoro resumía en el siglo VII la cultura clásica de Sevilla, los vascos eran todavía paganos y adoraban el fuego, y así siguieron hasta el siglo IX. (...) Los vascos son gentes rudas, sencillas, que, además se creen hijos de Dios (ez dakit zergatik gu ez) y herederos de su gloria (ez dakit zergatik hemendik ere Espainiako presupuestoetatik bezzala kanpoan geratu behar dugun). Y no son más que unos españoles sin romanizar (esnerik gabe gazta egiten ahal balitz bezela) como he dicho muchas veces, por lo que me odian cordialmente".

En definitiva, haciendo uso de significantes diversos y mediante el recurso a formas estilísticas calculadamente heterogéneas Ugalde persigue, a través de este primer grupo de artículos y obras ensayísticas, denunciar la *supeditación colonial* (1980: 228); desenmascarar los peligros de asimilar como propios los rasgos identitarios impuestos "por el monopolio centralista" (1980: 127). Como se argumentará en el apartado siguiente, el discurso del escritor persigue desvelar aquellas identidades estigmatizadas —e incluso las torticeramente emblematizadas—que contribuyen a falsear la identidad colectiva "de forma interesada" (1980: 229); y trata, en suma, de fragmentar el monólogo propio de las dictaduras a través de la reivindicación del diálogo, del relato de las voces diversas —y divergentes— cuya difusión el autor concibe como la esencia misma de la democracia.

> La dictadura es un monólogo. No admite la opinión de los partidos que son la voz del pueblo. Este brazo rígido nazi-fascista de un solo movimiento de martillo pilón que enterró a ocho millones de hombres y arruinó muchos pueblos, se perpetúa en el monólogo franquista, que recuerda su millón de muertos (de ellos miles de hermanos nuestros) y veinte años de oscurantismo. Ugalde ("La tiranía y los partidos políticos". *Eusko Gaztedi*, III-1958).

Como viene defendiéndose, por tanto, el discurso que gira en torno a la identidad colectiva del periodista se rebela permanentemente contra la imagen estereotipada de lo vasco —que el propio Ugalde achaca, tanto a los mecanismos pervasivos del poder epistémico centralista, como a la tendencia reduccionista de la propia ideología nacionalista— mostrándose convencido, en suma, de la intimidación velada que esconde cualquier "violencia blanca de la simplificación y sus riesgos" (1980: 62); y responsabilizando de la misma, si bien en grados diversos, tanto al poder exógeno, como "al maniqueísmo" (1980: 63) propio de algunos sectores de la ortodoxia nacionalista[169]. Porque,

> La trampa no siempre la pone el adversario que actúa como enemigo, el que está interesado en nuestra asimilación, sino que nos la ponemos nosotros mismos: el argumento simplificador de nuestra pretendida pureza racial y lingüística, nuestra innata religiosidad (consustancial con el carácter nacional de lo vasco hasta el fin de los siglos y nuestra honradez sin mancha. Porque esta simplificación es otra mentira. Y esta vez nuestra". Ugalde (1980: 63).

En estas mismas coordenadas Ugalde (1980: 48) defiende que "ninguno de los defectos del conservador, del localista, del regresionista, que se ha atribuido erradamente al vasco, como se demostró en el momento crucial de una decisión consciente de nuestro cuerpo político más representativo al estallar la sublevación en 1936, puede achacarse al nacionalismo"; bien al contrario —subraya en clara alusión a las posturas de corte revolucionario que algunos jóvenes del partido habían adoptado ya para aquellas fechas— "a nuestros jóvenes se les ha empujado a estas posiciones extremas para salirse del clisé, del estereotipo, denominador con que se les quería descalificar" (Ugalde 1980: 49).

En un artículo publicado en *Deia* (1-XI-1977) el periodista insiste en esta misma idea, negando "el torticero pero extendido clisé" de que el Gobierno Vasco en el exilio resultaba responsable directo del nacimiento de ETA.

> No creo, entre otras cosas, que sea cierto que si los vascos no hubieran tenido Gobierno en el exilio no tendrían a ETA. Hacer responsable de ETA al Gobierno de Euzkadi

[168]

es más cómodo que ponerle las semillas y los frutos al debe de un desgobierno centralista y brutal que ha pretendido arrancarnos de raíz la vida de nuestra cultura.

Según Ugalde, "algunas de estas simplificaciones son a veces imperceptibles e involuntarias, porque el peligro de reducir los términos a la conveniencia de quien las está usando" pasa siempre inadvertido "para el que no sufre las consecuencias" (1980: 62). Sin embargo, incluso en el caso de términos falsamente emblematizados como "reliquia" o "venerable" aplicados a la cultura vasca esconden, a criterio del escritor, "un nombre y un adjetivo con los que se puede muy bien argumentar, y se ha argumentado, nuestra descalificación, nuestra falta de aptitud para la vida moderna; porque es una forma de decirnos que no tenemos presente, que eso fue el pasado; y que, sin presente, no tenemos porvenir, claro" (1980: 62).

> Dicen quienes dicen querernos bien (…) que somos un raro ejemplo de pueblo 'primitivo', que tenemos la belleza del fósil, de la momia, y también nos reconocen una cierta 'honradez', una cierta 'bondad' y también una cierta 'ingenuidad' graciosa y saludable. (…) Se nos quiere recompensar sin soluciones con una cátedra en Salamanca y con el elogio fúnebre de nuestra cultura. Y, sin embargo, la admiración y la piedad no nos interesan. Ugalde (1980: 63).

La necesidad de asumir la identidad colectiva vasca en toda su complejidad es también el eje central de un artículo que Ugalde publica en *Deia* (14-XII-1977) cuyo título es ciertamente revelador del propósito del periodista. Bajo el epígrafe "Tenemos que asumir Euzkadi en toda su complejidad" el escritor vuelve a insistir en "la simplificación a la que tiende toda propaganda política" y asume como error propio el reduccionismo al que "la nueva mística nacionalista" (2003: 150) ha sometido a la idea de "nación vasca". El autor argumenta que "se ha estereotipado, se ha deformado, la imagen del País Vasco de una manera no conscientemente excluyente, pero si provocadora de efectos iguales" y exhorta a "los abertzales de hoy" a rectificar y a asumir la complejidad lingüística y cultural del país.

> Se ha estereotipado y popularizado una imagen deformada de lo que es el pueblo vasco. Entre los que más han hecho y más siguen haciendo para estereotipar y popularizar esta imagen deformada son en su mayoría los mismos que dicen tener más interés en lograr la unidad política del País Vasco. Para éste, "vasco" es el que habla la lengua y se identifica con la imagen del caserío de la montaña, la sidra, el chacolí, cuando lo cierto es que las zonas y las gentes del romance y del vino y de otros modos de vida y creencias también son vascos influidos por la romanización y la civilización mediterránea. (…) Desde luego que aquí no hay vascos de segunda. (…) Confesar ahora este desacierto, a esta distancia en el tiempo histórico y crítico, no debe rebajar a nadie. Error sería, y error político muy grave, perseverar en él. Ugalde (*Deia* 14-12-1977/ 2003: 151).

En una carta enviada al ya a la sazón miembro de E.T.A José Luis Álvarez Enparantza, Txillardegi[170], el 9 de septiembre de 1965, Ugalde afirma que esta suerte de contra-periodismo característica de los artículos englobados en el primer grupo" es el mejor camino para dar a conocer la naturaleza de los vascos; puesto que no les mostramos a los demás nuestro deseo de país en su propio idioma"[171.]:

> Erri bezela demokrazian biziko bagera, danok, Euskal Erri osoak, alkarrekin bizi bear degu; ez degu berdin pentsatuko, baiña erri bezela alkarrekin bizi bearko degu. Nere ustez, ez degu alkar ezagutzen, ez baidiogu alkarri entzuten. Bakoitzak gure izparringi eta jakin bideak irakurtzen ditugu, aurkakoak ez. Beste orriak, ala ere bizi dira, bere estruktura egiña baitago, bizkar ezurra bezela. Gurea, berriz, egiteko oraindik, eta nolabait erri-erria egiten

asi bear degu. Ez erririk ez dagoalako, baizik erria sentitzen ez geralako. Gure erria, besteak bezela, batzuen esku dago: opinioa egiten dutenen esku. Oien billa joan bearrean gera, oiek guri entzun bear digute; entzuten ez badigute, ez dute gure berri jakingo, eta gure berri ez badute (egitan gure berri!) ez dute gure berririk emango. Oiek gu entzuteko, guk berei entzun bear diegu, eta berek ori jakin bear dute Alkar-izketa zailla da, gitazkoa beintzat. Guk erria alkar-izketan jarri bear degu, prejuizioen gañean, alderdi-iritxien gañean, erria baigera. Aldizkari ori ez du alderdi batek egin bear, eta zabala bear du. Ez da au bakarra egin bear. Alderdi bakoitzak bere aldizkariak erabilliko ditu. Gauza batek ez dio besteari eragozpenik jarriko. Baiña onetzaz gañera beste lan orri garrantzi aundikoa derizkiot; abertzale ez diranak guri entzun bear digutelako!

Por esta misma razón pedagógica y divulgativa escribió Ugalde la mayor parte los artículos que son objeto de estudio en español, tal como confiesa a Txillardegi en otra carta remitida desde Evanston el 14 de junio de 1961[172].

Bai, erderaz egin det nik orain arte geiena. Eta nere ustez, euskotarren izatea azaltzeko biderik onena izandu da. Venezolarrek badakite ni euskotarra eta ez españarra naizela. Eta an bizi naizen ezkero, bertako jende eta lurrarenganako maitetasuna eta eskerra azaldu dedala; ez nere izen berekian, euskotar baten izenean baizik. Euskera utsean egin izan banu, nere ustez, artifizio lan itxusia urtengo zitzaidan eta ez nuan gure erriaren gogoa venezolarrei azalduko. Au da nere asmoa. Eta nere ustez gure erriko gogoa gañerakoei ez diegu bere itzetan bear aiña erakusten. Beintzat oiek dira nere asmoak.

Es en estos artículos, escritos, tal como viene defendiéndose, con la intención, —no de negociar, sino bien al contrario— de afirmar y defender la identidad vasca, donde encontramos al Ugalde más beligerante, directo, riguroso; el Ugalde más político (1976c). Y esto se justifica, porque, según el escritor, sólo una "postura activa" en contra de la alienación de sus conciudadanos y "la lucha estratégica" contra las definiciones impuestas desvelará que "este camino de razonar con malicia o sin ella partiendo de argumento científico no conduce sino a la violencia de condenarnos a muerte (1980: 62).

Como no podía ser de otra forma, el carácter defensivo de los artículos de Ugalde se sustenta —además de en profundas creencias de índole ético— en sus irreductibles convicciones democráticas que incluyen la defensa firme de la libertad de información y la lucha pertinaz contra la censura[173], circunstancia a la que el propio Ugalde (1976b/2003) define como "la hoguera de la inquisición en los rescoldos protegidos cuidadosamente por santos que apenas dejan ver el humo, pero que queman y matan la sustancia de la vida que es la voz del hombre en libertad"[174].

Según afirma el autor en ese mismo artículo:

El problema reside en el hecho de quién les pone la medida y el acento a las palabras: 'escabroso', 'bueno', 'malo', 'moral', inmoral', 'amoral', 'político', 'antipatriótico', subversivo, y cuándo ponérselos y dónde. ("La censura y Euskadi" 1976).

En esta línea cabe destacar otro artículo publicado en la revista *Alderdi* (X-1966) titulado "La libertad de información" en el que Ugalde subraya la importancia que los medios de comunicación libres tienen en la estructuración de un sistema democrático:

La democracia descansa no sólo en el pueblo, al que se puede engañar, al que se puede encajonar en una dirección calculada, sino, y sobre todo, en la opinión pública, o sea, en un pueblo libremente informado sobre todo lo que le afecta, y que hace uso de su derecho de discutir sus problemas con entera libertad.

No parece descabellado afirmar que Ugalde, trata de predicar con el ejemplo en lo que se refiere a aplicar lo que él considera una necesidad democrática esencial. Así lo demuestran su talante incansablemente dialogante y el carácter moral de su discurso. El periodista *(Alderdi* X-1966) considera que: "el periodismo tiene su propia ética, y la tienen los periodistas y cualquier persona que sin serlo firme una opinión o de una información por su cuenta; no necesitan de una censura adicional, que también es falible; basta que estén sujetos al cumplimiento de las leyes ordinarias. La sanción misma del público al que sirven es también un estímulo o un castigo adicional. (...) La función de la información veraz, completa, es fundamental para la vida del hombre y para la sociedad que descanse sobre una base moral seria"

> Si queremos sentar la vida del pueblo vasco sobre bases democráticas solidas, tenemos que respetar, a pesar de los riesgos, la libertad de información y de opinión sin más limitaciones que las del código civil, que ya son suficientes si se aplican con justicia. Sólo así seremos capaces de mantener viva una opinión que oriente la vida pública". Ugalde (*Alderdi* X-1966).

En definitiva, los artículos aludidos insisten en el código de absoluta libertad que debe guiar toda actividad en un marco democrático; y esta ideología central en el discurso del periodista entronca a su vez, incuestionablemente, con la ya referida —y desarrollada en profundidad en el capítulo anterior— axiomática concepción del carácter subjetivo de la percepción de la realidad propia del pensamiento personalista.

> Nadie tiene el monopolio de la verdad, si la verdad absoluta existe. Y nadie debe tener el monopolio de difundirla porque el monopolista puede estar tentado de quedar con algo de ella, a veces vital, y se le pueden despertar los deseos de hacer sus propias mezclas. (...) Si el que tiene el monopolio de la información lo pone maliciosamente al servicio de un fin político a ultranza resulta claramente criminal. Ugalde (*Alderdi* X-1966).

Tal como defiende Castells (2001) la identidad social se basa en una norma de pertenencia que cala sólo si los actores sociales de un determinado colectivo las interiorizan y se identifican con las mismas.

Ugalde se muestra afinadamente consciente de esta necesidad de reproducir y transmitir el marco de referencia grupal y el legado cultural y simbólico del colectivo (Gurruchaga 1985: 188) y, en un segundo grupo de textos —también con idéntico designio estratégico—, el periodista desgrana, ordena y sistematiza los elementos centrales que conforman la identidad del colectivo a través de toda una serie de artículos que publica en los órganos oficiales de su partido o revistas de líneas editoriales nacionalistas. Otras obras como *Síntesis de la historia del país* vasco, *Hablando con los vascos*, o, incluso, sus obras literarias *Tres relatos* vascos, *Las brujas de* Sorjín, *Umeentzako kontuak*, o su única obra de teatro publicada *Ama gaxo dago* cumplen equivalente designio.

> Este es el camino. Para mí sirven desde el (género) periodístico, hasta el ensayo, la historia o la literatura, para comunicarme por escrito, sobre todo, en algunos casos con intención más política, en otros más cultural. Es toda una línea elemental de mi escritura. Ugalde (citado por Ariznabarreta y Beti 2002a: 48).

Estos textos comparten, todos, un acentuadísimo propósito práctico y fueron escritos, no hacia la consecución de una utopía inalcanzable, sino en relación más directa y estrecha con su entorno cultural cercano. En los citados textos, la evaluabilidad discursiva disminuye y el recurso a las formas apelativas, la ironía o las marcas enfáticas dejan lugar a estrategias discursivas menos vehementes[175]. Así, el material contenido en todos ellos pretende ser una suerte de argumentario práctico para los miembros del colectivo nacionalista, contribuyendo, tanto, a armar las razones ideológicas de los miembros del grupo, como a evitar la demagogización de su lucha.

El escritor se vale ahora de un cierto *esencialismo resistente*[176] tratando de evitar la dispersión ideológica y buscando la operatividad estratégica del colectivo. Según afirma el propio Ugalde (*Gudari* 1963)[177], "los elementos de mover la opinión tienen que ser más de cultura vasca (lengua, genio-político-económico, instituciones civiles, universidad, en función de cultura europea y universal), porque el hombre tiende a realizarse a través de estas instituciones y estos elementos de cultura y este plano de actividades y de trabajo tiene en nuestra situación unas posibilidades de acción y una proyección política de mayores alcances".

La apelación a la identidad colectiva en Ugalde se construye sobre "estos elementos vitales que necesitamos ir incorporando a nuestro programa para combatir la apatía de nuestro pueblo" y los artículos resultan una suerte de mecanismo de autodefensa que busca transformar el grupo en sujeto colectivo de transformación social. La necesidad de un marco de referencia por medio del cual se pudieran guiar simbólicamente las iniciativas sociales de la resistencia vasca fue una constante en la obra de Ugalde. En la revista *Alderdi*, en el año 1955, por ejemplo, citó lo siguiente:

> Para despertar el interés sobre este punto de la deseducación de la juventud vasca ¿no hay un enorme vacío que llenar en el terreno de dar armas ideológicas, las razones históricas, el fuego ideal de futuro a nuestras juventudes? Ya no bastan las razones de apego social, que a veces es de alcances parroquiales, el tradicionalismo estático, el cariño a unas tradiciones folclóricas, para mantener en la juventud de hoy ese fuego ideal que mueve a la acción en las dimensiones que necesita nuestro esfuerzo nacional. Ugalde (*Alderdi* VIII-1955).

En este sentido Ugalde percibe con claridad la necesidad de "mover nuestra propia voluntad de acción a la búsqueda de las herramientas que prepare para llevarla a cabo", y cabe afirmar que la obra del escritor que se vertebra en torno a asuntos vascos fue pensada con una *intención representativa*; buscando enunciar la diferencia cultural, problematizar, tal como se ha defendido, la visión unívoca del franquismo y "articular un marco grupal de referencia que guiara simbólicamente las acciones sociales de la resistencia abertzale silenciada" en nombre del colectivo (Gurruchaga 1985: 188).

La aludida intención representativa, —y el *esencialismo estratégico* sobre el que se funda—, se sostiene sobre un mecanismo de autodefensa sólo revisable en aquel *espacio-conflicto* y trata de subrayar la cohesión y la solidaridad entre los miembros del exilio vasco que se identifican con dicha comunidad. El esencialismo estratégico marca así la necesidad de aceptar temporalmente una posición "esencialista" que permita una mayor eficacia en la acción. Resultan especialmente significativas las palabras de Ugalde a Txillardegi (24-XI-1966) recogidas en una carta del periodista a ese respecto:

> Nik ez det esaten politikarik egin bear ez danik; neroni partiduko mutilla naiz, eta politika bideak onartzen ditut, noski. Ez det esaten izkuntz lana bakarrik egin bear degunik ere; ez orixe. Baiña gaurko egunean izkuntza eta kultura lana egin genezaken politika onena dala iruditzen zait. Zergaitik: ba bide errez onen bidez erri-denominadore komun bat egiten ari geralako, eta euskera eta baita folklorea ere egiten ari dana konprometitzen ari geralako, gure ontzian sartzen ari geralako; politika bidez jende asko bildurtu edo uxatu beintzat egingo genduke, beste bide errezago onetatik ez; gañera, Franco'ren aurka dauden geienek euskera eta euskal kulturaren organizazioa ikasten badute aurretik, jeneralaren aurka jokatzearengaitik gurea ikusiko dute bide onen eta zentzuzkoena; onetzaz gañera politika bideak iriki al degunari iriki al badizkiogu, egin bear aundia dago or ere, eta bearrekoa, nere Unamuno'ren liburuan ikusiko dezu nere asmoa obeto; baiña gaurko

egunean, bi taktiketatik bat aukeratu bear banu, kultura lana egingo nuke, politika onena eta errezena eta ugaritsuena. Ugalde (Citado por Torrealdai 1999: 156).

En definitiva estas últimas evidencias textuales, la mayor parte de ellas escritas en euskara, están dirigidas hacia *el interior*, pensados para un país que, según el autor, se encontraba en un *aletargamiento cultural* provocado "por el aislamiento informativo y cultural en que la dictadura tiene sometido a nuestro pueblo, y simultáneamente el bombardeo constante de propaganda política que ha venido siendo sometido durante casi un cuarto de siglo" (2003: 83) Los artículos, en fin, persiguen la intención de *articular un reglamento para una nueva cultura*.

Ugalde escribió la mayoría de estos artículos en euskara, y, tal como se ha referido en un capítulo anterior, utilizó el sobrenombre "Erritar" para firmar muchos de estos textos[178]. El periodista se sustenta ahora en una profunda y radical perspectiva cultural, y dichos artículos nos devuelven un Ugalde diferente al que se percibe en el primer bloque de artículos aludidos: el discurso es ahora cercano, divulgativo, pedagógico, constructivo, y las estrategias discursivas empleadas difieren de las mencionadas para el primer grupo.

Partiendo de que en la lista de particularidades idiosincrásicas de la identidad vasca el euskara es indiscutiblemente uno de los principales ejes, Ugalde desgrana uno a uno los pasos que se deberían dar para la pervivencia del idioma; y subraya las bondades de un sistema educativo propio acusando la lesión que supone negación de la existencia de una universidad vasca por parte del poder central[179].

En cualquier país moderno de nuestros días la Universidad está cumpliendo desde hace años una elemental función de desarrollo y de producción. En el complejo científico, técnico y cultural de hoy, el índice universitario equivale al de las escuelas de primera y segunda enseñanza de hace unos años. (...) La universidad ha pasado a convertirse en una herramienta de producción, porqué así es de vital contar hoy con los técnicos, con los administradores y con los intelectuales que conforman y dirigen la vida espiritual, científica, técnica y económica de un país moderno. (*Tierra Vasca* IV-1962).

Ugalde también aboga por el desarrollo comprometido de una literatura popular, defiende la necesidad urgente de que exista una prensa escrita exclusivamente en euskara, y destaca la urgencia de un trabajo igualador de la divulgación cultural[180]. A diferencia del tono político recogido en el primer grupo, en este segundo grupo se evidencian rastros de un *abertzalismo cultural*, en las cuales Ugalde, expresamente, se postula a favor de dar prioridad a la cultura antes que a la política[181].

A partir de su regreso del exilio venezolano, Ugalde inicia una frenética labor articulista en distintos periódicos adecuando los temas a sus perfiles ideológicos en torno a sus concepciones sobre el pueblo vasco. Se observa que los asuntos que le preocupan en sus artículos escritos en euskara son de una gran inmediatez. No en vano reconoce que:

> Es muy posible aunque no lo puedo demostrar, que si mi país de origen hubiera sido políticamente y culturalmente próspero, de no sentir la llamada de un país disminuido en lo político y en lo cultural, especialmente su lengua, no hubiera decidido volver. Ugalde (Citado por Ariznabarreta y Beti 2002a: 33).

La inmediatez de los temas tratados responde, por tanto, a la responsabilidad del periodista Ugalde que a su vuelta se encuentra con que el país es un páramo de libertad necesitado de profesionales que desarrollen su labor en euskara. "Yo, al volver, no quería vivir del pasado, sino para preparar el futuro"[182], afirma el escritor en lo que se antoja un verdadero decálogo de intenciones. En efecto, Ugalde se propone intervenir en esa nueva

Euskadi que se está fraguando y que le es, en parte, desconocida[183]. A su regreso se vuelve a repetir el esfuerzo del Ugalde recién llegado a América. Ahora se trata de reencontrarse con su país de origen y de tomar el pulso al nuevo tejido humano que lo habita.

Evidentemente, este proceso es más ideológico que el que se da a su llegada a Venezuela, pero es, en fin, un trabajo arduo que da cuenta, una vez más, del compromiso del autor andoaindarra. Este reencuentro deja sus frutos en varios diarios publicados en Euskadi. En *Deia,* en artículos como "Euskara hutsezko egunkari baten amets zaila"[184] se hace eco de la necesidad de un periódico escrito íntegramente en euskara, aspiración largamente perseguida por los vascoparlantes y que se tornará realidad con la aparición de *Egunkaria* en 1990. La importancia que la creación de una Universidad íntegramente vasca tendría para la cultura del país se recoge en "Euskal Herriko lehen unibertsitatea"[185], "Españarrak uko Gipuzkoari unibertsitatea"[186] y "La universidad vasca"[187]. La necesidad de un sindicalismo vasco se trata en el artículo "Sindikatuak Euskalerrian"[188]. Todas fueron aspiraciones largamente reclamadas por él que también fueron concretadas años después. En los periódicos *El Mundo* y *Diario Vasco* reivindica el derecho del euskara, lengua largamente perseguida, a acceder a la normalización ("Euskara eta Askatasuna"[189], "Euskal mundua zai"[190], "Euskara auzitan"[191]).

La indagación en la identidad colectiva vasca lleva al periodista a hacer incursiones en el género biográfico. Las obras dedicadas al marino Lezo Urreztieta, al pintor irundarra Eloy Erentxun o al político estellés Manuel de Irujo, lejos de ser meros panegíricos, buscan mostrarnos la ejemplaridad de unas vidas que funcionarían en palabras del propio escritor como "una lección que hace comprender la seriedad y la disciplina con que actuaron los hombres de nuestro pueblo ante las circunstancias tremendas de la guerra y luego las dificultades del exilio digno"[192].

El libro de entrevistas *Hablando con los vascos*, publicada en 1974, fue otra de las obras —quizá la que más huella ha dejado y que más popularidad le proporcionó al autor— fruto de la honda preocupación de Ugalde en torno a la identidad vasca y los elementos idiosincrásicos que la constituyen.

Con esta misma intención y con la creencia firme de que la entrevista servía de instrumento para racionalizar situaciones y dar a conocer distintos puntos de vista, a la vuelta del exilio realiza entrevistas[193] para arrojar luz en el tema de la unificación del euskara y de la tan discutida cuestión de la "h". Se atrevió a solicitar la opinión sobre el tema a personas con distintas posiciones al respecto como Manuel Lekuona, Dámaso Intza, Lino Akesolo, por un lado, y a José María Satrústegi, Koldo Mitxelena, Juan San Martín, Xabier Kintana y Pierre Lafitte por otro. Este intento conciliador le conllevó críticas desde diferentes sectores, pero, de acuerdo con su sentido de la responsabilidad, consideró la pertinencia de dar voz una vez más a todos. Otras entrevistas importantes que realizó son las dedicadas a Eduardo Chillida, Jokin Zaitegi y Justo Gárate.

La identidad comunitaria, y los elementos culturales y simbólicos que la constituyen, deben transmitirse, según Ugalde, a través de mecanismos eficaces que contribuyan al andamiaje de la identidad colectiva. La solidaridad con la causa colectiva, la lealtad a las ideas nacionalistas y la consecución de objetivos que permitieran al colectivo ganar el derecho a la práctica cotidiana de su identidad empujaron a Ugalde a desdibujar las lindes de lo que el autor consideraba central y periférico en la construcción de la identidad grupal y elementos identitarios centrales para la primera ortodoxia nacionalista —tales como el catolicismo[194]— adquieren un lugar secundario en pos de la consecución estratégica de la libertad común.

Las evidencias discursivas analizadas en este segundo grupo de textos permiten entrever, en fin, que los elementos que a juicio de Ugalde son constitutivos de la identidad comunitaria vasca deben entenderse desde la responsabilidad de Martin Ugalde con su comunidad de origen, entroncándose en una identidad performativa de evidente designio reformista alejado de visiones parciales o ideologías maximalistas. Ugalde busca alimentar la complejidad de la realidad frente a visiones monolíticas o maniqueas.

Aunque, al hilo de lo citado hasta el momento, no se pueda afirmar que los artículos de opinión de temática vasca fueran escritos totalmente desde la periferia —forzosamente hemos de tomar en consideración muchas de las contradicciones, entre otras para con el discurso oficial del PNV—, queda atestiguado que el escritor vasco no escribió una sola línea en nombre propio, si no bien al contrario los redactó guiado por el hecho de saberse un "ciudadano culturalmente impedido", guiado, en suma, por el deseo de cumplir el papel de representación que le estimuló la responsabilidad para con el colectivo del que se sabía parte y cuya libertad democrática completa anhelaba.

Cuando Miguel Castells (1998) apunta a la distinción de identidades de resistencia y proyecto otorga a las primeras un carácter 'históricamente' ineludible para aquellas comunidades que perciben la suya como una "identidad agredida". La identidad de resistencia enfatiza la situación grupal y subraya la cohesión y la solidaridad de los miembros que se identifican con dicha comunidad. Se trata de un mecanismo de autodefensa que el propio Castells (1998: 31) denomina "la exclusión de los exclusores por los excluidos". Por el contrario la identidad de proyecto se vincula a la construcción de un futuro que se basa, según el sociólogo sobre una identidad colectiva reconocida tanto endógena como exógenamente y vivida de manera no conflictiva. Así la identidad de proyecto se basa en planteamientos de transformación y cambio social sobre los pilares de una realidad identitaria vivida de forma no defensiva y acentuando el carácter performativo, no esencialista, del constructo identitario. Según Castells, si bien las identidades defensivas, son previas a las identidades de carácter transformador o performativo, "en una perspectiva histórica, y en el mundo en general, la clave de un desarrollo fecundo de las identidades colectivas es su transformación de la resistencia al proyecto, de la defensa de la memoria colectiva a la construcción común del futuro" (Castells 18 -II-2003).

En efecto, lejos del carácter rebelde y defensivo que muestra la gran parte obra de temática vasca del escritor, la obra venezolana de Martin Ugalde epitoma una construcción identitaria sujeta, como tratará de justificarse, en la necesidad de adaptación del escritor a las nuevas realidades sociales y políticas de su país de adopción.

De la confluencia de las identidades de resistencia —aplicables a la construcción identitaria colectiva del autor— e incorporadas, a su vez, a un andamiaje de identidad subjetiva provocado por la necesidad irrefutable de todo individuo de construirse un futuro, surgirá una nueva realidad identitaria que terminará por reflejar la síntesis de la identidad de Ugalde de forma integral[195]. Porque, tal como subraya Asselin (1998:63):

> According to long established anthropological discoveries about cultural contacts, borrowed features of 'donor' culture are often reinterpreted by those who receive them according to the models and value systems of their own culture. In turn these have been gradually, yet profoundly, modified through this contact. In this situation, it is not 'sameness' which has spread everywhere, when only yesterday there was a 'difference', but rather a 'mixing of cultures', which operate and give rise to new realities. These, because they are syncretic, are original in themselves.

Ugalde parece compartir una idea extendidísima entre los exiliados vascos tras la guerra del treintaiséis que el arquitecto exiliado en Venezuela Lander Quintana Uranga (2004: 518) expresa de la siguiente manera: "éramos conscientes de que para ser un buen vasco era necesario ser un buen venezolano". La clave interpretativa radica en entender qué claves concebía Ugalde como constituyentes de una identidad adaptativa, y en qué medida esta constitución identitaria es divergente en el caso de su vasquidad o su identidad venezolana.

La escritura —además de "una manera de luchar contra lo sentimental" (2000: 33)— tiene en el joven Ugalde un valor catártico, una manera de "dar salida a su mundo interior que seguía siendo un departamento estanco" (2000: 36). Así lo evidencian estas palabras recogidas en el prólogo de su obra *Mientas tanto fue creciendo la ciudad.*

> No podía abarcar todos los campos. (…) La soledad es un castigo benigno para el escritor que ya ha comenzado a creer en lo que está haciendo, porque esta soledad, que es dura, la vive al mismo tiempo que las pequeñas alegrías de haber conseguido un frase rotunda, un final que buscaba hace muchas semanas; lo que uno va consiguiendo decir…; cosas que no se pueden comunicar sino de esta manera, a través de la escritura. Ugalde (2000: 36).

El autor se expresaba de forma idéntica en el artículo "Elebiduna den idazle baten esperientzia", con el que contribuyo en 1989 a la revista poublicada por la Universidad de Deusto:

> Behaketa berriaren ondoreak *La Semilla Vieja* liburua izan zen. Bertan etorkinak izan ziren protagonistak, eta tituluak berak adierazten du asmo nagusia: adintsuak ziren etorkinen drama. "Ez da euskaldunik agertzen etorkinen mundu literario honetan. Tellagorri batek, esate baterako, euskaldunak izan zituen protagonistak; nire joera bestelakoa izan zen, behar bada neuk hartutako bidea protestakoa eta denuntziakoa izan zenez gero, gordinegia iruditzen zitzaidan nire pertsonaien tristurak eta ezbeharrak euskaldunei eranstea. Herria osorik ulertzea izan zen nahi ezkutua; (…) osotasun behar-nahi honek expresio bide bera baldintzatu zuen baina Venezuelari entregatua

nengoela ez nintzen nire jaioterriaz eta honen problemas ahaztu. Ugalde (1989: 15-16).

De forma pareja, las nuevas filiaciones identitarias nacen en el Ugalde joven de la empatía hacia el hombre sufriente, del "afán de justicia y trascendencia"[196].

Tal como afirma Beti (2000: 498) "el exilio le supuso a Martin Ugalde un poder de comprensión de lo específicamente humano" y le permite practicar una revisión explícita de los valores cristianos que lo han sostenido hasta ese momento y han constituido su primer andamiaje identitario de juventud. Así se lo admitía Ugalde a Torrealdai (1998: 277):

> Sí, me interesó el país y sus gentes, trabajé para comprenderlos, por compartir sus problemas. Con la experiencia exterior, uno redescubre lo que es común al ser humano, al hombre, aunque ahora con otro acento de voz, a veces con otro color de piel, que valora las cosas de manera diferente que tú por la cultura, pero que comparte enteramente contigo los valores esenciales, como son el sentido de la amistad, de la solidaridad, de la generosidad, del afecto, del respeto a lo diverso que eres también tú para ellos. Es un desafío, sobre todo, para el que llega, porque es él el que tiene que integrarse al medio y no al revés. Descubrí pronto que el camino era el mismo en todas partes: la cortesía, la franqueza, la buena fe y el espíritu de solidaridad y de trabajo y de entrega al país que te ha recibido.

Venezuela le ofrece, tal como el propio Ugalde conviene, "la posibilidad de aprender la lengua internacional de la fraternidad humana" (Ugalde 1992: 11); y, muy pronto, "tras un aprendizaje duro" como vendedor ambulante de ferretería y pólizas de seguros" (1992: 23) el joven *jojotico* de acento *musiú* hace realidad sus aspiraciones de conseguir un trabajo de periodista en *Élite*, dando paso a un proceso de adaptación exegética, cimentada, a su vez, en una investigación identitaria radial en el que —tal como se ha defendido en un capítulo anterior— el viaje como metáfora permite establecer paralelismos obvios. El paso previo a la explicitación de las nuevas lealtades identitarias pasan en Ugalde por un proceso de *investigación*, término que él mismo utilizo en numerosas ocasiones.

> En el espíritu con que inicié esta serie que se recoge en el libro (…) no existía de modo explícito la idea de comprender a Venezuela en su conjunto, territorio, hombre diverso en su propia lengua, sin olvidar al indio muy minoritario y sus lenguas vernáculas; era más modesta, se trataba de ir viendo y comprendiendo aquellos lugares por los que acerté a pasar alguna vez. (…) Planifiqué con mi compañero del Centro Vasco, Luís Las Heras, un viaje de trabajo para recorrer los Andes, eso sí, parándome en los trapiches, conversando con los hombres de ruana en los caminos solitarios. Y fue así, como se completa un puzle, como fui coronando lo que había en el subconsciente durante varios años de andaduras, como me fue creciendo dentro la idea de unirlos y completarlos, hasta que al final fui a buscar por instinto algunas piezas sueltas que en realidad no conocía". (1992: 41)

También en Venezuela, la construcción de la identidad subjetiva del escritor sigue fundamentándose en los nuevos compromisos adquiridos fruto de descubrir y compartir historias y visiones con otros. Porque, lejos de ser presa de un cinismo presuntuoso y egocéntrico los años que Ugalde vive en Venezuela ejerce la obligación moral que lo sitúan en una coyuntura donde las decisiones adoptadas tienden a adquirir entre carácter consciente, reflexivo y se explicitan por lo extraordinariamente problemático del punto de partida.

> En aquella época escribí siete u ocho libros de relatos. Uno de ellos, *Cuando los peces mueren de sed*, se ha convertido en un libro de texto de la Escuela de Periodismo de Caracas.

Fundamentalmente puede decirse que la clave de mis relatos venezolanos está en que creo supe captar con mi desarraigo el carácter, también desarraigado, del pueblo venezolano, al que el desarrollo americano mató su cultura e idiosincrasia. Toda esta obra es como un autorretrato. Sin querer escribí mi historia dentro de la historia del pueblo venezolano, del que supe captar cosas que ellos mismos por tener tan cerca la evidencia, no supieron captar». Ugalde (Citado por Angulo en *El País* 28-I-1977).

El periodista, empeñado en conocer Venezuela de *manera total* —"bere osotasunean"[197]— comienza primero a escribir unos relatos basados en sus primeras apreciaciones e intuiciones sobre la sociedad que lo acoge; y continúa, después, por sumergirse de lleno en la *observación taquigráfica* del reportero que viaja por todo el país con "la ventaja que le dan al escritor unos ojos nuevos, que permiten recoger datos que jamás han sido observados por los nativos del país".

> Bertakoak inoiz errepara ez zituzten obserbazioak jasotzen ditut hemen. Begi berriek duten abantaila. Ugalde (1989: 16).

El primer ciclo cuentístico del autor (1957) es el resultado del impacto que la llegada a Venezuela supuso para Ugalde y nueve de los quince relatos que contiene el volumen giran en torno al emigrante y su problemática. Para Ugalde se trata de ahondar en los comportamientos adaptativos de de aquellos hombres y mujeres obligados a abandonar su país de origen y establecerse en otro capaz de ofrecerles un futuro, si bien resultado de miserias y dificultades. Así se referían dos críticos del diario venezolano *El Nacional* a la asombrosa capacidad adaptativa del entonces joven escritor tras su primera incursión en el mundo literario:

> Martín de Ugalde no nació en Venezuela. Es vasco y creo que vino a nuestro país hecho ya un hombre, con su profesión y su estilo formados. Es periodista y cuentista. A

través de sus cuentos se le palpa el carácter, se le ve la imaginación y se le descubre la sensibilidad para el hecho humano. Mientras algunos de nuestros escritores de ficción se escapan de la realidad nacional para ir a mendigar sus motivos, sus influencias y hasta su técnica en ambientes y escritores extraños, hombres como Ugalde vienen a Venezuela ávidos de servirle con su penetrante pasión de artistas y con su sobria destreza de narradores. He aquí una lección que debiéramos aprender y que en cierto modo debiera ruborizarnos. Sambrano Urdanet (*El Nacional* 1957. Citado por Torrealdai, 1998: 314).

Estos macizos cuentos de Martín de Ugalde son cinco ángulos filosos, fuertes, pero al mismo tiempo tienen en el contraste natural, la clemencia que se desprende de la misma amargura. La narración es armoniosa porque está de acuerdo con los tipos humanos, con el destino de éstos y asimismo con el lenguaje y los términos de comparación. (…) Estas condiciones en un escritor son muy valiosas y sus posibilidades para nuevas creaciones no son un problema sino una evidente realidad. "La Semilla Vieja" pasará al acervo nacional con su propio valor y su propio sabor amargo y con sus luces mortecinas y con los martillazos secos de la realidad. Yepes (*El Nacional* 1957. Citado por Torrealdai 1998: 314).

Por otro lado, la exploración periodística, casi fotográfica, en la intrahistoria criolla y de la inmigración de la Venezuela de la época fue un intento 'audaz' que dará como resultado una descripción detallada de situaciones de injusticia y miseria de las personas que conformaban el paisanaje de la Venezuela de la época "repleta de incipientes poblados de barracones o casas viejas" (Derteano 2000: 70); atestadas, a su vez, de la injusticia y la miseria en la que malvivían las personas que conformaban el paisanaje de la Venezuela de la época. Así los reportajes de Ugalde contribuyen, junto con su obra literaria, a dar testimonio vivo de situaciones de desigualdad y a expresar mediante el recurso al lirismo y la prosa poética (Ascunce 1998) un elevado grado de empatía por el dolor del ser humano sufriente.

El valor de su obra venezolana, en fin, entronca con una tradición latinoamericana de escritores que describen al margen de la historiografía tradicional la vida íntima de estos países. Los reportajes y cuentos venezolanos de Ugalde tienen valor de "testimonio vivo por la calidad de referencia periodística que aportan" (Ugalde 1992: 118).

En definitiva, el cuento y la novela son una fuente testimonial relevante para la reconstrucción del pasado; como dijo el escritor Joaquín Edwards Bello: "hacen falta muchos novelistas que nos digan algo de la vida íntima, o de la sub-historia. Necesitamos saber qué se comía, cómo se amaba, cómo se vestían las señoras, cómo calzaba la gente (...). Es preciso conocer no solamente la copa del árbol, sino también las raíces". Vitale (1998: 52)

La realidad social de la Venezuela en la que desembarca Ugalde en 1947 es dual y contradictoria. Así se referirá el autor (1992: 27) a la fragilidad "espíritu de libertad política recién estrenada" que descubre a su llegada a Venezuela:

(El espíritu de libertad) se quebró, porque la aprobación de la nueva Constitución y la elección de don Rómulo Gallegos (1947), independiente en una candidatura presentada por Acción Democrática para Presidente de la República, duró poco más de un año; en noviembre del año siguiente fue derrocado por los militares que no pudieron doblar el espinazo moral y democrático del Maestro Gallegos; el golpe fue dado por su propio Ministro de Defensa, Carlos Delgado Chalbaud, y dos compañeros de armas: Marcos Pérez Jiménez y L.F. Llovera Páez, recién ascendidos a Tenientes Coroneles. Hasta que unos meses más tarde, en 1950, fue asesinado aquel a quien se consideraba como más democrático, Delgado Chalbaud. Ugalde (1992: 27).

Durante la década de los cincuenta la actividad minera y petrolera, factor determinante en la prosperidad económica de la burguesía del país[198], auspició de la mano del presidente Gallegos de Acción Democrática una abundancia de medidas de tipo educacional, económico, asistencial y laboral. Ugalde, como muchos exiliados vascos, celebra la llegada al poder de Gallegos; pero, como el mismo escritor recuerda "la fiesta terminó enseguida y volvimos a la militarada; aunque en lo cultural no era el franquismo" (1992: 25). Sin embargo, el periodista reconocía años después que: "Este acontecimiento que marcó dolorosamente la historia de Venezuela también afectó mi quehacer periodístico".

Por tanto, ni las medidas del gobierno de Rómulo Gallegos —por breves— ni la ejecución de un amplio programa de obras públicas que resultaron de las dictaduras del Gabinete Ministerial, primero, la Junta Militar de Gobierno, después, y la autocracia Pérez Jimenista, finalmente, contribuyeron a la estabilización de beneficios sociales para la ingente capa de venezolanos que conformaban la mano de obra necesaria para que cristalizara el milagro económico del país caribeño. Así lo recoge el propio Ugalde de forma lírica en sus reportajes *Cuando los peces mueren de sed* (1963/1992):

> Esta es una de las terribles consecuencias de los despilfarros de la dictadura. En lugar de cimentar y enraizar el país, le construyó en el aire los torpes desafíos de los teleféricos y las torres gigantescas y las autopistas ciudadanas. Entretanto, en el inmenso cuerpo abandonado del pueblo, la sustancia de la vida, las reservas de tierra y de hombre, se están muriendo arrastradas por las aguas, el viento, el hambre, el frío y la miseria. Ugalde (1992: 135).

En su magnífica obra *Venezuela* (1961: 17) el profesor Edwin Lieuwen se refiere a la evidente contradicción social del país

[189]

en los primeros años de la década de los cincuenta en los siguientes términos.

> The rise of an industrial working class, the spread of popular education, and a growing middle class are all factors tending to obscure the lines between the classes of Venezuelan society. Meanwhile a majority of the nation's population remains ill-fed, ill-clad, poorly housed, illiterate, and disease-weakened. Most rural families live in primitive huts without illumination, privacy, or decent sanitary facilities. With antiquated tools, they eke out a meager existence from the soil. Many city dwellers live in similar conditions, although slum clearance and improved sanitation are gradually restoring the most unsightly sections of Caracas and other major cities.

Como se desprende de la cita de Lieuwen, desde el punto de vista social los resultados obtenidos por un aumento de la demanda mundial del hidrocarburos después de finalizada la Segunda Guerra Mundial, no fueron halagadores para grandes masas de la población venezolana; y esto, sobre todo, debido al "crecimiento macrocefálico de las ciudades" (Vitale, 1998: 47) fruto del incremento de la migración del campo a las ciudades que crecían incesante y monstruosamente. Los problemas que conllevó la urbanización masiva generaron "un nuevo modo de vida" y propició, según Kohut (2003: 117), "el desarraigo producido por el crecimiento hipertrofiado de la ciudad, el vértigo de sus cambiantes arquitecturas" —lo que en palabras del propio autor— "dejó a la colectividad sin puntos de referencia". Según este mismo autor —en estas coordenadas sociales de cambio y profunda desigualdad— el trabajo de muchos escritores venezolanos contemporáneos a Ugalde que como él se muestran empeñados en aportar: "el gesto de una narrativa con el aliento de restablecer una especie de macrorrelato fundacional, es un modo de sobrevivir" (Kohut 2003:117).

Aunque, en su obra venezolana —como tratará de demostrarse— Ugalde esgrimirá recursos —si bien empáticos con el hombre sufriente y sus circunstancias— más tendentes a la construcción de una identidad transformadora, adaptativa o de proyecto; alejándose del carácter defensivo que, tal como se ha señalado, caracteriza su identidad colectiva vasca; una vez más, la obra de Ugalde se asienta como foco de construcción identitaria irrenunciable, en este caso para la identidad colectiva de su país de acogida. Porque tal como admitía un crítico venezolano en la contraportada[199] de *La Semilla Vieja* "se resume en ella, mejor que en uno de esos libros pedantescamente llamados de sociología, los afanes, las aspiraciones, estímulos para la lucha y efímeras ráfagas de desaliento que mueven al inmigrante en Venezuela".

El monstruoso crecimiento de las ciudades venezolanas al auspicio "del milagro del petróleo" —formulado por el periodista como "la estafa de las ciudades" (1963/1992: 134)— se enuncia a menudo en los reportajes y los relatos de Ugalde. El periodista recoge una descripción de la ciudad de Caracas en su reportaje "Así va creciendo la ciudad" (1963/1992: 220) donde se refiere "a la brusca expansión de Caracas" afirmando que "para 1950, desde Catia hasta Santa Rosa y desde Lídice hasta Los Castaños se había convertido casi en un solo bloque de área habitada con casas pegadas unas a otras, con grandes bloques de vivienda continua".

En "Cuando Cabimas era sólo un trozo de tierra" (1963/1992: 167) el periodista se refiere al cambio dramático sufrido por la ciudad —"convertida con sus 70.000 habitantes, en el primer centro petrolero de Sud-América y en uno de los primeros productores petroleros del mundo"— que "sólo diez o doce años atrás era prácticamente un caserío". Ugalde recuenta —a través de los ojos de los pobladores originales de la ciudad— el día en que "comenzó a llegar gente con máquinas y cuando estalló aquel tremendo surtidor de petróleo que comenzó a regresar al suelo como una llovizna viscosa y negra que podía pegarlos a su tierra y enterrarlos como simples moscas. Y la invocación cuando después comenzaron a llegar hombres y mujeres de quién sabe dónde, armando terribles escándalos en los tugurios, ferias permanentes de juego con estallidos de música metálica que perforaba durante las noches todas las paredes de barro" (1963/1992: 168).

Ugalde compara el "auge brusco de la construcción en Caracas" (1963/1992: 222) con un "entierro de tierra fértil" (1963/1992: 222) y las "cuadras" recién construidas con "brazos nuevos que van naciéndole a la ciudad" que por "fuerza de afecto o por prurito económico o por necesidad vital son como hijos recientes que hay que conocer cada mes, cada día y cada hora, que en todo tiempo están naciéndole a la ciudad que pasó del millón, rincones nuevos, como hijos, que muchos caraqueños no conocen".

La nueva magnitud de las ciudades venezolanas es descrita siempre —y sin remisión— como un proceso alienante para sus pobladores originales que a menudo se nos describen a través de una metáfora poderosa como personajes deambulando sin rumbo "con un papel de muchos dobleces en la mano buscando una dirección" (1963/1992: 223).

> La tierra se ha llenado de cal, de piedras y ladrillos, y hombres de muchos pueblos manejan los elementos de este entierro de tierra fértil que murió añorando raíces con riegos tibios, abonos sustanciosos, pisadas suaves de hombres encariñados con la tierra, de cascos lentos de las bestias cargadas de frutos. Pisos de cemento y de macadam van cubriendo poco a poco superficies de tierra que no darán una brizna de hierba o una flor silvestre o un humilde gamelote en mucho tiempo. Y encima vendrán mujeres del pueblo, hombres del pueblo que la acariciaron muchas veces, y llegarán con papeles en la mano y buscarán una dirección y se guiarán por tal o cual mata que aún queda de pie y llorarán por dentro, perdidas sobre el asfalto. Ugalde (1963/1992: 222).

El mundo narrativo del periodista describe con precisión los barrios atestados que rodean Caracas —"como un cinturón de miseria" (1963/1992: 247)— y denuncia (1963/1992: 243) que "seguramente no bastarían los enormes recursos financieros del país para acabar con la miseria del casi medio millón de caraqueños encaramados en los escarpados de los cerros". Porque, "almacenándolos en unas jaulas de concreto de veinte pisos no se consigue sino cambiar la dirección de la miseria, hacerla vertical, elevarla sobre la superficie del suelo; lo que está bien lejos de alcanzar la felicidad del cielo de una solución".

Las consecuencias devastadoras de la "voracidad comercial" (1963/1992: 267) y del "progreso desaprensivo" (1963/1992: 266) construido a espaldas de cualquier medida humana se evidencian en la imposibilidad de ofrecer asistencia médica y educación a los hijos de las familias más desfavorecidas ["El otro Amuay" (1963/1992: 179), "Del barro" (1964: 40)], la salud de sus nuevos habitantes ["¿Qué pasa con el clima en Caracas?" (1963/1992: 252)], el devastamiento de los recursos naturales ["¿Qué pasa con los parques nacionales?" (1963/1992: 265) "Nuestra vida comienza en los bosques" (1963/1992: 259)] o la pérdida de los valores nacionales idiosincrásicos y culturales primigenios ["El periódico de Clarines acaba de morir" (1963/1992: 273), "Cristo en Guayaco" (1963/1992: 312)]; pero hay, además — tal como recuerda Ugalde— "otros problemas fundamentales en un pueblo que depende de una economía tan incierta" (1963/1992: 182):

En Amuay no hay ni luz ni agua. Sólo disfrutan de energía eléctrica unas quince casas de las más acomodadas que pueden pagar una planta a razón de 15 bolívares al mes, que para sólo luz en una familia de pescadores como aquéllas es demasiado. El agua que traen en camiones-tanques la venden a 2 bolívares la pipa, y hay que ver las que hace falta para cocinar, lavar la ropa y medio bañar a esos muchachos durante un mes. El alquiler de las casitas anda por 50 bolívares mensuales, que no es una retonta que se diga para Punto Fijo, pero es un dogal al cuello para los que se hacen a la mar en Amuay todos los días. Ugalde (1963/1992: 182).

En cuanto a las escuelas, que no se pueden sembrar como las papas o el maíz, los niños tienen que turnarse, mañana y tarde, en dos grupos, porque no caben todos juntos ni tienen maestros suficientes. Ugalde (1963/1992: 149).

Como viene defendiéndose, la obra Venezolana de Ugalde evidencia un ansia indudable de profundizar en lo elemental humano a través de la descripción detallada, minuciosa y lírica de la diversidad de la geografía de seres marginales —indios, criollos, emigrantes "llegados de quién sabe dónde" (1992: 167)— que constituye la fuerza de trabajo del "milagro venezolano". Lo recogía de este modo una crítica literaria del diario *El Independiente* referida al libro de relatos *La semilla vieja* en 1959:

Dos cosas esenciales destacan en la cuentística de Martín de Ugalde: de un lado, una voluntad férrea, una pasión ilimitada por integrarse, por fundirse, por hacerse él mismo carne y sangre, gozo y agonía de las tierras y de las gentes venezolanas; del otro, un terco deseo de dejar testimonio, de convertirse en fiero e insobornable intérprete de algo que bien podría considerarse como una nueva clase social en Venezuela: los inmigrantes. Lo primero se patentiza en su afán de conocimiento de tierras y gentes, y, sobre todo, en su pasión por adoptar los giros expresivos más genuinos, más arraigadamente criollos de esas gentes; lo segundo, en esa especie de amor rabioso que tiene Ugalde por las criaturas llegadas de otras tierras, desplazadas, desarraigadas, desheredadas de la fortuna.

Por todo lo afirmado, puede defenderse que "Martin Ugalde trata lo ordinario, las historias de todos los días y las universaliza buscando una esencia que las una a todas ellas" (Amezaga 2002: 224), "proclamando una vuelta a la humanización" (González Allende 2002: 298). Así, la historia humilde y humana de aquellos hombres y mujeres que, sin tener más que sus propias manos para trabajar, se ven obligados a abandonar su país de origen puebla los cuentos de Ugalde, que se afana en mostrarnos la realidad de la condición desgarradora del emigrante universalizando su dolor a través de episodios descarnadamente humanos y dirigidos a deshacer falsos estereotipos y buscar la empatía del lector.

Las referencias explícitas a la "humanidad" de muchos de los personajes venezolanos de los relatos de Ugalde apuntan en esa dirección, precisamente. De hecho, llama la atención lo recurrente del sustantivo "humanidad" a lo largo de todos los relatos breves del escritor. Bastarán algunos ejemplos para aclarar lo expuesto: ["El pulpero encuadró su *humanidad* en el quicio" "El asalto" (1958: 67)]; ["el camión formaba parte de su *humanidad poderosa*", "toda su *humanidad* se va quedando sobre el trenzado de la fibra" "La carga de cedro muerto" (1964: 65)]; ["La mujer apoyaba su *doble humanidad* contra el quicio de la puerta" (1964: 40)]; ["Se le despegaba con toda la *horripilante humanidad* de una postilla gigantesca" (1958: 7) "Las manos grandes de la niebla"]; ["El hombre tendrá unos treinta años. Su *humanidad toda* estaba escondida en el hueco de su mirada triste, difusa, como si hubiese perdido su objeto". "El hombre se calló y dijo" (1964/2003: 23)].

Ascunce (2002: 154) defiende esta misma idea cuando afirma que "los tratamientos líricos sobre el material del dato objetivo sirven para dignificar, humanizar o exaltar a unos seres disminuidos y marginales en un contexto geográfico deshumanizado y opresor". También Beti (1992: XXI) insiste en esta idea en su introducción a los relatos de Ugalde:

> El impacto que produjo en la mente del escritor su llegada a Venezuela y el contacto con los emigrantes origina un primer ciclo cuentístico que posee como eje temático principal el emigrante y su problemática. (…) Los cuentos del escritor guipuzcoano son tremendamente humanos en el sentido de que siempre giran alrededor de la figura del hombre y de su capacidad para relacionarse con los demás y con el espacio que le rodea.

En efecto, la variedad de razas humanas, sus mestizajes y la fascinante naturaleza de Venezuela impacta a Ugalde a su llegada[200]; y así el joven recién llegado descubre muy pronto que "el sortilegio de América llena de indianos con reloj de cadena era sólo un destello de purpurina" y que en aquella Venezuela imaginada de niño —vinculada inocentemente a "una colección de estampas pegadas a unas delgadas pastillas de chocolate "Nelia"— "todo, incluido el hombre, es menudo; menos la tierra, el mar y la candela del sol" (1963/1992: 9).

La variadísima geodesia humana de obreros, criollos, o campesinos arrancados de sus tierras en pos de un progreso incierto, y los hombres y mujeres emigrantes, que tras abandonar su patria de origen por razón de la pobreza extrema o la represión de las libertades, pueblan aquella Venezuela compleja, se torna para el escritor vasco en una realidad tan impactante como narrativamente ficcionable, dando pié a la construcción de un relato de tono social, babélico y repleto de acentos e idiomas a menudo incomprensibles entre sí.

> Sí, señor, que la familia González vive aquí. Me lo dijeron antier. Yo conozco bien esto, ¿sabe? Esto era "todo vegas y siembra de chinos, italianos y portugueses". (…) Tuto

esto era pura casa- me decía un *albañile* italiano que llevaba 15 días *parato* en Paguita. Y me mostraba el altozano despejado de Miraflores. Ugalde (1963/1992: 222).

La cartografía de personajes de Ugalde es, justamente, tal como afirma poéticamente uno de los personajes de *La Semilla Vieja* mientras observa la llegada al muelle de un barco cargado de emigrantes, "un mundo de acentos" (1958: 52). El mismo personaje, español para más señas, apenas consigue deletrear los nombres extranjeros de los barcos atracados ["Fue leyendo 'Stratford', "Bergen", "Txori Mendi", deletreando, porque eran nombres extranjeros. (1958: 43)] mientras un emigrante de procedencia china le sirve un café ["Se lo sirvió un chino en una taguara a dos pasos del muelle" (1958: 43)]. El catedrático húngaro de "La luz se apaga al amanecer" no puede ejercer de profesor por no conocer la lengua de su nuevo país de adopción ["Como no sabía la lengua, no podía hacer más" (1958: 16)] lo que obligará a su mujer —a la que los vecinos llaman "la húngara" despectivamente— a prostituirse para sacar adelante a su familia. En "El asalto" Anelso y su mujer se comunican en portugués ["Fátima, ¿qué passa? Nao sei, gente que vem" (1958: 62)] mientras la ira contra ellos se desata entre los manifestantes que terminan por quemarles el negocio al grito de "¡Abajo los extranjeros! ¡Portugués del carajo!" (1958: 63)]. El dogmatismo xenófobo se repite en "El espía" donde asistimos a la detención de un albañil italiano inocente por el mero hecho de ser extranjero. También en este caso los personajes se comunican en su lengua vernácula ["La promesa che ai fatto a Cristo del pane e il formaggio se trovarti lavoro? Tu credi che te labbia trovato Lui?...Infelice!" (1958: 75)], igual que en el relato que da nombre a la obra "La semilla vieja" ["'Yo credo que non sone le rádiche; é el tratore que non jala por íl lado justo". (1958: 75)], Anastase se rebela veladamente contra su compañero Nico por la actitud racista de éste: ["Mira Suárez, no me digas siciliano como si quisieses decir otra cosa, porque yo tengo un nombre, que es Anastase Santo, y a mi no me gustan esas cosas".]

[197]

Las referencias a la inmigración, si bien menos evidentes, también se hacen presentes en *Las manos grandes de la niebla* donde los obreros que pueblan los relatos a menudo se asombran que "llegan hombres de tan lejos que hasta hablan lenguas diferentes" (1964: 48). En este caso la emigración mostrada es la de los jóvenes campesinos capaces de observar la difícil pelea de sus viejos contra los pedregales y las pendientes, buscando salida hacia otras regiones del país, generalmente a ciudades como Maracaibo y Caracas, que los engullen sin que nadie tenga conciencia de su tragedia" (Ugalde, 1992: 134).

El escritor se lamenta de que "estando Venezuela tan necesitada de gentes que conozcan la tierra, la quieran y la trabajen con cariño, obliga a sus hijos a desplazarse hacia las ciudades, que ya están atestadas de gentes sin oficio" (1963/1992: 135). La paradoja reside en que "mientras se buscan campesinos en Europa" los campesinos venezolanos se desplazan desde sus tierras en el campo —"pedregales sin esperanza"— hacia "la solución que se les antojan las ciudades, el típico señuelo brillante y luminoso tras el que se esconden todas las estafas" (1963/1992: 135).

Ugalde abre su libro de reportajes *Cuando los peces mueren de sed* con un prólogo titulado "La cara de los inmigrantes" que resulta un incuestionable alegato a favor de "la cara sana y noble de la inmigración; si la inmigración tiene en verdad alguna cara definida". En el prólogo destaca de forma obvia la identificación con las capas más desfavorecidas de la sociedad venezolana y el compromiso ético de Ugalde de deshacer estereotipos y prejuicios con respecto a los excluidos.

Ugalde insiste —"frente al recelo popular"— en la indiscutible contribución de ésta masa de extranjeros a la Venezuela que inmersa en una transición política luchaba por hacer frente a las sombras de miseria que la eclosión de la industria petrolífera había traído consigo. Porque tal como afirma el personaje central del relato "La llegada de Engracia", el escritor defiende que la gran mayoría de los emigrantes llegaban a Venezuela con buenas intenciones.

> Pero lo decía Juan para su camisa: a América se viene a sacrificarse y a ahorrar, porque para comido por lo servido se queda uno en su pueblo, que allí en cualquier apuro siquiera lo conocen a uno desde los abuelos. (1958: 49).

Según Ugalde (1963/1992: 119) "a la inmigración se le juzga muchas veces por sus caras, y se le encuentran rostros buenos y talantes malos, como a un enfermo convaleciente"; pero —según el escritor (1963/1992: 120)— "desgraciadamente en la cara de sudores y de grietas de polvo y de sol que está levantando los muros de las nuevas edificaciones (…) se esconde precisamente el problema más hondo de incomprensión humana".

Criollos e inmigrantes presentan, según Ugalde, una problemática común; y, en ese sentido, el escritor se refiere con preocupación a la xenofobia de los primeros contra:

> El hombre que está abriendo el surco de la nueva semilla, que está aguantando el temblor desbocado del martillo de aire comprimido durante ocho y diez horas o que está extendiendo las capas de cemento de la Venezuela de hoy y la que viene, hombro con hombro con el criollo, en esa gente que pasea la nobleza de su esfuerzo sin ninguna ostentación, que no tiene tiempo de meterse en política ni conoce al majadero de Gagliardi. Ugalde (1963/1992: 122).

Por encima de la diversidad lingüística, la genealogía, el origen, la raza o incluso la clase social a la que pertenezcan los personajes de Ugalde, éstos son tratados con el lirismo y la empatía del que concibe la humanidad como condicionada por situaciones hostiles y circunstancias cotidianas que se escapan a su propia voluntad. Porque, según Ugalde, las diferencias entre los seres humanos son inexistentes cuando se pone el acento en lo esencial:

> Mirando de arriba se ven las cosas como si estuviesen paradas de cabeza. El hombre es un punto escurridizo en

el espacio. Todos los puntos, iguales. El hombre zambo y corto es un punto. El hombre estirado y largo es otro punto. Visto desde arriba, no hay hombre grande. Las carreteras son ríos movibles de lata al sol. Quien ha forjado esa lata y la ha puesto a brillar es el hombre, ese puntico que corre en zigzag sorteando los obstáculos que ha creado él mismo. Las rayas rectas que rompen la ciudad en pedazos las ha destrozado el punto cuando se ha puesto a mover una velocidad nueva.

Por ese motivo, el periodista opone la "inmigración como símbolo colectivo" —definido como "el aporte de brazos y de buena fe que ha llegado al país a dar lo mejor de su esfuerzo— a los que llegan con la innoble intención de un enriquecimiento rápido y sin escrúpulos y se congratula del talante afectivo y cabal con el que la mayor parte de los venezolanos y los medios de comunicación del país reciben la nueva mano de obra:

> Es alentadora la manera con que muchos intelectuales, y todos los periódicos, y todas las emisoras y televisoras del país, han respaldado la actitud de nuestras autoridades. Pero queda a pesar de todo un hondo recelo popular frente a la mayoría inmigratoria. (1963/1992: 120).

Sin embargo, consciente del "recelo popular" con respecto a la inmigración latente aún en las clases populares venezolanas, Ugalde insiste en la afinidad de los inmigrantes con los criollos y las masas constituyentes del pueblo venezolano más humilde que, equivocadamente, a menudo consideran que los extranjeros son responsables del "desempleo y desajuste" que sufre la nación en su desmedido desarrollo.

Según el periodista "no son (los inmigrantes) los culpables de los problemas derivados de este desarrollo; ni tampoco tienen culpa los criollos que sufren las consecuencias de su llegada, quedando a un lado del camino de progreso de su propio país debido a una muy natural diligencia del que llega, quien se aferra angustiosamente a las condiciones de trabajo que le ofrecen para sobrevivir en un mundo que todavía le es extraño". (1963/1992: 120). Precisamente, Ugalde reflexiona sobre la necesidad de ahondar en la convivencia de estas clases más desfavorecidas insistiendo en la solidaridad entre ellas ["todos estamos malucos del no comer; todos los pobres estamos descontrolados" (1964/2003: 37)] y afirmando que "no hay duda que el ancho regazo de Venezuela necesita de todos, y para garantizar su convivencia habrá que tomar las medidas de seguridad y justicia necesarias" (1963/1992: 121).

Las responsabilidades de la miseria que las clases más desfavorecidas las reparte Ugalde entre, por un lado, "aquellos que tienen la responsabilidad de haber fomentado alegremente, muchas veces alevosamente, para abaratar la mano de obra destinada a su propio beneficio, este trasiego de hombres sin reparar en sus consecuencias sociales y económicas" y, por otro, "la cara del inmigrante que ha llegado a patrón, que se ha amparado en la dictadura para apurar su negocio y patear impunemente los derechos del trabajador, sea criollo o inmigrante, más inmigrante desamparado que criollo en su propia cancha".

> Claro que hay quien llega con la intención de saquear el país en un mes o dos y regresar a su patria, cualquiera que sea su procedencia de Europa, en América, en Asia o en África, porque Venezuela es hoy faro deslumbrante de muchos aventureros en los cuatro rincones del mundo. (…) Hay también la cara de los que no rompen una cerradura, pero explotan otros recursos para llevarse gratuitamente, y hasta con bendiciones, miles de bolívares con que se hubiesen podido comprar kilómetros de acueducto o construir unas escuelas o se hubiesen podido pavimentar las calles de cualquiera de esos pueblos tristes de polvo y de sed con que uno tropieza apenas traspone los linderos de las ciudades venezolanas. Ugalde (1963/1992: 120).

Identidad(es) de resistencia y de proyecto

El afán de Ugalde por acercarse a Venezuela partiendo de reportajes detalladísimos o los relatos ficcionados a partir toda una serie de elementos naturales, unos puros ["De la niebla", "De la arena", "De la madera"] y otros impuros ["Del cemento", "Del asfalto"] deben ser enmarcados en la tradición literaria de muchos países latinoamericanos —México, Venezuela, Ecuador, Perú, Bolivia y Chile, además de Venezuela— donde la ficción, novelas y relatos, tendió a describir la vida cotidiana de las capas medias-bajas de la sociedad: trabajadores y pobladores de las áreas urbano-periféricas, dejando testimonio vivo de un periodo histórico de grandes cambios sociales.

Además, tal como afirman Liewen (1965: 15) y Vitale (1998), durante la década de los cincuenta, y paralelamente al importante proceso de industrialización, se conoce en Venezuela un creciente interés por la antropología física y cultural del país. Esta tendencia —vinculada, a su vez, al interés antropológico que se extendía desde finales del siglo anterior a partir los estudios antropológicos norteamericanos— llega indiscutiblemente ligado en el caso de Venezuela, a los intereses comerciales de las grandes empresas petroleras, que tratando de restituir —o, si se quiere, blanquear ideológicamente— el expolio natural que suponía su producción desaforada, se afanaron en la subvención de investigaciones antropológicas y publicación de revistas cuyo objeto era ahondar en el estudio de los recursos naturales y sociales de Venezuela para así contribuir al conocimiento de la geodesia natural y sociológica del país, "favoreciendo" —paradójicamente o interesadamente, si se quiere— la construcción de una identidad nacional que las propias empresas petrolíferas contribuían a atomizar. Revistas como *Nosotros* o *El Farol* pertenecientes a la Creole Petroleum Corporation de la Standard Oil C. New Jersey en las que Ugalde trabajó durante quince años realizando reportajes en torno a aspectos y formas de vida venezolana poco conocidos son ejemplos vivos de lo afirmado.

Recuerdo que en una reunión en la décima planta del edificio de la Compañía, en uno de los actos oficiales, un ministro venezolano dijo a un director de la compañía. "Esta revista *El Farol*, es lo más venezolano que tiene la Creole". (…) Y era cierto que la colección de esta revista da una idea de lo que es Venezuela en su geografía, en sus diversos recursos naturales, además del petróleo; se publicaron trabajos importantes de especialistas sobre conservación; había una gran preocupación por este campo de estudio sobre el país, sus aborígenes, la botánica, la agricultura, el agua como recurso, el folklore, la alfabetización, la historia del país, las biografías fundamentales de la nacionalidad, la economía local y latinoamericana, los ríos, el árbol y los bosques y selvas, el desarrollo industrial, el arte con grandes despliegues de color, la literatura, el mar y sus recursos, un énfasis importante en la arquitectura colonial y las más modernas corrientes, estudios importantes sobre zoología, con publicaciones dedicadas a especies en peligro de extinción. Ugalde (1963/1992: 41-42).

Así, si tomamos el periodo comprendido entre los años 1951 y 1970, época en la que Ugalde colabora también incansablemente en publicaciones vascas clandestinas, observamos que las revistas *Élite*, *El Farol* o la *Revista Cultural de la Créole Petroleum Corporation* serán testigos de las preocupaciones del periodista referidas a su Venezuela de adopción.

En el espíritu con que inicié esta serie que se recoge en el libro (…) no existía de modo explícito la idea de comprender a Venezuela en su conjunto, territorio, hombre diverso en su propia lengua, sin olvidar al indio muy minoritario y sus lenguas vernáculas; era más modesta, se trataba de ir viendo y comprendiendo aquellos lugares por los que acerté a pasar alguna vez. (…). Planifiqué con mi compañero del Centro Vasco, Luís Las

Heras, un viaje de trabajo para recorrer los Andes, eso sí, parándome en los trapiches, conversando con los hombres de ruana en los caminos solitarios. Y fue así, como se completa un puzle, como fui coronando lo que había en el subconsciente durante varios años de andaduras, como me fue creciendo dentro la idea de unirlos y completarlos, hasta que al final fui a buscar por instinto algunas piezas sueltas que en realidad no conocía. Ugalde (1963/1992: 41).

En artículos como: ["Día de jornal" (*Élite*, 16-VI-51)], ["Los periodistas visitan las instalaciones de la Orinoco.Co" (*Élite*, 8-III-52)], ["La tragedia del miércoles en Santa Teresa: 49 muertos" (*Élite*, 19-IV-52)], ["¿Refinamos más petróleo en el país?" (*El Farol*, VI-1954)], ["Imágenes, rostros de fe creyente del pasado venezolano" (*El Farol*, IV-1956)] o ["Imágenes de la Semana Santa en Venezuela' (*Revista Cultural de la Créole Petroleum Corporation*, 1956)] Ugalde persigue el objetivo de describir, y celebrar, la vastísima naturaleza venezolana y su riqueza cultural, para lo que el joven periodista va desgranando anécdotas de gran inmediatez convirtiéndolas en reportajes en los que ya comienza a intuirse su peculiar estilo tan influido por autores venezolanos de la época como Rómulo Gallegos, Guillermo Meneses y Alfredo Armas Alonso.

También la obra *Bajo estos techos*, en la que nos ofrece una aproximación biográfica a la figura de Simón Bolívar a través de la información histórica que está ligada a las casas en las que habitó, fue impulsada y financiada por la empresa petrolera Lagoven, que pretendía como en el caso de las publicaciones financiadas por otras empresas petrolíferas norteamericanas, contribuir al "conocimiento del acontecer venezolano", "servir a la cultura venezolana" —"sembrar el petróleo", tal como se recoge en el prólogo mismo de la obra de Ugalde— mediante la promoción de la investigación aplicada sobre aspectos tales como "la crítica, el ensayo histórico, la investigación antropológica, el pensamiento, la ecología, la tecnología, o el arte venezolanos". Las publicaciones eran, además, de distribución pública y gratuita, lo que favoreció que las obras se distribuyeran masivamente entre la población venezolana.

Bajo estos techos permite a Ugalde poner de relieve al que fue un verdadero ejemplo heroico de lucha por la libertad; personaje que, en función de las decisiones que tomó a lo largo de su vida, consiguió dotar de libertad a seis repúblicas americanas. Ugalde defiende que son personas con la autoridad moral y espíritu de lucha como los que presenta Simón Bolívar las que realmente necesitan en determinadas ocasiones los pueblos para reencontrar la libertad, algo que, desgraciadamente, en su tierra natal y bajo el dominio del General Franco, contrapunto del personaje americano, no se dio.

Además de centrarse en el reportaje, Ugalde publicó durante esta época varias entrevistas en la sección "El Personaje" de *Élite*. También los personajes entrevistados para esta sección muestran de forma clara el interés de Ugalde por conocer de cerca el cosmos cultural venezolano, convirtiéndose la entrevista en una fórmula de trabajo para la indagación y el conocimiento. *Élite* recoge entrevistas realizadas a Monseñor Feo, Lucía Palacios, Obdulio Álvarez, Alfredo Armas Alonso, Elisa Margarita Layrisse, francisco Tamayo, Franz Conde Jahn, Lola Fuenmayor, Carlos Morales, Ernesto Balenilla Díaz, Raimundo Antonio Villegas Polanco, Ramón Medina Villasmil, Flor García, Mevorah Florentín, Joel Valencia Parpacen o Félix Carpio.

En definitiva, la polifonía lingüística presente en sus relatos, los dialectos y los registros diversos en los que se expresan sus personajes, el fiel reflejo de los modismos criollos, la indagación en el alma venezolana a través de la intrahistoria de los tipos humanos indígenas que los pueblan y los seres desvalidos llegados desde otras tierras, las incursiones en la biografía de los héroes nacionales, la descripción detalladísima de la geodesia del país caribeño a través de sus reportajes o el recurso a las entrevistas consiguen dibujar una realidad heterogénea, contribuyendo a mostrar un cuadro impresionista del "mundo de acentos" que resultaba la Venezuela de la década de los cincuenta y sesenta, y a la que el personaje de "La llegada de Engracia" aludía. Porque, tal como subrayaba líricamente el propio autor:

> La selva, el llano, los grandes ríos, las costas de las playas de oro, el lago del petróleo y otros campos regados entre bosques, las islas. Eran mil kilómetros cuadrados donde vivía el venezolano en su diversidad, pegado a las posibilidades de la tierra, del río o del mar. (1963/1992: 41)

El oxímoron que constituye el título de uno de los cuentos venezolanos más destacados de Ugalde: "El hombre se calló y dijo" (1964/2003: 196) —relato que, tal como admite el propio escritor, fue escrito tras una detención de tres días en una cárcel caraqueña— apunta hacia una paradoja de construcción identitaria y praxis adaptativa que resulta central para comprender los recursos de los que el escritor echó mano para la construcción de su identidad de proyecto.

Una de las anécdotas menos conocidas entre los biógrafos del periodista viene a enmarcar lo que se referirá en las líneas siguientes. En la entrevista que Jone Larrañaga le hizo al escritor para un número especial de la revista *Aiurri*, Ugalde relataba el episodio en el que —como resultado de su actitud crítica con respecto al derrocamiento de Rómulo Gallegos por parte, entre otros, de su ministro de defensa Carlos Delgado Chalbaud, y la llegada al poder de la Junta Militar— el escritor fue periódicamente reprendido por un secretario del ministro del interior venezolano que —mediante repetidas visitas al propio domicilio del periodista "jojotico"— le instaba a cuidarse de criticar al nuevo gobierno y a que éste evitase describir de manera "cruda" la realidad de las clases más desfavorecidas del país. Ugalde recoge la anécdota y las amenazas del enviado del gobierno con estas palabras:

(Venezuelako) barne ministroaren "secretario" batek esaten zidan hori (Venezuelako alde gordinena azaltzen nuela). Ezaguna genuen etxean eta etortzen zen batzuetan. Eta harek esaten zidan: "Ugalde, tenga usted cuidado. Deje usted de echar vainas porque va ha tener problemas". Ugalde (Citado por Larrañaga 1994).

Resultan ciertamente esclarecedoras las reflexiones del periodista con respecto a aquellas amenazas. Tal como se evidencia en la cita que sigue, Ugalde atribuye su actitud beligerante de juventud con respecto al nuevo gobierno a su bisoñez como periodista y a su desconocimiento del medio. El periodista juzga que aquel incidente contribuyó connaturalmente a comprender que había que discernir sobre la idoneidad de enfrentarse al poder de manera frontal.

Sin renunciar a la responsabilidad ética de todo periodista a "contar la verdad", en la misma cita Ugalde explicita una estrategia —"del todo necesaria", según el autor— sobre la habilidad de criticar la injusticia o el despotismo del gobierno de manera más racional y arcana.

Egia esatea ez zen komeni…(…) Baina nik banekien beti egia esan behar nuela. Noiz eta nola esatea da kontua. Hori gero ikasi dut, baina garai hartan ez nekien, kanpotarra nintzen.

Este es el contexto biográfico en el que —debido a un incidente con una patrulla de policía, y en razón de "la chulería" mostrada por el periodista—Ugalde es encarcelado durante tres días y es sometido a vejaciones que él mismo relata en la cita que sigue. De forma significativa, la anécdota también da razón de del origen del relato "El hombre se calló y dijo", que expresa metafóricamente el sedimento ideológico que la experiencia dejó en la praxis de profesión periodística de Ugalde.

Egon nintzen ni hiru egun eta hiru gau kartzelan, e? Polizien auto bat oztopatu omen nuen eta txuleriagatik sartu ninduten preso. Ezin genuen eseri, tente egon behar genuen; ezin genuen pixarik egin, jatekorik gabe… Handik aterata idatzi nuen ipuin bat: "El hombre se calló y dijo".

El magnicidio de Delgado Chalbaud —considerado la figura "más democrática" (Ugalde 1992: 28) de la nueva junta militar en 1950— supone para Ugalde una oportunidad para desarrollar su incipiente decisión de dedicarse al reporterismo "dejándose llevar por la aquella emoción compartida" y con una clara "voluntad concretadora y complementadora" (1992: 28). El ardor periodístico y "la moderación"[201] de Ugalde dará frutos cuando, "tras varias ediciones de *Élite* con tirada muy grande por dos semanas consecutivas", el trabajo del joven periodista se da a conocer, y Ugalde recibe la llamada del periodista, escritor y copropietario del diario *El Nacional*, Miguel Otero Silva que le ofrece un puesto bien remunerado en el diario de más tirada de Caracas.

El reformismo por el que, tal como se ha defendido en un capítulo anterior, se rigió Ugalde a la hora de plantear sus reivindicaciones nacionalistas, postura que a su vez entronca con la filosofía personalista y el cristianismo del autor, servirá al periodista de criterio esencial y consciente a la hora de cimentar su identidad subjetiva y dirigir la estrategia de adaptación a su nueva realidad con el claro objetivo, en este caso particular, de construir un futuro que le permitiera sobrevivir profesional y personalmente.

Los biografemas aludidos evidencian, en suma, que la practicidad, la racionalidad estratégica en la crítica hacia los desmanes del poder, o, incluso, el sigilo y la cautela de los enfoques adoptados para abundar en la democratización de una realidad totalitaria y desigual o, paralelamente, contribuir a la reconstrucción de una sociedad moral y éticamente más elevada, se articulan, en el caso de Ugalde, como elementos constitutivos de la identidad subjetiva del autor.

Una referencia extraída de un artículo de opinión de Ugalde en *Eusko Gaztedi* sobre el final de la dictadura militar en Venezuela, resulta explicativa de lo afirmado hasta ahora:

> Así ha sido en Venezuela, donde después de diez años de silencio han renacido los partidos a la vida política del país merced a la actitud de hombres que se han mantenido fieles a sus ideales; mientras la masa, esa mayoría de pueblo que responde noblemente al llamado de la conciencia, pero que siempre queda un poco al margen de las iniciativas, seguía entretenido en los juegos de beisbol y las combinaciones del "5 y 6" cada domingo. (*Eusko Gaztedi* III-1958).

Del mismo modo, los relatos venezolanos del escritor ofrecen datos que merecen ser interpretados bajo este prisma, demostrando, una vez más, que la expresión literaria de Ugalde es resultado y a la vez componente, de una determinada exegesis identitaria, de un modo de inserción en el mundo.

En efecto, a pesar de que la solidaridad hacia las clases desfavorecidas y la injusticia social lleve a Ugalde a exclamar en boca de uno de sus personajes que "la voz del pueblo es la voz de Dios" (1963/1992: 212), la mayor parte de los personajes de Ugalde muestra una conciencia clara de que la palabra, la lucha dialéctica contra el poderoso, o incluso contra la injusticia cotidiana no es una estrategia válida para sobrevivir. En *Cuando los peces mueren de sed* uno de los personajes que más ternura concitan es mudo ["San Rafael de Mucuchíes no sería lo que es sin "Antonio el mudo" (1963/1992: 125]. En el relato "Ha nacido el niño Jesús" un matrimonio joven acude a la ciudad para que la esposa de a luz por un parto complicado. El marido compara el silencio de la soledad obligada del campo con el silencio de la incomunicación de la ciudad ["La paz de la montaña nace de la soledad, de no haber nadie en aquellos cerros capaz de decir algo, pero ésta de aquí es una extraña mudez de la gente, que pesa bastante" (1957: 25)]. Las onomatopeyas propias de la naturaleza ["la mar habla ¡u-u-uuu! Y

la brisa, que lo que es es un viento que habla parejo, silba ¡bis-bis!"]
y las acotaciones parenéticas del narrador consuman las
conversaciones incompletas del matrimonio de "A la voluntad de
Dios" ["Lo que no dice Ernesto es que ya tiene ganas de escaparse
de esta tristeza de tener los pies quemándose en la salmuera" (1957:
40)]. El valor catártico del diálogo se pone en entredicho en "El
cabo de la vida" ["Se lo estoy contando a usted porque usted
mismo se ha puesto a escuchar; y ya por eso solo es amigo mío.
Que si no, no le cuento estos desahogos a nadie que no sea yo
mismo" (1964/2003: 79)]. En "El regreso" (1957: 19) asistimos al
monólogo de un anciano incapaz de comunicarse con nadie que
proyecta su mente hacia una serie de episodios pasados. El
profesor húngaro de "La luz se apaga al amanecer" (1958: 15)
decide que el diálogo con su esposa es infructuoso y se resguarda
del dolor en las labores del hogar. La inusitada argumentación
política de su marido "asusta" a la esposa de José del Carmen en
"La alcantarilla" ["la mujer está sorprendida y hasta un poco
asustada de la elocuencia de su marido, que le recuerda la de Silvio
Rojas, el maestro de escuela de Pueblo Viejo, y la del mismo
Olimpíades cuando comienza a hablar en las reuniones y cree que
aquello tiene que continuar" (1964/2003: 117)]. Anastase de "La
semilla vieja" tiene la "filosofía de los que dialogan con la tierra y
los elementos" (1958: 23) y se duele porqué "'la tierra había sido
tratada sin ternura"; pero no alza su voz contra la injusticia que le
toca vivir y exclama, en lo que se antoja una metáfora recurrente de
la actitud de muchos de los personajes de Ugalde y hasta un
recurso expresivo de su prosa venezolana [Él no quiso protestar.
¿Para qué sirve gritar, si nadie oye?" (1958: 37).].

> ¿Pero se iba él a poner sentimental por la tierra herida, por
> los árboles que tumbaban, por todo lo que le cercaba a él,
> corazón blando de campesino? Si quería seguir viviendo en
> este mundo, tenía que meterse en él y ser como los demás.
> (1958: 33).

El telurismo que rezuma el personaje central de "La semilla vieja" no es exclusivo de Anastase. Bien al contrario, muchos de los personajes "venezolanos" de Ugalde comparten esta visión sobre el influjo de la tierra sobre la vida de sus habitantes. En "Las manos grandes de la niebla" Jacobo Santiago es descrito como un "puntalito de tierra" (1964: 5). En "A la voluntad de Dios", Martín "es un palo más en la enramada de vigía que ha levantado sobre el cerro para asolear" (1959: 26); "los pies del indio José se adhieren fuertemente, como raíces, al piso resbaloso del sendero" en el relato "Los hierros de Guanoco" (1957: 57); Cristóbal Yepes parece "conocer cada uno de los árboles talados" por sus compañeros y duda de si "los palos se pueden poner tristes al ver pasar a sus muertos" en "La carga del cedro muerto" (1957: 70); el buzo Jesús Gutiérrez en "El cabo de la vida" parece fundirse con el mar al morir (1957: 96).

De hecho, podríamos aplicar las palabras del propio Ugalde referidas al escritor José Olivares Larrondo "Tellagorri" y decir que también Ugalde "vivía inmerso, con toda su humanidad, con toda su sensibilidad, con todas sus aspiraciones, en el mundo natural" (Ugalde *Tierra Vasca*, 1960). Ugalde parece asumir al igual que Tellagorri antes que él que: "la tierra influye en cualquier ser viviente, el árbol, el gusano, el hombre, decisivamente, y mientras el hombre, el gusano o el árbol no se fundan con la tierra sobre la cual viven serán infecundos".

Anjel Lertxundi (1997) y Apaolaza (2002) se expresan en el mismo sentido cuando subrayan el carácter telúrico de la obra del escritor y el carácter "naturalista" de muchos de los personajes "venezolanos" de Ugalde. Apaolaza (2002) afirma: "Ugalde siente la naturaleza como algo viviente, los árboles, la tierra; le duele sean muertos o heridos por la máquina tanto como los ultrajes o la explotación que los humanos se ven obligados a soportar". Mientras que Lertxundi (1997: 43) subraya también el carácter telúrico de los personajes de Ugalde.

> Martinen Venezuelari buruzko ikuspegia, han girotutako ipuin eta idatzietan agertzen dena, guztiz telurikoa da, lurrari itsasia dago, eta Martinen ipuinetako pertsonaiei ere telurismoa darie giza atal guztietatik.

Este primitivismo natural de muchos de los personajes de Ugalde no supone, sin embargo, el reduccionismo de considerar al ser humano únicamente como "ser natural". Lejos de una simplificación semejante Ugalde parece descartar el mito materialista de la naturaleza como ente sagrado, siempre benevolente, de poderes ilimitados de la que no hay que apartarse so pena de sacrilegio y de catástrofe. Para Ugalde, como para Mounier antes que él, la naturaleza es "una red infinitamente complicada de determinaciones de las que ni siquiera sabemos si, detrás de los sistemas que introducimos para asegurar nuestras aprehensiones, son reductibles a una unidad lógica". También para Ugalde "la naturaleza es una ocasión permanente de enajenación" (Mounier 1962: 13) a la que hay que adaptarse.

En suma, lo que se traduce de la práctica totalidad de la actitud de los personajes "venezolanos" de Ugalde es una actitud ora de fatalismo, ora de perplejidad ante la naturaleza y las reglas que la rigen[202], proyectando desde esta visión telúrica las preocupaciones y angustias por un futuro incierto de los hombres y mujeres que han contribuido al auge económico de Venezuela, y que, sin embargo, son incapaces de interpretar la nueva realidad que ellos mismos han construido con su esfuerzo.

La estrategia del silencio como habilidad adaptativa y el fatalismo que destilan los personajes de ficción del periodista, hablan, una vez más, de una suerte de inutilidad de la insurrección como arma transformadora de una realidad hostil a la que el ser humano no parece abocado más que a resignarse ["Yo me acomodo fácil a las cosas. ¡Es que no he tenido otro remedio! Primero empecé a protestar, pero eso no sirve…(1992: 41) "Punto y aparte"] y del que puede exclusivamente escapar a través del trabajo cotidiano ["La luz se apaga al amanecer", "A la voluntad de

Dios"], la familia ["La trampa del cemento"], la solidaridad ["La carga del cedro muerto", "La alcantarilla"], o el amor al prójimo ["El turno"], valores todos ellos que comparten los personajes de Ugalde y que son, indiscutiblemente, constitutivos del pensamiento cristiano y personalista del propio autor. Así lo señala también el profesor José Ángel Ascunce:

> El afán de superación en medio de las limitaciones y privaciones la entrega al trabajo en un ámbito hostil y anulador, la capacidad de sacrificio y resignación por encima de lo humanamente razonable, la amistad y camaradería entre rivalidades y egoísmos, el amor fraterno por encima de egoísmos e intereses, el cariño matrimonial a pesar de silencios y oposiciones, la entrega materna-paterna como expresión de sacrificio y renuncia personal (...) convierten a estos seres-personajes indefensos y oprimidos como igualmente a ese medio-naturaleza hostil y aniquilador en verdaderos héroes protagonistas de la narración, porque por encima de sus limitaciones y deficiencias se descubre un corazón honesto, digno y ejemplar. En medio de la absoluta negatividad que caracteriza la existencia de estos personajes, quedan ensalzados en cuanto aparecen como portadores de valores genuinos y auténticos. De esta manera, la dignificación del hombre y del medio nace en primera instancia de la voluntad vital y de la ética de conducta que presentan los humildes pero duros seres que pululan y protagonizan la acción de todos los cuentos. Ascunce (1993: 87).

La cultura como centro de gravedad

*Kulturaren definizioak eta berau irudikatzeko jardun konkretuak
ez dira hautazkoak soilik. Orobat dira aukera politiko eta
estrategikoak.*

Imanol Galfarsoro (2005). *Kultura eta identitate erbesteratuak.*

A lo largo del trabajo se viene insistiendo en el hecho de
que la obra de Ugalde responde a un enfoque que presenta grandes
dosis de pragmatismo, que, a su vez, responde a motivaciones
diversas —y hasta divergentes— en el caso de la doble exegesis de
sus narrativas identitarias. Ciertamente, también la defensa de la
acción cultural por encima de la propiamente política o el valor
otorgado a la divulgación a la que se hará referencia en este capítulo
—e incluso las definiciones del término *cultura* de las que se parte—
revelan el mismo carácter práctico al que se ha aludido a lo largo de
la investigación y que, indiscutiblemente, informa la totalidad de la
obra del periodista.

El sentido práctico en Ugalde —su presencia (pre)ocupada
y activa con respecto a las realidades con las que tropezó a lo largo
de su biografía— muestran un autor en constante situación de
elección y reacción, también en lo que se refiere a la centralidad del
universo cultural y la difusión de los elementos que la conforman.

Este capítulo parte de un resumen de las definiciones en
torno al concepto de cultura que aporta la obra del escritor
revelando el carácter dinámico y aplicado que el concepto adquiere
en las evidencias discursivas analizadas. Este carácter aplicado se
enlaza al papel esencial que Ugalde otorga a la educación y se

supedita, a su vez, a la centralidad de ambas esferas a la construcción de una cultura emancipada y democrática. La apuesta por la divulgación es, tal como se defiende en el capítulo, la prueba indiscutible de la postura práctica del escritor por una influencia de cambio —o reforma— social.

Una incursión investigadora de calado en el universo cultural de Martin Ugalde pasa necesariamente por centrar el término *cultura* en las coordenadas conceptuales e ideológicas en las que el periodista concibió la expresión. Aunque en este capítulo aludiré a varios textos en los que se hace referencia al hecho cultural como eje temático, ningún trabajo del escritor resultará de mayor relevancia para abordar ese propósito que su obra de principio de los ochenta *El problema vasco y su profunda raíz político-cultural.*

El material del libro, tal como se nos refiere en el prólogo al mismo, es una "larga reflexión desarrollada con profundidad y conocimiento sobre el problema fundamental de la cultura vasca" (1980: 7) y parte de de una serie de definiciones básicas que permiten establecer los axiomas conceptuales de origen.

Según se recoge en la obra citada el fenómeno cultural comprende aquello que se opone al concepto de naturaleza —que a su vez atañe a los caracteres innatos, transmitidos al hombre por herencia biológica— y, equivalentemente, abarca el conjunto de las producciones intelectuales y artísticas obra de la creatividad del ser humano.

> Para sintetizar: la naturaleza es pasiva y la cultura es activa y dinámica, y si este mundo ha llegado hasta donde está, para bien y para mal, es porque esta cultura del hombre ha incidido de una manera dada sobre la naturaleza que ha recibido. (1980: 16).

La definición tampoco soslaya el carácter socio-político del hecho cultural y lo ubica dentro de las coordenadas de poder donde se halla inmerso.

[216]

Todo aquello que el hombre ha venido haciendo con la naturaleza que ha recibido (...); es también un hecho cultural lo que el hombre hace consigo mismo y por o con sus semejantes, y son también cultura, claro es, los gobiernos.

Cultura se define además en términos antropológicos como signo de cohesión de una comunidad, reflejo de su idiosincrásica relación con la naturaleza y la espiritualidad substanciada en sus mitos, leyendas y tradiciones:

El signo fundamental que distingue a una colectividad. (…) El producto de miles de años de intercomunicación íntima, de convivencia profunda, no solamente entre los hombres, sino estos hombres frente a una naturaleza particular y sus misterios, los seres imaginados que para ellos han sido realidad viva, y con su Dios, todo ese mundo espiritual que va evolucionando en los pueblos que han vivido siglos y siglos por su cuenta.

Esencialmente, Ugalde define el concepto en términos de una doble tensión dialéctica, buscando una solución a lo particular sin dejar de aspirar a lo universal. Así, busca una síntesis entre lo que "Margaret Mead designó como 'unidad psíquica universal' que es común al hombre —la que hace posible una cierta comunicación entre las diversas culturas— y la cultura particular de cada grupo humano diferenciado; el resultado de las de las manifestaciones culturales de un pueblo" (1980: 39).

El periodista ofrece una mirada que apunta a la comprensión del hecho cultural como *totalidad universal*; pero sin resignar la visión particular, y destaca que "el hombre vive simultáneamente dos culturas" porque, según el autor: "así como no existe realmente la sociedad tampoco existe la cultura como absoluto, sino que existen las sociedades y las culturas concretas" (1980: 40).

Está por un lado, la (cultura) que es común a la humanidad (fruto de) una necesidad de una mínima solidaridad recíproca entre los hombres, encauzada a través de lo más trascendental y noble del hombre: su espiritualidad y su cultura. La razón última de esta unidad fundamental del hombre está arraigada en una unidad biológica y psíquica que es común al género humano, y la certeza de que toda cultura del hombre está relacionada con este mundo que le es común. Por otro lado existen las culturas que son privativas de cada cuerpo social, de cada comunidad, de cada pueblo, de cada nacionalidad, integrada por grupos humanos que por afinidades étnicas o consecuencias históricas han ido creando un lenguaje propio y unos códigos culturales que constituyen las vías propias de su intercomunicación. (1980: 24).

En definitiva, el hecho cultural se define como "la totalidad de los modelos de comportamiento practicados por el hombre en todos los lugares y tiempos, mientras que la cultura en particular hace referencia a cada conjunto de los modelos de comportarse que se hallan en una sociedad dada en un momento determinado de la historia" (1980: 24). El escritor interpreta el término no como la oposición dicotómica entre las culturas positivas, concretas, parciales, y una *cultura total* —una suerte de transculturalidad— sino más bien como el resultado de una tracción democrática por la que las particularidades e idiosincrasias culturales contribuyen a la anamorfosis de la verdadera dimensión universal del hecho cultural. En suma, a pesar de que Ugalde sostiene que toda auténtica expresión cultural debe aspirar siempre a la universalidad, alejándose de una visión exclusivista, la aludida universalidad se concreta en soluciones particulares unidas a un marco geográfico y humano singular.

Hay, pues, por un lado la cultura común al hombre, y, por otra, las culturas que son privativas de cada cuerpo social, de cada comunidad, de cada pueblo, de cada nacionalidad, integrada por grupos humanos que por afinidades étnicas o consecuencias históricas han ido creando un lenguaje propio y unos códigos culturales que constituyen las vías propias de su intercomunicación. (…) Con esto quiere decirse que, por una parte, la solidaridad del hombre con el hombre es exigencia de su tendencia social natural y necesaria; pero que esta colaboración no se puede articular sino dentro del respeto mutuo, una convivencia organizada dentro de unas reglas de juego, en este caso políticas, que garantizan a cada hombre en su esfera y a cada pueblo en la que les es propia sus legítimos derechos a seguir siendo persona y pueblo en la solidaridad. (1980: 42).

Por el contrario, Ugalde afirma que la perspectiva que trata de resolver esta tensión dialéctica esencial aludiendo al carácter aséptico del hecho cultural esconde, en realidad, un sesgo político interesado, probablemente, según el autor, "porque responden al beneficio de una cultura particular" (1980: 22). La postura del escritor —fundamentada en el desarrollo de opiniones de autoridad— se cimenta sobre el presupuesto de que entre culturas diversas se produce un doble impulso hacia la asimilación mutua y hacia la conservación de la propia identidad" (1980: 39).

Esta tensión se resuelve atendiendo a dos procesos que el autor desarrolla en profundidad: aculturación —que se refiere a "la intercomunicación y acumulación entre las culturas cuando ésta no es impuesta por factores extraculturales"— y enculturación —definida como "el proceso de inserción del individuo en la tradición cultural a que se le quiere incorporar"— (1980: 40).

El hombre comprende la ley natural que le conduce a la convergencia universal, esta tendencia tan magistralmente intuida y expuesta (1980: 60).

La cultura, la estética o el arte son para Ugalde son creaciones dinámicas que no se basan exclusivamente en la tradición. Para el periodista es necesario cobrar conciencia del contexto cultural y social en el que se enmarca la cultura en cada tiempo y lugar para no convertir el hecho cultural en algo estático y anclado en estereotipos culturales anclados en la mera costumbre.

Para Ugalde el concepto de cultura está "irremisible" y "axiomáticamente" unido al de lengua y —aludiendo a diversas opiniones de autoridad entre las que destacan Mitxelena, Barandiaran, Weidlé, o Humboldt— afirma que "toda la cultura, si no nuestra ciencia, se halla en el interior del lenguaje, (porque) el lenguaje es el punto de partida de la cultura del hombre" (1980: 17). El autor abunda en la misma idea en la cita que sigue:

> Hay otros factores, como el económico, el geográfico, el político, pero acaso la coordenada más importante para localizar al hombre de manera que sea significativa es la lengua misma. Porque saber que un hombre es un trabajador manual o un intelectual, o decir que a nacido en Rusia o en Latinoamérica, es socialista o conservador, contribuye a señalar algunas de las circunstancias que sirven para describirlo; pero conocer cuál es la lengua materna en que ha concebido un hombre su mundo incluye unos datos culturales que resultan fundamentales para su comprensión profunda. (1980: 20)

Esta misma idea vuelve a repetirse en el reportaje "El lenguaje de los Maquiritares", que recoge las reflexiones del periodista en torno a la lengua del pueblo yekuana. El reportaje aporta información fundamental para una visión sistémica de la concepción de Ugalde sobre las lenguas.

> Una lengua es el conjunto de palabras y modos de hablar de un pueblo o de una nación. (…) El ser humano no aprende a comunicar ideas mediante el uso de los sonidos articulados sino por un proceso cultural a través de la sociedad que le transmite sus tradiciones. La comprensión de este mecanismo es fundamental para medir la

importancia de las lenguas en el proceso formativo de los pueblos, y su relación entre sí. Ascunce (1992: 65).

A la pregunta retórica: "¿Qué importancia tiene la lengua?" que el propio autor formula, Ugalde responde subrayando el carácter medular de la misma e insiste en la relevancia del trabajo antropológico y filológico que persigue desvelar si "es posible que el lenguaje haya surgido una vez en las historias de la raza humana, y que toda la compleja trayectoria del habla sea un acontecimiento cultural único".

> De los miles de lenguas que habla la humanidad en nuestros días, muchas han sido ya genéticamente relacionadas, formando lo que se llama una "familia lingüística ". ¿Será posible probar algún día que todas las lenguas habladas por el hombre proceden de un tronco común? (1992: 64).

El periodista considera que "las lenguas constituyen unas huellas de extraordinario interés que la humanidad ha ido dejando a través de los elementos más trascendentales de su cultura, y de ahí la altísima utilidad del trabajo de los filólogos que siguen las pistas de estos trasiegos de los elementos lingüísticos.

La lengua es para el escritor —más que un mero elemento constitutivo de la cultura de un pueblo— la "tracción misma", "el camino", "el medio de expresión sustancial" de la idiosincrasia de una identidad colectiva. Son significativos los epítetos utilizados para referirse al término: "realidad histórica", "acumulador de cultura", "testigo de experiencias fundamentales" (1980: 18).

> Gehienetan hizkuntza kultura baten ataltzat hartu izan da, eta nere iritziz, uste hau franko erratua da. Zera, gizarteak bere ohiturez, ezkont legez, baduela kultur elementu bat beste horiek baino areagokoa, agian hizkuntza. Nik ez dut uste hau honela denik. Antalek dionez, hizkuntza ez da kultur baten zatia, kulturaren beraren bide, adierazpide eta tresna baizik.

Es por ello que el periodista considera que "las lenguas vivas tienen, además de su valor cultural y afectivo, una gran importancia para estudiar la historia de la humanidad, aunque frecuentemente se les mida solamente por su trascendencia comercial o extensión cultural, despreciando aquellas que por su escasa difusión no han alcanzado las grandes corrientes del pensamiento" (1992: 65).

Ugalde entiende que tanto las culturas como las lenguas necesitan libertad para su desarrollo fértil. Esta idea se desarrollará insistentemente a lo largo de todos los artículos, y ensayos del autor aunque quizá el contra ensayo *Unamuno y el vascuence* contenga la exhortación más conocida y directa con respecto a la necesidad de un clima de verdadera libertad para que las lenguas "de escasa difusión"—como la vasca o las vernáculas de los pueblos de Venezuela— adquieran el impulso necesario para su supervivencia.

La libertad, libertad ante todo, verdadera libertad. Que cada cual se desarrolle como él es y todos nos entenderemos. La unión fecunda es la unión espontánea, la del libre agrupamiento de pueblos. Ugalde (1966b: 197).

La cultura debe contribuir a una visión "democráticamente activa" y crítica del mundo, y debe ser alentadora de experiencias colectivas y personales "liberadoras y emancipadoras", para lo que la cultura debe concebirse como instrumento educativo".

Ugalde otorga una responsabilidad crucial al papel de la educación y las instituciones vinculadas a ella en la construcción de una cultura emancipada y democrática. En ese sentido, el autor considera que "en cualquier país moderno de nuestros días la Universidad está cumpliendo desde hace años una elemental función de desarrollo y de producción. En el complejo científico, técnico y cultural de hoy, el índice universitario equivale al de las escuelas de primera y segunda enseñanza de hace unos años. La universidad ha pasado a convertirse en una herramienta de producción, porqué así es de vital contar hoy con los técnicos, con los administradores y con los intelectuales que conforman y dirigen la vida espiritual, científica, técnica y económica de un país moderno" (*Tierra Vasca*, IV-1962)[203].

Convencido de que la democracia descansa en una masa de ciudadanos que participan con igualdad de derechos en la vida pública y el disfrute de las comunicaciones y de que la educación sensibiliza al hombre en su enfrentamiento con el mundo, el sistema educativo por el que aboga Ugalde abarca la defensa y difusión de la idiosincrasia cultural propia sin prescindir de una mirada universal al hecho cultural, subrayando una vez más la necesidad de alejarse de una visión exclusivista del hecho cultural.

> Ez dugu nahi Euskal Unibertsitate nazionalistarik. Unibertsitate española legez Estatuak zuzendutako unibertsitate 'absorbente' eta imperialistaren aldekoak ez gara. Unibertsala behar du izan unibertsitateak, hain unibertsala ze euskaldunongana ere helduko dena. Gure herriak urteetan pairatu izan duen alienazio kulturalak jarri dituen muga artifizialetatik hurrunduko gaituen unibertsitatea nahi dugu. Bizi garen munduan murgiltzeko gaitzen gaituen hezkuntza eskeiniko diguna. Euskaldunok nahi dugun unibertsitatea gure kulturan, gure historian, gure hizkuntzan sakontzen laguntzen digun unibertsitatea da. Gure burua ezagutzen lagunduko gaituen unibertsitatea habiapuntu horretatik mundura zabalduko gaituena. Besteek gugan proiektatu dituzten identitate faltsuengandik askatuko gaituena. Ugalde (*Alderdi*, II-1967).

Convencido de que la información puede resolverse en formación, la pretensión de una influencia social y eficaz impulsó a Ugalde a escribir para la "mayoría", tanto en el sentido social como en el estético. En suma, respondiendo a una pregunta que en la misma época se hacía Jon Etxaide en la introducción de su primera novela, sobre el dilema de si el escritor euskaldun debía emplear un nivel culto o popular —cuestión, por otro lado, tan en boga entre los escritores de la época— Ugalde se decanta indiscutiblemente por el lenguaje llano y los temas populares favoreciendo el objetivo pedagógico, educativo o divulgativo sobre cualquier otro.

La decisión de Ugalde fue tomada de forma totalmente intuitiva ya que, como se ha señalado ya en numerosas ocasiones, en el caso del escritor como en la mayor parte de sus contemporáneos, la primera experiencia de la lengua no fue en absoluto la de una lengua normativa, formalizada y homogénea transmitida a través de la literatura clásica. De hecho, según reconoció el escritor muchas veces —y tal como se ha recogido en el capítulo dedicado a la poética del autor— sus primeros cuentos y obras de teatro los escribió con la ayuda de un pequeño diccionario, pues no tuvo maestro alguno de euskera, y las referencias de las que se valió fueron castellanas y criollas.

Ugalde se refirió a este tema en más de una ocasión y persistentemente dejó patente su opinión favorable a "un idioma sin artificios" y a "la imperante necesidad de llegar al corazón del pueblo con el habla del propio pueblo". Para Ugalde el idioma debe ser el reflejo de un símbolo vivo, y en su trabajo la apuesta firme por *el euskera llano* se transforma en elemento de cohesión y lucha, por lo que en muchos de sus artículos Ugalde subraya la necesidad del "trabajo reparador de la divulgación, con el objeto de superar las desigualdades existentes entre la lengua oral y la escrita, debido a las carencias que ha soportado la cultura vasca".

Tenemos que salvar la gran diferencia que existe entre el euskara escrito y el hablado. Nuestro pueblo no ha podido cubrir, por su carencia de medios de cultura euskérica, la diferencia que existe siempre entre las lenguas habladas y las correspondientes escritas. Falta la niveladora de la divulgación. Este es un verdadero problema que nadie ha acometido con seriedad todavía, pero que es urgente resolver. Hace falta una campaña de divulgación que debe emprenderse con medios y métodos modernos. Para eso hay que bajar forzosamente del pedestal el euskara culto, académico, que cumple su objeto, pero no el urgente que precisa nuestra lengua para superar esta terrible crisis. Ugalde (1955: 2)

Ugalde es consciente de que el euskera, al contrario que las lenguas normativizadas, "es una lengua que sólo se ha conservado a través de la transmisión oral, y que el euskera escrito es difícil de leer para la mayoría de los vascos". Por eso hace hincapié Ugalde en "la necesidad de una literatura que sirva para que sea oída" y — si se quiere, paradójicamente, asume que "con esas cuestiones debería hacerse poca literatura, ensayo y periodismo"—.

En opinión del escritor, los males que el purismo y el "puritanismo" han supuesto para la lengua, son secuelas producidas por la política. Así se manifestó sobre este tema en el libro *Unamuno y el vascuence:*

> Es verdad que, a mi juicio, la política ha incidido con algunas consecuencias dañinas en el manejo del problema que se plantea al pueblo vasco con su lengua. No todo el mundo estará de acuerdo, pero yo sí creo que hoy está tomando cuerpo la conciencia de que hemos cometido muchas exageraciones de purismo y puritanismo, y muy perjudiciales, en el campo lingüístico. Ugalde (1966: 165).

Otro de los argumentos recurrentes en muchos de los artículos que giran sobre el tema es la idea de que "los trabajos en euskara se reducen a un ámbito cultural muy reducido, de élites que tratan de problemas excesivamente seleccionados y con un vehículo enteramente inepto para llegar donde tiene que ir destinado para su divulgación, al grueso del pueblo. Se hace un uso excesivo del euskara académico y sobre temas que interesan al patriota formado o a muy poca gente". Ugalde se propone, por el contrario, llegar a los hablantes a través de "los oídos", activando iniciativas para el logro de ese objetivo.

> Hizkuntzak bi bideetatik sartzen dira, belarrietatik eta begietatik. Belarrietatik aurrena. Belarriak jaio ordurako esnatzen diren entzun bideak direnez, hortik sartzen

zaizkigun hizkuntza hotsak dira gure inguruan daukagun mundu hori erakusten digutenak. (…). Ugalde (1965: 7).

Para alcanzar su objetivo pedagógico y divulgativo, además de emplear un "euskera llano y popular", los mecanismos de relaciones simbólicas entre el universo de parábolas empleados por el escritor, el referente y el mundo real al que alude tenían que ser forzosamente básicas, de manera que, renunciando al solipsismo, el escritor consiguiera su objetivo. La consciencia de que esa complicidad entre el escritor y los espectadores era imprescindible fue la que impulsó a Ugalde a delimitar a los personajes de su única obra de teatro publicada con trazos gruesos. Las bases principales de esa complicidad entre el escritor y los posibles espectadores fueron las estructuras político sociales compartidas de la época, y tal vez hubieran sido suficientes; pero Ugalde quiso evitar totalmente la ambigüedad del sistema de signos. El autor intuyó la necesidad de deshacer completamente el nivel de abstracción de los signos y su carácter críptico.

La obra de teatro *Ama gaxo dago* está escrita en cuatro actos y el pretexto dramático que contiene es la situación de una madre moribunda. El título conlleva el conocimiento previo de varios aspectos arraigados en el inconsciente colectivo de los espectadores. El reflejo del mito matriarcal[204] tan enraizado en la cosmogonía vasca es muy habitual en la tradición literaria vasca como recurso metafórico. Por citar algunos clásicos podría referirse el caso de Felipe Arrese Beitia en la elegía "Ama Euskeriari azken agurrak", del año 1879, obra que ofrece una referencia metafórica análoga. Metáforas similares se refieren en el pastoral cantado "Amatxi" (1914) de Etienne Decrept; o en la poesía "Ama Euskara" (1892) de Pedro Mari Otaño y, obviamente, aparece en muchas canciones conocidas que constituyen el patrimonio popular delk acerbo vasco. Según nos recuerda Anjel Lertxundi (1986: 50) "la madre significa familia, tradición, casa, tierra, pueblo. Un tipo de euskera, muchas veces torpe, no culto la mayoría de las veces.

(...) La lengua de la Madre es una lengua viva, ese modo de hablar está cubierto de afectividad".

En el caso de Ugalde es totalmente explícita la unión metafórica de los dos términos en todas las ocasiones que se refiere a la lengua: "El euskera es la madre de todos", "el euskera debería ser el lazo de unión entre diferentes, al igual que una madre" u otros similares son muy habituales en los textos de Ugalde.

Buscando la complicidad del espectador, Ugalde también procuró que los personajes fueran referentes muy familiares para sus contemporáneos nacionalistas. El objetivo de esos referentes metafórico/alegóricos era que enlazaran con las vivencias y los sentimientos presentes en los espectadores. Por ello, tal vez, la lengua que utilizan los personajes y esos significados alegóricos que supuestamente se les atribuyen, así como sus pares contrapuestos, además de ser demasiado conocidos, son también demasiado básicos para sostener el nivel de abstracción que se pretende de ellos. Y a pesar de todo, no podrá decirse que la evidencia de los símbolos no es un efecto buscado por el propio escritor. Ugalde lo reivindicaba en unas declaraciones recogidas en la obra *Erroetatik mintzo* (1993):

Pertsonaiak ezagunak izatea ona da. Baina ez dute artifizialki sortuak izan behar; ez teoriaz sortuak, ez nahi liratekeen edo behar liratekeen ahalmenak emanda sortuak. Horrelako tipo herrikoi bat jaio arazteko misterio bide batzuk erabili behar ditugu. Ez dira horrelako pertsonaiak kolpetik sortzen. Gizarteak, jendeak, berak aukeratzen ditu pixkanaka bere pertsonaiak.

En esta pieza de teatro que nos ocupa se presentan unos diez personajes, de mayor o menor relevancia. Miguel, es "un hombre de treinta y nueve años, de barba corta y gafas, elegante y estirado". Es el hijo que lleva mucho tiempo viviendo fuera del caserío, catedrático de la Universidad de Salamanca, y que a duras penas se ha acercado a visitar a su madre agonizante. "Lleva abrigo y sombrero", muestra de la sofisticación adquirida fuera de casa. Continuamente repite que sus hermanos que viven en el caserío "viven en un mundo cerrado" y compara la casa materna con una "jaula", dando a entender que quedarse en ella coarta la libertad. Pide a los hermanos que dejen a un lado los sentimientos para con la madre y que usen la razón; aunque reconoce que "todo lo logrado" se lo debe "al pueblo y a la familia". Habla fríamente, y duda de que si finalmente "nuestra madre va a morir dentro de unos pocos años, tanto sufrimiento merece la pena". A Miguel le parece más efectivo emplear las fuerzas y la energía en otra cosa. Al lector o posible espectador de la época no le costaría demasiado percatarse que tras este personaje estaba el mismo Unamuno.

Sabin es médico: "Un año más jóven que Miguel, más bajo, de tórax ancho, con barba". Vive fuera pero viene a menudo a casa a visitar a la madre. Aunque a Miguel le parece que es demasiado efusivo, "ante problemas de gravedad deja de lado el corazón y le gusta usar la cabeza". Este personaje que en todo momento nos recuerda a Sabino Arana es la síntesis entre la razón y el corazón[205].

Unai es un pelotari que viste txapela. "Criatura apegada a la tierra", reivindica que "es un joven enraizado y criado en la misma tierra que le nutre de manzanas y trigo". Emana el orgullo de los hombres de pueblo. En plena discusión con Miguel le dice que el hombre que sólo usa la cabeza no es un verdadero hombre. Es portavoz de las reivindicaciones del pueblo, y en ese sentido critica vehementemente la falta de universidad en el País Vasco.

> Ni ez nauk unibersidadera joan, Salamancara joateko dirurik ez zegoaken etxean nik bear nuanean. Ta emen, gure herrian bertan, ez zaukagu unibersidade aukerarik. Bañan ez uste orregaitik i baño mokoloagoa naizenik!. (1964b: 11).

En la obra también aparecen otros personajes de segundo orden y todos cumplen con el objetivo de la identificación arriba mencionado. Itsaso e Iñaxi además de ser símbolos del pueblo, caracterizan los rasgos que tradicionalmente han representado las mujeres: emanan delicadeza, dulzura y compasión. Son las que más cerca viven de la madre, y ya saben de cierto que "aunque se curen los dolores de cabeza de la madre, tendrá que permanecer en la cama durante mucho tiempo".

Don Arturo y Zubizarreta son médicos, los dos feligreses —he aquí otro guiño a los espectadores de la época—, muy diligentes con la madre de Sabin y Miguel, y se esmeran mucho para revivir a la agonizante mujer. Don Arturo fácilmente rememoraría a los expatriados el recuerdo de Campion, el ferviente nacionalista navarro.

Ama Gaxo Dago es la dramatización de una narración parenética. La obra de Ugalde nos presenta binomios contrapuestos habituales en la literatura tradicional; la controversia entre la razón (Miguel) y el corazón (Unai), el conficto entre el hombre del pueblo y el intelectual, el choque entre la colectividad (Sabin) y el individualismo, o el debate entre el hombre primitivo y el socializado.

En lo que se refiere al espacio también son habituales los lugares que aparecen en la obra de teatro. La trama se desarrolla en una única habitación de un caserío. Esta habitación que aparece en los cuatro actos es una habitación obrera y está llena de referencias tradicionales: muebles robustos, baúles antiguos y la foto familiar colgada en la pared. La habitación debe mostrar por sí misma, según pide en las acotaciones el autor, "la consistencia y la tradición de Euskal Herria; no asi la vetustez, sino la fuerza interior de progreso".

Ugalde hace desaparecer todo aquello que no ocurre en las habitaciones del caserío. Sabin dice sobre quienes se van del pueblo/del caserío/del lado de la madre:

> Urte batzuek kanpoan ibiltzen ba'gera ez degu utzi genduanik arkitzen... Bañan ez erria bakarra, kanpoan dabillena ere aldatzen da. Ala zion lengo egunean

Maindi'ko aitonak; iru illoba Madrid'era estudiatzera obe biarrez bialdu, bai, ta ez ditula gehiago esagutzen; betiko galdu ditula...Noizean bein etortzen ba'dira ere, bere illobak ez ba'lira bezela; elkar ezin itz-egin dute, euskera ere aztu omen zaiote ta... (1964b: 24).

A través de la utilización del espacio y de los personajes dramáticos Ugalde hace apología de la humildad, la defensa del que no se ha alejado de casa, de quien sigue apegado a la tierra (el caserío/la madre/el euskera), de manera que su obra emana costumbrismo. En ese sentido, lo que incriminan varios críticos a las letras vascas tradicionales y al teatro de la época, es decir, que en sus historias no aparecen más que caseríos, montes y prados verdes, y que el elenco de personajes está plagado de pescadores y labradores depositarios de las tradiciones sagradas, se hace realidad también en esta obra.

Pero la la obra *Ama Gaxo Dago,* va más allá del simple costumbrismo. En el último acto, el autor desplaza la acción dramática del escenario a la sala, y la sitúa entre los espectadores, sin romper la coherencia de la obra. En este último acto, cuando Unai está escribiendo una carta dirigida a Miguel, es un joven sentado entre el público quien enciende la chispa de la última discusión. En esta polémica dramatizada intervienen personajes de tres generaciones, cada una de ellas representativa de las diferentes vivencias de la sociedad vasca para con el euskera y, seguramente, con el propósito de ser el reflejo de las situaciones de muchos de los que se encontraban entre los eventuales espectadores.

Tres actores (personajes) sentados entre el público son los que cobran todo el protagonismo en este acto. Parece ser que mediante esta técnica el autor pretende romper la barrera que hay entre actores y espectadores; diríase que es un amago hecho al público para que participe directamente y se implique en la obra.

No puede considerarse este recurso dramático como técnica vanguardista; algo similar hubiese sido muy sorprendente para el espectador no acostumbrado al teatro, y por lo tanto el escritor no hubiese alcanzado el objetivo pedagógico tantas veces mencionado; pero, a pesar de todo, dicha técnica es un recurso repleto de valores simbólicos. Ugalde, pretendiendo evitar el recurso a la "moralina", baja del púlpito las cuestiones del pueblo y la lengua, y las ubica donde corresponde, en el mismo pueblo, entre las gentes. En opinión de Ugalde la cuestión del euskera no es una cuestión a resolver entre los políticos (Arana) o los intelectuales (Campión-Unamuno). Los intelectuales representados en el escenario no tienen la fuerza que conllevaría la conciencia del pueblo vasco. Esta idea, además, encaja perfectamente con la esencia del pensamiento político de Ugalde, quien siempre se mostró totalmente partidario de las iniciativas populares y participativas.

En esta obra de teatro Ugalde tampoco pretende erigirse en productor o re-elaborador de nuevos signos o características de la identidad colectiva vasca. Su aportación radica en ser vehículo transmisor de un modelo cultural grupal del que el autor se siente parte integrante. La consecuencia más evidente de esa decisión fue reducir al máximo el mensaje literario, con la consecuente burda explicitación de los códigos del texto, lo cual, evidentemente, no añadió ningún valor literario a la obra. Sin embargo, no cabe disociar el esfuerzo del autor del contexto y de la época en la que se creó el texto.

En el choque de vectores entre las realidades culturales y políticas —y en la preeminencia del hecho cultural sobre el político— radica una de las características ideológicas más reseñables de Ugalde y, también quizá, una de sus contradicciones ideológicas más recurrentes. Ugalde concibe la política como una *fuerza igualadora* —es decir, en palabras de Césaire "como el impulso que conduce a un pueblo de la condena de una situación periférica a la consecución de la igualdad, a la eventualidad de equipararse con los ciudadanos libres"— entiende la cultura como una actividad *idiosincrásica, propia, singular, particular* y *diferenciadora*. En ese sentido —manifiestamente preocupado por la supervivencia del euskara— Ugalde considera que las actuaciones en favor de la cultura son absolutamente ineludibles, mientras que las actuaciones políticas, son de segundo orden.

El intento de marcar las lindes entre las actuaciones culturales y políticas, y la prioridad otorgada a la cultura, alinea a Ugalde con otros muchos partidarios de la ortodoxia del Partido Nacionalista Vasco, que —al contrario que el fundador del partido Sabino Arana— comparten esta misma opinión. Pro-hombres de la cultura vasca como Azkue, Lhande, Iturralde, o el propio Barandiaran habían defendido esta idea antes, o paralelamente, que el propio Ugalde. Para estos autores, mientras el espectro de la política corresponde a la ideología individual, la cultura, debe ser patrimonio de toda una comunidad, algo colectivo. Así se lo expresaba Ugalde a Txillardegi en una carta escrita el veinte de septiembre de 1966 desde Evanston en la que el periodista se sorprende de que entre algunos intelectuales se defienda la preeminencia de la actividad política sobre la cultural.

> Gaur irakurri det artu-berria dedan *Gudari*'n azaltzen dan lantxo bat, pirmarik gabeko bat; lenengo politika arazoa omenda, gero gañekoak; ederki ziok!; badakit nik, bai, ondo asko, politika bidetik etorri litekean ondasuna aundiagoa dala; baiña, ondasun oriemendik ogei urtera eltzen bada, nork elduko dio eusko-izateari?; eta, gañera, eta ez det nik au gure izparringietan idatzi nai, gure arerioei berei argumentu bat ematea baita, baiña zer da gaur egin genezaken politika lan nabarmen eta aurre-bidekorik kultura-lana baiño?! Bat nola egin, au da galdera! Ni ibilia nazu lan onetan; Beyris'enesan nituan nereak, alperrik; emen ere ibilia nazu, eta ETA'ko zurelagunak esango dizute nere jokaera nolakoa izan dan, eta alperrikizandu da. Nik gauza bat ikasi det, lan ori egiteko goi-goitik jo beardala; betik egindakoak alperrikakoak izan baitira orain arte.

Sin embargo, la idea de que la política debe, en todo caso, subordinarse a los objetivos culturales no era compartida por muchos otros miembros del partido y fueron argumentos de controversia que enfrentaron a Ugalde con el dirigente del Partido Nacionalista Vasco en el exilio Manuel de Irujo, en primera instancia, y con muchos otros miembros del PNV más tarde.

La polémica con Irujo supuso un valioso conjunto de escritos en la revista *Alderdi* durante los años 1964 y 1965. Son de esa época, concretamente, los artículos "Euzkadi, ¿a dónde va? I "y "Euzkadi ¿a dónde va? II"[206]. En los artículos aludidos, Ugalde da a conocer al lector los contenidos de una mesa redonda que se celebró en el Centro Vasco de Caracas el 22 de marzo del año 1963. En el primero de los artículos el periodista se muestra optimista en la convicción de que iniciativas de estas características servirán para acercar a los jóvenes y a la ideología del nacionalismo vasco y —aunque, desde el primer momento queda en evidencia que el debate va a ser "apasionado y áspero"— el periodista considera enriquecedor cualquier polémica entre nacionalistas.

Durante la reunión abierta, por petición del moderador, se solicita a los allí presentes concretar cuáles serían los objetivos prioritarios que el nacionalismo vasco debería proponerse en corto espacio de tiempo y de manera prioritaria. Ugalde se propone articular una respuesta estructurada a la cuestión, y con la clara intención de responder convenientemente a la pregunta formulada, se dedica a desgranar la diferencia entre la iniciativa cultural y política en sendos artículos, cuyo análisis contribuirá indiscutiblemente a arrojar luz sobre las ideas del periodista al respecto.

Entre los asistentes al debate que se celebró en Caracas, había participantes que afirmaban el carácter ineludible de conquistas políticas previas a la reestructuración del sistema cultural y e insistían en la necesidad de promover acciones políticas y sociales antes, incluso, de acometer la necesaria labor de difundir el euskara a través de la literatura, el periodismo u otras formas de divulgación de los rasgos idiosincrásicos vascos. Los defensores de esta idea, entre los que se encontraba Irujo, consideraban que sin el restablecimiento del gobierno propio y sin una lucha a favor de la instauración de las libertades civiles en el País Vasco, las iniciativas culturales resultaban improductivas y que sólo la actividad en el marco político otorgaría a la cultura la garantía suficiente para sobrevivir. Ugalde, por su parte, entiende que el movimiento nacionalista "tiene que librar la lucha en dos frentes distintos: La política y la cultural", y si bien no entiende estos dos términos de manera totalmente dicotómica; sí se muestra firme a la hora de defender la necesidad de dar prioridad a la actividad cultural frente a la política[207].

> Quisiera que el lector entendiese mi intención de distinguir lo que es sustantivo y permanente en la vida de un pueblo, aún en aquel en que no existe un partido político (la lengua y el derecho a su cultivo: escuelas, universidades, prensa, teatro; y su sentido nacional y religioso) de aquello que es circunstancia política: actividad partidista y anti-franquismo por ejemplo. (…) Por eso cuando me encuentro en la alternativa de elegir un objeto primordial e inmediato, yo me decido claramente por el cultural. ¿Por qué? Porque considero que es el que reúne las dos condiciones exigidas: la de ser fundamental y la de ser impostergable. (1964).

En definitiva, la cultura constituye para Ugalde la esencia misma de la identidad de un pueblo y, por ello, debe construirse conjunta y democráticamente. Segñún el autor, en el caso de las cultural minorizadas como la vasca o los pueblos indígenas venezolanos, debe contribuir a un proceso de normalización del sistema cultural fragmentado.

Argumentación final

El discurso de Martin Ugalde resulta un vehículo transmisor de los problemas y anhelos de diversas comunidades de carácter subalterno con las que el autor entró en contacto a lo largo de su vida. De hecho, la verdadera fuerza de la visión de Ugalde radica en el hecho de que el escritor es capaz de vincular su discurso resistente, representativo de un grupo políticamente minorizado —presente fundamentalmente en sus textos de temática vasca— con la tradición humanista más clásica y universal que se revela, aunque no de forma exclusiva, en el carácter de denuncia social de su narrativa y reportajes venezolanos.

Justamente, la producción discursiva de Ugalde es un intento de contribuir a desenmascarar esquemas culturales y sociales hegemónicos que obedecen a diversas políticas antidemocráticas y prácticas fundamentadas en la desigualdad social. A través de su discurso Ugalde busca siempre alimentar la complejidad de la realidad —problematizar dogmas de amplia aceptación social, "desvelar el engaño"— frente a visiones monolíticas o maniqueas. El carácter radicalmente democrático de las evidencias discursivas analizadas brota, precisamente, de esta concepción antihegemónica. El discurso de Ugalde podría calificarse así como un discurso moral, cuyo objetivo central es el intento de esquivar una estructura segregada, lo que informa —en gran parte al menos— del carácter subalterno de su discurso.

Las evidencias discursivas analizadas muestran una patente tendencia —si bien modalizada en grados diversos— a subrayar una lógica de la diferenciación con respecto a las diversas estructuras normativas oficiales del poder político y social. Ugalde trata de fragmentar el monólogo propio de las dictaduras y otras praxis antidemocráticas de corte social mediante la reivindicación incansable del diálogo a través de la enunciación de voces diversas —y a menudo divergentes con respecto al poder— cuya visibilización y difusión el autor concibe como la piedra de toque de la democracia.

La conciencia ética de la presencia real de los otros, la simpatía hacia ellos y la institución del discurso como diálogo con el distinto adquiere un valor central en el pensamiento y la praxis discursiva de Ugalde. Esta conciencia ética se incorpora, a su vez, a la axiomática reivindicación democrática de las aspiraciones del colectivo nacionalista vasco, cuya representación Ugalde asume no desde la condescendencia del intelectual, sino en virtud de saberse él mismo miembro de un grupo cuyas aspiraciones democráticas habían sido sistemáticamente cercenadas por el poder de un estado centrípeto y profundamente antidemocrático.

Los textos analizados revelan una actitud democrática esencial innegable e insisten recurrentemente en el código de absoluta libertad que debe guiar toda actividad intelectual en un marco de tolerancia. Esta ideología central en las evidencias analizadas entronca, a su vez, con una irrefutable concepción del carácter subjetivo de la percepción de la realidad propia del pensamiento personalista, filosofía cuyas claves fundamentales informan, de forma notable también, toda la obra del autor.

En esa línea, las evidencias textuales analizadas demuestran que para Ugalde no existe una impresión automática —o autoritaria— de la verdad. La realidad objetiva está mediada por la singularidad de cada individuo y su bagaje vital, cultural y político. El análisis de los textos del escritor muestra una tensión fundamental entre la afirmación de absolutos personales resistentes a toda reducción y la edificación de una unidad universal. Por este motivo, Ugalde entiende que la sustantividad ontológica del ser humano no implica solipsismo; bien al contrario para el escritor la persona debe estar abierta a una dimensión comunitaria, sin la que el individuo no puede realizarse en plenitud.

En esas coordenadas, Ugalde entiende que las ideas se descubren en los enfrentamientos dialécticos: en contraste, opción y toma de partido activa frente a otras ideas diferentes, incluso antagónicas. En su obra periodística, el escritor apela a la habilidad para construir argumentaciones racionales y consistentes desde una perspectiva de la lógica formal, defendiendo que las ideas se expresan en opiniones. El autor sostiene que un razonamiento sólido sólo puede estructurarse con cierto grado de objetividad que únicamente puede alcanzarse pensando libremente y en común.

El discurso de Ugalde se halla en permanente tránsito entre los dos espacios y las dos lenguas de su experiencia. Durante su exilio en Venezuela y en las coordenadas sociales de cambio y profunda desigualdad para las grandes masas de población venezolana provocada por el "milagro del petróleo" —y en virtud de la calidad de referencia periodística que aportan— los cuentos y los reportajes venezolanos de Ugalde resultan una fuente testimonial relevante y entroncan con una tradición latinoamericana de escritores que describen, al margen de la historiografía tradicional, la vida íntima de esos países, contribuyendo a una narrativa nacional alternativa reveladora de la vida cotidiana de las capas medias-bajas de la sociedad: trabajadores y pobladores de las áreas suburbanas más desfavorecidas. El escritor se afana en mostrar la condición desgarradora de las masas constituyentes del pueblo venezolano más humilde a través de episodios descarnadamente humanos dirigidos a deshacer falsos estereotipos y buscar la empatía del lector, ofreciendo un testimonio vivo de un periodo histórico de grandes cambios sociales.

Tras el franquismo y durante los primeros años de la paradigmática transición española, la obra periodística y ensayística de Martin Ugalde representa una importante contribución a la (re)vertebración y (re)construcción del País Vasco —de su cultura e identidad—. La investigación atestigua que el escritor, en virtud de la magnitud de su obra, su compromiso político explícito y el reconocimiento atestiguado de sus correligionarios y compatriotas, actuó de hecho como protagonista representativo en la conflictiva relación social que se estableció entre el nacionalismo vasco en el exilio y el poder monolítico del franquismo. El análisis de la obra vasca de Ugalde adquiere, por tanto, un valor sinecdóquico con respecto al discurso del nacionalismo vasco en el exilio tras la guerra del treintaiseis.

El análisis diacrónico del discurso de Ugalde muestra que el escritor avanza gradualmente en los últimos años de su biografía —desde el carácter fuertemente resistente y defensivo presente en su obra del exilio, y primeros años de su vuelta comprometida en los últimos años del franquismo— hacia la tentativa de construcción de una identidad grupal de proyecto, coincidiendo esta construcción performativa con los primeros años de la transición, época en la que Ugalde ocupa cargos en la nuevamente instaurada administración vasca de la mano del PNV. Los textos de esta última época alternan un discurso de carácter positivo —y fidelidad política— hacia la administración vasca restablecida, con otros textos que revelan recelos acerca del carácter realmente democrático del gobierno central, o incluso, acerca de algunas actuaciones del propio Gobierno autonómico.

La investigación demuestra que el primer estímulo del joven Ugalde hacia la escritura fue un intento de exorcizar demonios provocados por el exilio obligado, primero, y por la imperiosa necesidad de adaptación a su nueva patria, después. El exilio y la necesidad de adaptación obligan —y permiten— a Ugalde practicar una revisión explícita de los valores humanistas y cristianos que lo han sostenido hasta ese momento y constituyen su primer andamiaje identitario de juventud. El paso previo a la explicitación de las nuevas lealtades identitarias pasa en el periodista por un proceso de investigación y nacen en el joven Ugalde desde la empatía hacia el hombre sufriente, desde el ideal de justicia que le embarga por su condición y educación cristiana. La identidad subjetiva del escritor se basa en planteamientos de transformación y cambio social sobre los pilares de una realidad identitaria percibida de forma no defensiva y enfatizando el carácter no esencialista del constructo identitario.

Los constituyentes de la identidad adaptativa y de proyecto de Ugalde se desvelan a través de la lectura semiótica del primer ciclo cuentístico y los reportajes del autor, que reveladoramente giran en torno a los comportamientos por acomodarse a las nuevas circunstancias de aquellos hombres y mujeres obligados a abandonar su país de origen y establecerse en otro capaz de ofrecerles un futuro, aún a costa de tener que recorrer un camino pavimentado de esfuerzos, dificultades y hasta miserias. Así la obra venezolana de Ugalde manifiesta un ansia indudable de profundizar en lo elemental humano a través de la descripción detallada, minuciosa y lírica de la diversidad de la geografía de seres marginales —indios criollos, emigrantes— que constituyen la fuerza de trabajo de la Venezuela a la que llega el joven Ugalde. Frente a la inutilidad de la insurrección como arma transformadora de una realidad hostil la solidaridad, la amistad, el amor al prójimo, la familia o el valor del trabajo cotidiano se revelan como constituyentes esenciales de la habilidad adaptativa del ser humano.

La obra literaria de Ugalde- —muy especialmente sus primeros cuentos— se asienta como foco de denuncia irrenunciable y logra trascender el ámbito de lo venezolano particular, por transmitir al lector un mensaje universal de rechazo a un mundo de resignación ante las desigualdades. El intento de Ugalde de representar al sujeto subalterno en su obra venezolana da como resultado una literatura de la empatía y la compañía, una literatura con claros rasgos reformistas, alejado de planteamientos revolucionarios.

El discurso de Ugalde recogido en su obra de temática vasca remite a una posición de representación colectiva que trasciende las de un sujeto autobiográfico. La responsabilidad para con el colectivo del que se sabía parte —y cuya libertad democrática completa anhelaba— guió el deseo del autor de cumplir el papel de representación aludido. La esencialidad de los significantes discursivos y significados metafóricos del exilio reseñan esta posición representativa durante su estancia en Venezuela.

Durante los años de exilio, en su obra de temática vasca Ugalde se identifica con el colectivo social que comparte con el periodista un "sistema de dificultades". La identidad colectiva es, para Ugalde, una construcción elaborada en relación a las lindes que se establecen entre los grupos que están en contacto con la suya propia y, a la vez, son percibidas como agresoras del constructo emancipado de la propia identidad. En estos textos la relación nosotros/otros es expresada radicalmente, donde *nosotros* se refiere a todos aquellos que comparten el código nacionalista vasco y *los otros* son los seguidores de la estructura oficial. Esta polarización se despliega en el discurso a través de la alusión recurrente a ejes temáticos vinculados a la idiosincrasia identitaria vasca, marcas gramaticales que subrayan el carácter colectivo y democrático de la enunciación (enunciadores colectivos) y a través de una polarización semántica referida a significados connotativos divergentes (polarización valorizante).

Así, las expresiones discursivas de temática vasca de Ugalde presentan un eminente carácter alternativo, práctico y vital frente a la cultura franquista dominante y frente a su intento de construir un discurso único e institucionalmente autorizado a través de los mecanismos del estado totalitario. En ese sentido, la obra de Ugalde — sobre todo la referida a asuntos vascos— presenta características semántico-discursivas que permiten tipologizarla como discurso político; aunque el análisis demuestra que para Ugalde el espectro de la política se enfoca —exclusivamente— desde una perspectiva comunitaria y que su práctica es casi una estrategia de supervivencia.

Por tanto, la conciencia identitaria colectiva sirve, en el caso de Martin Ugalde, de demarcación de su *nosotros* (nacionalistas vascos) frente a la alteridad sentida con respecto al poder centralista español y, en ese sentido, refleja una suerte de autodefensa con respecto a la identidad vasca negada por éste, que termina resultando, igual que para el colectivo, un verdadero drama fundacional sobre el que se construye la identidad social del autor. La apelación a la identidad colectiva del autor es un ejercicio personal de carácter consciente, reflexivo y práctico.

El acto de escritura es para Ugalde una manera de actuar. Atendiendo al carácter práctico de su discurso, cabe destacar que los artículos de opinión analizados muestran un signo ideológico cristalino en el que el ejercicio narrativo se vertebra en dos direcciones calculadas y a través de argumentaciones constituidas de manera disímil. Un primer conjunto de artículos — estructurados discursivamente en forma de contra-argumentación la mayor parte de ellos— están dirigidos a un receptor externo — distinto al *nosotros* que conforma la identidad colectiva sentida como propia por el escritor— y persiguen alcanzar un diálogo con el complejo entramado del poder hostil y monolítico y contribuir al debate fecundo que, según el autor, debe constituir la verdadera democracia. Otro grupo de artículos —la mayoría de ellos escritos en euskara— constituyen en conjunto un argumentario práctico que persigue articular un nuevo reglamento para un renacimiento cultural. En los citados textos, la evaluabilidad discursiva disminuye y el recurso a las formas apelativas, la ironía o las marcas enfáticas dejan lugar a estrategias discursivas menos vehementes.

[241]

El primer grupo de artículos presenta un signo más político, mientras que el segundo grupo desvela un tono políticamente menos beligerante y estilísticamente más cercano, pedagógico y constructivo, donde el autor se vale de un cierto esencialismo resistente. Todos estos textos comparten, sin embargo, un acentuadísimo propósito práctico y fueron escritos, no en aras de la consecución de una utopía inalcanzable, sino en defensa de su entorno cultural cercano.

La centralidad de la entrevista como fórmula de trabajo, el recurso a la ventrilocución, "la apuesta por un idioma sin artificios", las incursiones del autor en el género biográfico e histórico, el recurso a los temas populares y la contextualización de los rasgos estilísticos más prominentes en el discurso del autor se vinculan, precisamente, al carácter práctico de la obra de Ugalde y se explican desde la fe ilustrada o kantiana de una influencia social mediante la apuesta por la divulgación o persuasión a través del intercambio de ideas.

El intento repetido de Ugalde por desgranar y explicar los rasgos identitarios constitutivos de la identidad colectiva vasca que exponen gran parte de los artículos de opinión del periodista se explica desde la creencia fuertemente arraigada en el escritor de que los constituyentes sociales de una identidad colectiva sólo se tornan fuente de sentido si los actores sociales, o miembros, del colectivo los interiorizan. La obra de Ugalde contribuyó así de manera significativa a reconstruir la identidad vasca —como identidad de resistencia frente al franquismo primero– y a la conquista del derecho a la práctica cotidiana de su identidad, después.

El discurso de temática vasca de Ugalde se inclina a favor del objetivo performativo, práctico y reformista de la ortodoxia del Partido Nacionalista Vasco; desertando la mayor parte de las veces, de visiones esencialistas o revolucionarias más propias de otras facciones del nacionalismo vasco en el exilio y durante los primeros años de la transición. Son muestra de esta tendencia ideológica ortodoxa con respecto a la línea central del partido al que perteneció durante la mayor parte de su biografía: su lealtad —manifiesta en su obra— para con los dirigentes del PNV y sus decisiones, la prevención, compartida por la ortodoxia del partido, hacia planteamientos de la izquierda revolucionaria y el auspicio de una doctrina social de signo social-demócrata y reformista, las inclinaciones o el sesgo ideológico de las publicaciones vascas para las que colaboró y el carácter defensivo que rezuman muchas de las contra-argumentaciones del periodista enfrentado a las críticas de otros nacionalistas de discurso más radical.

Los textos de Ugalde muestran una clara prevención hacia el peligro de que el colectivo demagogice la lucha e insiste una y otra vez en los peligros que el extremismo político acarrearía para los objetivos culturales del colectivo. Por tanto, la heterodoxia de Ugalde, con todos sus matices, no se opone tanto, tal como ha querido sugerirse por parte de algunos críticos de su obra, a la ortodoxia nacionalista, a la que —si bien con matices suficientemente justificados en este trabajo— fue fiel a lo largo de toda su carrera intelectual y política; sino que se posiciona, axiomáticamente ahora sí, contra la cultura oficial y los aparatos ideológicos del Estado que impidieron la emancipación libre de su cultura y su idioma.

Sin embargo, lejos de una defensa unidireccional de la identidad social del colectivo al que Ugalde representa, el escritor alterna la defensa y afirmación vehemente de la identidad del grupo con el intento de negociación de esos mismos constituyentes identitarios con diversos interlocutores que defienden, en el seno del mismo conjunto referencial nacionalista vasco, posturas ideológicamente opuestas al escritor. Ugalde insiste en la necesidad de asumir la identidad colectiva vasca en toda su complejidad y, así, el discurso que gira en torno a la identidad colectiva del periodista se rebela permanentemente contra la imagen estereotipada de lo vasco, responsabilizando de la misma, si bien en grados diversos, tanto al poder exógeno como al maniqueísmo propio de algunos sectores de la ortodoxia nacionalista. El discurso persigue desvelar aquellas identidades estigmatizadas, e incluso las torticeramente emblematizadas, que contribuyen a falsear la identidad colectiva.

La frenética labor articulística del escritor a partir de su regreso del exilio venezolano muestra un Ugalde preocupado por intervenir en la nueva Euskadi que está fraguándose. La necesidad de adaptación que traccionó su discurso a su llegada a Venezuela se torna un proceso más ideológico dando paso a toda una serie de obras que —mediante incursiones en el género biográfico, histórico, o las entrevistas— indagan en la identidad colectiva vasca. Las obras, y artículos escritos en los inicios de la transición —todos ellos de marcado carácter divulgativo y pedagógico— están sustentados en una profunda y radical perspectiva cultural y alejada, sin bien con excepciones, de escritos de proyección política.

La obra publicada durante este periodo presenta una dimensión no sólo informativa sino también formativa y comunicadora de valores concretos, pretendiendo ofrecer a la comunidad una visión de lo vasco, racional, amplia, variada y exenta de prejuicios reduccionistas. La solidaridad con la causa colectiva, la lealtad a las ideas nacionalistas y la consecución de objetivos que permitieran ganar el derecho a la práctica cotidiana de su identidad, resultan las fuerzas motrices que estimulan el discurso de Ugalde durante esta época. Los textos de este periodo se entroncan en un indiscutible intento performativo de evidente designio reformista alejado de visiones parciales o ideologías maximalistas.

Desde un prisma democrático, el periodista entiende que la cultura debe ser alentadora de experiencias colectivas liberadoras y emancipadoras y debe en todas sus formas cotidianas, resolverse en educación y formación. Consecuentemente Ugalde asume como objetivos centrales de su escritura aportar un testimonio de su experiencia a sucesivas generaciones —por lo que el recurso a la memoria resulta una parte central de su discurso, adquiriendo en numerosas ocasiones un valor metonímico— y contribuir a que los ciudadanos participen con igualdad de derechos —también culturales y lingüísticos— en la vida pública y el disfrute de las comunicaciones. La apuesta firme por la creación de un periódico escrito íntegramente en euskara —apuesta en la que puso de manifiesto una admirable energía y desembocó de manera injustamente aciaga— debe interpretarse en estas coordenadas.

Por encima de la diversidad lingüística, la genealogía, el origen, la raza o incluso la clase social a la que pertenezcan los personajes de la ficción de Ugalde, éstos son tratados con el lirismo y la empatía del que concibe la humanidad condicionada por agentes hostiles y circunstancias cotidianas que se escapan a su propia voluntad; aunque cabe destacar que por lo que se refiere a la representación narrativa de los personajes, textos analizados no desvelan una idealización del pueblo —ni vasco ni venezolano— en el sentido de que tal idealización suponga un apartamiento de lo real.

El análisis de los biografemas y el discurso en torno a la identidad individual y colectiva del autor vasco —de tono resistente el primero y resultado de una necesidad adaptativa el segundo— desvela un doble argumento narratológico que, sin embargo, lejos de resultar una construcción identitaria híbrida o conflictiva, muestra señales inequívocas de solidez y estabilidad, reflejando una suerte de síntesis dialéctica. En ese sentido, cabe defender que la obra de Martin Ugalde —en cuanto que relato identitario— constituye la doble narrativa de una exégesis identitaria obligada. De la confluencia de la identidad de resistencia —aplicable a la construcción identitaria colectiva del autor— e incorporada a su vez a un andamiaje de identidad subjetiva creado por la necesidad irrefutable que tiene todo individuo de construirse un futuro, surgirá una nueva realidad identitaria —si bien repleta de contrapuntos— que terminará por reflejar la síntesis de la identidad de Ugalde de manera integral.

La cosmogonía de Ugalde no es un sistema cerrado y conceptualmente elaborado —bien al contrario, la ideología del autor arranca de la praxis derivada de las circunstancias a las que el autor se enfrentó a lo largo de su azarosa biografía— las claves del contenido simbólico de su pensamiento pueden trazarse a través de marcas recurrentes en su discurso, si bien acentuados de forma disímil en sus textos venezolanos —reflejo de una responsabilidad interna e íntima— y los de temática vasca – condicionados por un compromiso ideológico—.

Estas claves podrían resumirse aludiendo a su libertad combatiente, el marcado carácter práctico de su praxis discursiva, la dimensión dialógica y universalista de su obra, el signo profundamente humanista y empático para con todos los individuos y los colectivos excluidos del poder económico político y cultural, la irreductible convicción democrática y el carácter reformista —alejado de utopías revolucionarias— que informa ltotalidad de su discurso.

Bibliografía

ABELLÁN, José Luís (Coord.). (1976). *El exilio español de 1939*. Vol. VI. Madrid. Editorial Taurus.

—: (2002). "La recuperación de la memoria del exilio". *Martin Ugalde azterkizun. Encuentros con Martin Ugalde*. (341-347). San Sebastián. Saturraran.

ACILLONA, Mercedes (Coord.). (2010a). *Testimonios del exilio*. San Sebastián. Hamaikabide.

—: (2010b). "Sujeto exílico: memorias y diarios". *Testimonios del exilio*. San Sebastián. Hamaikabide.

ADORNO, Theodor. (1945/2004). *Minima Moralia. Reflexiones desde la vida dañada*. Madrid. Akal

ADURIZ, Iñaki. (2002). "Eugenio Imaz y el personalismo filosófico". *Eugenio Imaz. Asedio a un filósofo*. (215-231). San Sebastián. Saturrarán.

AGUIAR E SILVA, Vítor Manuel. (1972/1982 5°ed.). *Teoría de la Literatura* Madrid. Gredos.

ALBA-JUEZ, Laura. (2009). *Perspectives on Discourse Analysis*. Newcastle upon Tyne. Cambridge Scholars Publishing.

ALDEKOA, Iñaki. (2008). *Euskal literaturaren historia*. San Sebastián. Erein.

—: (2000). "La poesía del siglo XX". Urkizu, Patricio (Dir). *Historia de la literatura vasca*. Madrid. UNED.

ALONSO CARBALLÉS, Jesús Javier. (2000): "Educación, cultura e identidad de los niños vascos en el exilio". *Sesenta años después. La cultura del exilio vasco. Actas,* vol.1. (193-208). San Sebastián. Saturrarán.

ALVAREZ ARREGUI, Federico. (2004). "Identidad y exilio". *Los hijos del exilio vasco: arraigo o desarraigo.* Ascunce, J.A. y San Miguel, M (Coord.). San Sebastián. Saturraran.

ALTHUSSER, Louis. (1971). *Ideology and Ideological State Apparatuses. Lenin and Philosophy and other Essays.* Althusser (Ed.). Nueva York. Monthly Review Press.

AMEZAGA, Aranzazu. (2000a). "Andrés Irujo Ollo. El documentalista vasco del exilio". *La cultura del exilio vasco I. Pensamiento y creación literaria.* (259-283). Ascunce y San Miguel (Eds.). San Sebastián. Gobierno Vasco.

—: (2000b). Pello Mari Irujo Ollo. El periodista vasco del exilio. *La cultura del exilio vasco I. Pensamiento y creación literaria.* (285-309). Ascunce y San Miguel (Eds.). San Sebastián. Gobierno Vasco.

AMEZAGA, Bingen. (1958 mayo, 5). "Palabras de defensa, lengua y nacionalidad". *El Universal.*

AMEZAGA, Elías. (2000). "Diáspora del 36. Nómina de prensa y periodistas vascos en ultramar". *La cultura del exilio vasco I. Pensamiento y creación literaria.* (281-314). Ascunce y San Miguel (Eds.). San Sebastián. Gobierno Vasco.

AMEZAGA, Henar. (2002). "El tema de la integración en los cuentos de Martín de Ugalde". *Martin Ugalde azterkizun. Encuentros con Martin Ugalde.* (227-245). Apaolaza (et al.) (Coord). San Sebastián. Saturraran.

ANDERSON, Benedict. (1983). *Imagined Communities,* Nueva York. Verso.

ANGULO, Javier. (1977 enero, 28). "Los dramas que viví y el desarraigo que me han enriquecido". *El País,* p.56.

APARICIO, Antonio. (1958a abril, 1). "Ruralidad y nacionalidad". *El Nacional*, p. 6.

—: (1958b abril, 28) "Unamuno, la cuestión del vascuence y España". *El Nacional*, p. 6.

ANZALDÚA, Gloria. (1987). *Borderlands. La Frontera. The New Mestiza*. San Francisco. Spinsters.

APARICIO, Antonio. (1958a abril, 1). "Ruralidad y nacionalidad". *El Nacional*, p. 6.

—: (1958b abril, 28) "Unamuno, la cuestión del vascuence y España". *El Nacional*, p. 6.

APAOLAZA, Xabier. (1994). "De la esperanza de una cultura nacional al exilio (1895-1960)". *La cultura del exilio vasco I. Pensamiento y creación literaria*. (55-134). Ascunce y San Miguel (Eds.). San Sebastián. Gobierno Vasco.

—: (2000). (Edit.). *Sesenta años después. La cultura del exilio vasco. Actas*. Astigarraga. Saturrarán.

—: (2002): "Catas en el territorio Martin Ugalde". *Martin Ugalde azterkizun. Encuentros con Martín de Ugalde*. (373-387). San Sebastián. Saturrarán.

ARANBURU, Xabier. (1977) "Euskara erdal egunkarietan". *Euskara* XXII, pp.65-68.

ARIZNABARRETA, Larraitz. (2006). "Euskal unibertsitatea Venezuelako erbestetik". *Exilio y universidad: Presencias y Realidades. Actas*, vol.1 (125-133). Ascunce, J.A, San Miguel, M., Jato, M. (Coord.). San Sebastián. Saturraran.

—: (2009). "Pedagogia xede Martin Ugalderen antzerki lanean" *Arte eszenikoak erbestean. Las artes escénicas en el exilio*. Beti, I., Gil Fombellida, M.K. (Coord.). San Sebastián. Saturraran.

—: (2010). "Martin Ugalderen hautuak eta gune errepresentatiboak: hainbat gogoeta erbesteko iritzi artikuluen harira". *Testimonios del exilio. Exilio en primera persona.* (297-318). Acillona (Coord.). San Sebastián. Hamaikabide.

—: (2012, junio 21). "Without exile, Who Am I? Metaphors of Basque Exile and Discursive Traces of Subalternity in the Work of Martin Ugalde". XV Forum for Iberian Studies. National Identities at the intersection: literature and visual media, Faculty of Medieval and Modern Languages. University of Oxford. Oxford, Reino Unido.

—: (2012, octubre, 15). "A Cartography of Political and Discursive Ostracism. Basque Nationalist Writers in Exile during General Franco's Regime". MACHL. Exiles, Migrations and Movements. Department of Modern Languages and Literatures, University of Nebraska-Lincoln, Lincoln, NE, EEUU.

ARIZNABARRETA, Larraitz e Iñaki BETI. (2002a). "Hablando con Martin Ugalde". *Martin Ugalde azterkizun. Encuentros con Martin Ugalde* (19-53). Apaolaza (et al.) (Coord). San Sebastián. Saturraran.

—: (2002b). "La escritura ética de Martin Ugalde". *Martin Ugalde azterkizun. Hablando con Martin Ugalde* (247-273). Apaolaza (et al.) (Coord). San Sebastián. Saturraran.

ARIZNABARRETA, Larraitz y Marisa SAN MIGUEL. (2002c). "Martín de Ugalde. Estudio bibliográfico". *Martin Ugalde azterkizun. Encuentros con Martin Ugalde* (517-539). Apaolaza (et al.) (Coord). San Sebastián. Saturraran.

ARTAMENDI, José Antonio. (1978). *Pensadores Vascos.* San Sebastián. Erein.

ASCUNCE ARRIETA, José Ángel. (1993). "Martin de Ugalde: evocación y crítica en la obra literaria del exilio". *Sancho el Sabio.* nº 3. (69-92).

—: (1994a). "Pensamiento y creación literaria". *La cultura del exilio vasco*. Ascunce y San Miguel (Eds.). (199-235). San Sebastián. Gobierno Vasco.

—: (1994). *Antología de textos literarios del exilio vasco*. San Sebastián. Departamento de cultura y turismo del Gobierno Vasco.

—: (2002). "Claves líricas en la narrativa de Martín de Ugalde". *Martin Ugalde azterkizun. Encuentros con Martin Ugalde*. (153-177). Apaolaza (et al.) (Coord.) San Sebastián. Saturraran.

—: (2006). "El 'derecho a la memoria' y el caso del exilio vasco". *El derecho a la memoria*. Zarauz. Alberdania. (325-350).

—: (2012). *1936ko Euskal erbestealdiko antzerkia. El teatro del exilio vasco de 1936*. San Sebastián. Hamaika Bide.

ASCUNCE ARRIETA, José Ángel y Marisa San Miguel. (1992). "Introducción". *Mientras tanto fue creciendo la ciudad*. San Sebastián. Gobierno Vasco.

(1994b). "El exilio vasco como realidad cultural". *La cultura del exilio vasco I*. (9-53). Ascunce y San Miguel (Eds.). San Sebastián. Gobierno Vasco.

—: (2008). *Exilio y Universidad (1936-1955). Presencias y realidades*. San Sebastián. Saturrarán.

ASSELIN, Louis- Marie (et al.). (1998). "The Human Factor in Development. A Review Essay". *Canadian Journal of Development Studies*, volume XIX, n° 2, (219-238).

ATXAGA, Bernardo. (2001 noviembre, 6). *Diario Vasco*, p.68.

AULESTIA, Gorka. (1996). "Sobre el lenguaje en diversos escritores vascos". *Mitos, Teorías y Aspectos del Lenguaje*. (155-164). San Sebastián. Universidad de Deusto.

AZURMENDI, Joxe (1990 noviembre-diciembre). "Karlos Santamariari omenalditxo gisa". *Jakin. Euskal Kultura Ikuspegi Bibliografikoa*. 61. (87-108). San Sebastián.

—: (1979). *Arana Goiriren pentsamendu politikoa*. San Sebastián. Lur.

—: (1992). *Espainolak eta euskaldunak*. San Sebastián. Elkar.

BALIBAR, Étienne. (1994). *Masses, Classes, Ideas: Studies on Politics and Philosophy Before and After Marx*. Nueva York. Routledge.

—: (1995).*The Philosophy of Marx*. Londres. Verso.

BARRETT, Michèle. (1999) *Imagination in Theory: Essays on Writing and Culture*. Londres. Polity Press.

BARTHES, Roland. (1971/1989). "From Work to Text". Modern Literary Theory: a Reader. 166-171Philip Rice y Patricia Waugh (Ed). Londres. Edward Arnold.

BATESON, Gregory. (1979). *Mind and Nature: A Necessary Unity. Advances in Systems Theory, Complexity, and the Human Sciences)*. Nueva York. Hampton Press.

BEEBEE, Thomas O. (1994). *The Ideology of Genre*. University Park, Pennsylvania State University Press.

BELLAH, Robert N. (1989). *Potmodern Theology*. Nueva York. Harper Collins.

BELTZA (LOPEZ ADAN, Emilio). (1974) *El nacionalismo vasco (de 1876 a 1936)*. Hendaia. Mugalde.

—: (2008/1977). *El nacionalismo vasco en el exilio*. Tafalla. Txalaparta.

BENNET, Tony. (1992). "Putting Policy into Cultural Studies". Cultural Studies. Lawrence Grossberg (Ed). Nueva York. Routledge.

BERMÚDEZ BRIÑEZ, Nilda. (2006) "Los derrames de petróleo en el Lago de Maracaibo entre 1922 y 1928". *Procesos históricos: Revista de historia, arte y ciencias sociales*. n° 9.

BETI SAEZ, Iñaki. (1992). "Introducción crítica". *Martín de Ugalde: Cuentos. I. De la nueva tierra y los inmigrantes*. (IX-LXI). Barcelona. Anthropos.

—: (2000). "Martin Ugalde: un humanista en el exilio" *Sesenta años después. Euskal erbestearen kultura.* (489-498). Astigarraga. Saturraran.

—: (2004). "Martín de Ugalde, una vida y una obra al servicio de la libertad" [artículo en línea"], *Euskonews*. Fecha de consulta: 30/11/ 2011, <http://www.euskonews.com/0271zbk/gaia27103es.html>

BEVERLY, John. (1996). "Sobre la situación actual de los estudios culturales". *Asedios a la Heterogeneidad Cultural. Libro de Homenaje a Antonio Cornejo Polar.* J.A Mazzoti y Juan Cevallos (Eds.). Asociación Internacional de Peruanistas. Pittsburg.

BOCCHINO, Adriana A. (2011). "Escritura como lugar de arraigo en el exilio: Tununa Mercado y María Negroni" [artículo en línea], *452ºF. Revista electrónica de la literatura y literatura comparada*, 4, (92-109), Fecha de consulta: 25/05/2011], <http://www.452f.com/index.php/es/adriana-bocchino.html >

BORDIEU, Pierre. (1976). "The economics of linguistic exchanges". *Social Science Information*, 16: 6, 645-668.

BOTELLA PASTOR, Virgilio. (1975, octubre). "Por qué escribo sobre la guerra y el exilio?". Ojáncano, 50-61.

BUZZI, A.R. (1969) *La teoría política de Antonio Gramsci.* Barcelona. Fontanella.

CALVO, Antonio (et al.). (2002). *La revolución personalista y comunitaria en Mounier.* Madrid. Fundación Emmanuel Mounier.

CALVINO, Italo. (1983). Punto y aparte. Barcelona. Bruguera.

CAPRA, Dominick. (2006). "Experience and Identity" Identity Politics Reconsidered. (228-245) Alcoff (et al.) (Eds). Nueva York. Palgrave. Macmillan.

CASTELLS, Manuel. (1999). *La era de la informacion. Economía, sociedad y cultura. La sociedad red*. Vol.1. México, DF. Siglo XXI.

—: (2001). *La Era de la Información. Vol. II: El poder de la identidad*. México, Distrito Federal. Siglo XXI Editores.

—: (2003 febrero, 18). "El poder de la identidad". *El País*.

—: (2009). *Comunicación y poder*. Madrid. Alianza editorial.

CAVAFIS, Constantino. (1911). "Ithaca". Traducción de Andolin Eguzkitza y Olga Omatos. [Traducción del poema consultado en línea], http://www.armiarma.com/emailuak/pamiela/kava17.htm . Fecha de consulta: 2/12/2011

DARWISH, Mahmoud. (2005/1998). *El lecho de una extraña*. Madrid. Hiperión.

DERTEANO Y BASTERRA, Kepa. (2002). "Martín de Ugalde. El exilio de de un vasco en Venezuela. El exilio, compañero de los vascos". *Martin Ugalde azterkizun. Encuentros con Martín Ugalde*. (55-84). Apaolaza (et al) (Coord.). San Sebastián. Saturraran.

DE TORRE, Guillermo. (1951). *Problemática de la literatura*. Buenos Aires. Losada.

DÍAZ NOCI, Javier. (1999). *Euskal kazetaritzaren historia*. San Sebastián. Eusko Ikaskuntza.

—: (2001). "50eko hamarkadako euskal aldizkariak eta beren eragina". *Egan* 2. época. LIV. San Sebastián. Real Sociedad Bascongada de Amigos del País. (97-124).

DOUGLAS, William (Ed.). (1999). *Basque Cultural Studies. Basque Nationalism and Politics on the Eve of the Millennium*. Reno. University of Nevada Press.

EAGLETON, Terry. (1988). Una introducción a la teoría literaria. México. Fondo de cultura económica.

—: (1997). *Ideología*. Barcelona. Paidós.

—: (2000): *The Idea of Culture*. Oxford, Massachusetts, Blackwell Publishers.

ERRIALDE (1973 junio, 17. "Martin Ugalde idazlea Euskaltzaindian sartu berria dugu". *Zeruko Argia*, 537, p.1.

ESKISABEL, Jon. (1999, julio 28). "Martin Ugalderi Elkarrizketa" *Egunkaria*, p.3.

ESTORNES, Idoia. (2010). "Una polémica sobre el vascuence en tiempos de silencio". *Cuadernos de Alzate*, 42, 92-109.

ETXANIZ ERLE, Xabier. (2007). *Literatura eta ideoogía*. San Sebastián. Utriusque Vasconiae.

ETXEBERRIA, Isabel. (2000). "Exilioa eta Martin Ugalderen Euskarazko Ipuingintza" *La cultura del exilio vasco. Euskal Erbestearen kultura*. (499-516). Astigarraga. Saturraran.

EUSKALTZAINDIA-ACADEMIA DE LA LENGUA VASCA. (2004). *Sabino Arana Goiri: Euskara eta kultura. Bilduma*. Euskaltzaindia y Fundación Sabino Arana. Bilbao.

FAIRCLOUGH, Norman y Ruth WODAK. (1997). "Critical discourse analysis". *Discourse Studies: A Multidisciplinary Introduction*. Vol. 2. (258-84). Van Dijk (Ed.) Londres. Sage.

FERNANDEZ, Luis. (1997 noviembre, 9). "Martin Ugalderi elkarrizketa. Ni, oinarriz kazetari naiz" *Egunkaria*, 2148,10-11

FOCAULT, Michel. (1980). *Power/Knowledge: Selected Interviews and Other Writings, 1972-1977*. Gordon (Ed). Nueva York. Harvester Press.

GALFARSORO, Imanol. (2005). *Kultura eta identitate erbesteratuak*. . Pamplona. Pamiela.

GARCÍA CANCLINI, Néstor. (1997). "El malestar en los estudios culturales". *Fractal.* (45-60).

GOIOGANA, Iñaki; Xabier IRUJO; Josu LEGARRETA (2007). *Un nuevo treinta y uno. Ideología y estrategia del Gobierno de Euzkadi durante la Segunda Guerra Mundial a través de la correspondencia de José Antonio Aguirre y Manuel Irujo*, Fundación Sabino Arana, Bilbao.

GÓMEZ ISA, Felipe (dir.). (2006). *El derecho a la memoria.* Zarauz. Alberdania.

GONZÁLEZ ALLENDE, Iker y Joseba PÉREZ MORENO. (2002). "Análisis narrativo del recuerdo en "El regreso" y "Del cemento. La trampa del cemento" de Martín de Ugalde. *Martin Ugalde azterkizun. Encuentros con Martin Ugalde.* (247-274). Apaolaza (et al.) (Coord.). San Sebastián. Saturraran.

GRACIA, Jordi. (2006). "Literatura desestabilizadora y memoria protegida". *El derecho a la memoria.* Gómez Isa, Felipe (dir). (311-324). Zarauz. Alberdania.

GRAHAM, Helen y Jo LABANYI (Eds). (1995). *Spanish Cultural Studies: An Introduction.* Oxford. Oxford University Press.

GRAMSCI, Antonio. (1961). *Literatura y vida nacional.* Editorial Lautaro. Argentina.

GUILLÉN, Claudio. (1995). *El sol de los desterrados: literatura y exilio.* Barcelona, Biblioteca General.

GURRUCHAGA/GURRUTXAGA, Ander. (1985). *El código nacionalista vasco durante el franquismo.* Barcelona. Anthropos.

—: (2005). *La producción de la idea del Nosotros.* San Sebastián. Gobierno Vasco, 2005.

HALL, Stuart. (2011). *La cultura y el poder.* Buenos Aires- Madrid. Amorrortu.

HARDING, Sandra. (2006). "Transformation vs. Resistance Identity Projects". *Identity Politics Reconsidered*. (246-263). Alcoff (et al.) edit. Nueva York. Palgrave Macmillan.

HARDT, Michael y Antonio NEGRI. (2000): *Empire*. Massachusetts. Harvard University Press.

HARRIS, Zellig S. (1952a). "Discourse Analysis". *Language*, vol.28, 1, p.p. 1-*30*.

—: *(1952b). "Discourse Analysis. A Sample Text"*. *Language*, vol.28, 1, p.p. 474-494.

HATIM, Basil. (1997). *Communication across Cultures*. Cornwall. University of Exeter Press.

HERMOSO, Ana y Pilar RODRÍGUEZ. (1994). "El periodismo del exilio vasco". *La cultura del exilio vasco II. Prensa-Periodismo, Hemerografía, Editoriales, Traducción, Educación, Universidad.* (43-70). Ascunce, San Miguel (Eds.). San Sebastián. Saturraran.

HOGGART, Richard. (1957). *The Uses of Literacy*. Londres. Chatto and Windus.

IBARGUTXI. (2001 noviembre, 6). "Atxaga: el destierro se convirtió para Martin Ugalde en un lugar de creación" *Diario Vasco*, p. 68

IBIÑAGABEITIA, Andima. (1958 abril, 25). "Nacionalismo y ruralismo. *La Esfera*.

IÑIGUEZ, Lupicinio y Charles ANTAKI. (1994). Análisis del discurso: manual para las ciencias sociales. Barcelona. OUC.

IRIGOYEN, Alberto; Xabier IRUJO. (2014). *La hora vasca del Uruguay. Génesis y desarrollo del nacionalismo vasco en Uruguay (1825-1960)*. Montevideo (Uruguay). Sociedad de Confraternidad Vasca Euskal Erria.

IRUJO, Xabier. (2005). *Euskal erbeste politikoa Uruguain (1943-1955). Eusko jaurlaritzaren administrazioa eta kanpo ekintza atzerrian*

(Administration And Foreign Policy of The Basque Government in America during The Franco Years). Oñati. Herri Arduralaritzaren Euskal Erakundea/Institute for Public Administration of the Basque Government.

—: (2009). *Itzulpena erbestean*. San Sebastián. Utriusque Vasconiae.

—: (2012). *Expelled from the Motherland: The Government of President Jose Antonio Agirre in Exile (1937 - 1960)*, Center for Basque Studies - University of Nevada, Reno.

ISASI, Juan María (et al.). (2002). *Blondel, Zubiri, Nédoncelle*. México. Fundación Emmanuel Mounier.

ISER, Wolfang. (1978). *The Act of Reading: A Theory of Aesthetic Response*. Baltimore. Johns Hopkins University Press.

IZAGA, Carmen. (1997 noviembre, 11). "Por muchas razones". *Egin*, p. 29

IZAGIRRE, Koldo. (1993). "Hitzaurrea". *Erroetatik mintzo*. San Sebastián. Sendoa.

IZTUETA, Paulo. (2000). *Hezkuntza, hizkuntza eta boterea*. San Sebastian. Utriusque Vasconiae.

—: (2001): *Erbesteko euskal pentsamendua*. San Sebastian. Utriusque Vasconiae.

—: (2003). "Sabino Arana eta bere eragina euskal pizkundean". *Euskara* XLVIII. (35-116). Bilbao. Euskaltzaindia.

—: (2003b) "Euzko Gogoa (1950-59): Erbesteko euskaltzaleen lan kolektibo gaitza". *Euskaldun etorkinak Ameriketan*. San Sebastián. Utriusque Vasconiae.

JABÉS, Edmond. (1976). *The Book of Questions*. Middletown, Wesleyan University Press.

JORDAN, Barry y Rikki MORGAN-TAMOSUNAS. (Eds.). (2000). *Contemporary Spanish Cultural Studies*. Londres. Arnold.

KALZAKORTA, Xabier (et al.). (1989). *Tradiziozko ipuigintza*. Bilbao. Labayru.

KAPLAN, Robert B. (2000): "Contrastive rhetoric and discourse analysis: who writes what to whom? When? In what circumstances?" *Discourse and Social Life*. SARANGI, Srikant y COULTHARD, Malcolm (Ed.). Harlow, Pearson.

KORTAZAR, Jon. (2000). *Euskal literatura XX. mendean*. Zaragoza. Prames.

—: (2002). "Martin Ugalderen Iltzaileak lanaren irakurketa bat". *Martin Ugalde azterkizun. Encuentros con Martin Ugalde*. (317-325). Apaolaza (et al.) (Coord.). San Sebastián. Saturraran.

—: (2002). *Diglosia eta Euskal literatura*. San Sebastián. Utriusque Vasconiae.

KOHUT, Karl. (2003). *Literatura venezolana hoy*. Caracas. Fondo Editorial de Humanidades y Educación, Universidad Central de Venezuela.

LABAYEN, Antonio María. (1965) Teatro Euskaro. San Sebastián. Auñamendi.

—: (1976) "Euskal antzerkiaren edestirako apur batzuek". Teatro osoa euskaraz. (301-318). San Sebastián. Auñamendi.

—: (1976) "Euskal antzertiruntz. Gure teatro errikoia nolako". Teatro osoa euskaraz. (287-300). San Sebastián. Auñamendi.

LAKOFF, Robin. (1973). "The logic of politeness: or minding your p's and q's". *Papers from the ninth regional meeting of the Chicago Linguistic Society*. Chicago. Chicago Linguistic Society.

LARRAÑAGA, Jone (Dir.). (1994). "Martín Ugalde". *Aiurri*, n° especial, (monográfico). Andoain.

LASAGABASTER, Jesús María. (2002). "Para una relectura de las brujas de Sorjín". *Martin Ugalde azterkizun. Encuentros con*

Martin Ugalde. (303-315). Apaolaza (et al.) (Coord.). San Sebastián. Saturraran.

LAS HERAS, Luís. (1965 agosto). "Idioma y cultura". *Tierra Vasca*.

LEECH, Geoffrey N. (1983). *Principles of Pragmatics*. Singapore. Longman.

LEGARRETA, Josu (dir.). (2007). *URAZANDI digital. Hemeroteca de la diáspora vasca*. San Sebastián. Servicio Central de Publicaciones del Gobierno Vasco.

LERTXUNDI, Anjel. (1986, octubre-noviembre). "Hamar ukazio baiezpen pare baterako". *Jakin*. 41. (43-56).

—: (1997) *Martin Ugalde: Leialtasun baten historia. Glosak*, Andoain. Andoaingo Udala.

—: (2004, octubre 5). "Hitzaren leial, leial herriaren". *Berria*. p.3.

MENDIGUREN ELIZEGI, Xabier y Koldo IZAGIRRE. (1998). *Euskal literaturaren antología*. San Sebastián. Elkarlanean.

MOUNIER, Emmanuel. (1962). *El personalismo*. Buenos Aires: Editorial Universitaria.

—: (1990) *Introducción a los existencialismos*. Salamanca. Editorial Sígueme.

MUJIKA IRAOLA, Inaxio. (2004 octubre, 5). "Mugatik hurbil". *Gara*.

OLAZIREGI/OLACIREGUI, María José (et al.). (2000). *Historia de la literatura vasca*. Madrid. UNED.

—: (2002). *La crítica vasca, hoy*. San Sebastián. Eusko Ikaskuntza.

—: (2009). *Writers In Between Languages*. Reno. University of Nevada.

ORLETTI, Franca y Laura MARIOTTINI. (2010). *(Des) Cortesía en español. Espacios teóricos y metodológicos para su estudio*. Roma. Programa Edice. Universitá degli Studi.

ORTIZ-OSES, Andrés. (1996). "El lenguaje simbólico (vasco)". *Mitos, Teorías y Aspectos del Lenguaje. Actas de las I Jornadas de Lingüística.* (47-69). Zubiaur y Beti (Eds.). San Sebastián. Universidad de Deusto.

PASCUAL, Jakue y Alberto PEÑALVA. (1999). El juguete de Mari. Bilbao. Linkiniano elkartea.

PEILLEN, Txomin. (2002). "Martin Ugalde jauna, euskaltzalea". *Martin Ugalde azterkizun. Encuentros con Martin Ugalde.* (133-151). Apaolaza (et al.) (Coord.). San Sebastián. Saturraran.

—: (Coord.). (2003). *Euskaldun etorkinak ameriketan.* San Sebastián. Utriusque Vasconiae.

PEREZ AGOTE, Alfonso. (2008). *Las raíces sociales del nacionalismo vasco.* Madrid. Centro de Investigaciones Sociológicas.

QUINTANA URANGA, Lander. (2004). "Los hijos del exilio vasco: sus aportes aquí y allí". *Los hijos del exilio vasco: arraigo o desarraigo.* (511-529) Ascunce (et al.) (Coord.). San Sebastián. Saturraran.

QUIROGA, Horacio. (1930 septiembre, 11). "Ante el tribunal". El Hogar.

RETOLAZA, Iratxe. (2010). "Cánones y contra cánones". *El discurso no lírico en la poesía contemporánea: espacios sujetos, hibridación enunciativa, medialidad.* (225-248). Ministerio de Ciencia e Innovación.

RIOJA MURGA, Antonio. (1993): "Consideraciones en torno al cuento literario moderno en las letras hispánicas". *DICENDA (Cuadernos de Filología Hispánica)*, nº 11. (249-259). Editorial Complutense.

RODRÍGUEZ, María Pilar. (2002). "Subjetividad femenina y exilio en Historia de un regreso. " Martin Ugalde azterkizun. Encuentros con Martín Ugalde. (193-206). Apaolaza (et al) (Coord.). San Sebastián. Saturraran.

Bibliografía

—: (2009a). *Basque/European Perspectives on Media and Cultural Studies.* Reno. Nevada University Press.

—: (2009b). *Estudios culturales y de los medios de comunicación.* San Sebastián. Universidad de Deusto.

SAID, Edward. (1994). *Representations of the Intellectual.* Londres. Vintage.

—: (2000): *Reflections on Exile and Other Essays.* Massachusetts. Harvard University Press.

SALVADOR CORDÓN, Miguel. (2002). "La ciudad que compartimos". *Martin Ugalde azterkizun. Encuentros con Martin Ugalde.* (101-113). Apaolaza (et al.) (Coord.). San Sebastián. Saturraran.

SÁNCHEZ CARRIÓN, José María. (1980). *Lengua y pueblo.* San Sebastián Elkar.

SAN SEBASTIÁN, Koldo. (1993a): "Abertzales en el nuevo mundo". *Cuadernos de Historia, Deia.* (17-11/I.)

—: (1993b): "Los hijos americanos de Sabino Arana". *Cuadernos de Historia, Deia.* (17-11/II.)

—: SAN SEBASTIÁN, K. (1993c): "Venezuela, un mundo aparte". Cuadernos de Historia. *Deia.* (pp.17-11/III.).

—: (1993d): "La acción del gobierno vasco en el nuevo mundo". *Cuadernos de Historia. Deia.* (17-11, p. IV.).

SANTAMARíA, Luisa. (1991). "Géneros literarios vs. géneros periodísticos". *Revista Periodística,* nº 4. (107-410) Barcelona.

SARASOLA, Ibon. (1971). *Euskal literaturaren historia.* San Sebastián. Lur

—: (1982). *Historia social de la literatura vasca.* Madrid, Akal.

SARRIONANDIA, Joseba. (1990). "Oroimena eta desira" *Narrazio guztiak.* (323-331). San Sebastián. Elkar.

SARTRE, Jean-Paul. (1976). *¿Qué es la literatura?*. Buenos Aires. Losada.

SAN SEBASTIÁN, Koldo. (1993a): "Abertzales en el nuevo mundo". *Cuadernos de Historia, Deia*. (17-XI/I.)

—: (1993b): "Los hijos americanos de Sabino Arana". Cuadernos de Historia, *Deia*. (17-XI/II.)

—: (1993c): "Venezuela, un mundo aparte". Cuadernos de Historia. *Deia*. (17-11/III.)

—: (1993d): "La acción del gobierno vasco en el nuevo mundo". Cuadernos de Historia. *Deia*. (17-11, p. IV).

SCHICK, Irvin Cemil. (1999). *The Erotic Margin: Sexuality and Spatiality in Alterist Discourse*. Nueva York. Verso.

SCHIFFRIN, Deborah. (1994). *Approaches to Discourse*. Language as Social Interaction. Oxford. Basil Blackwell.

SHEFFER, Gabriel. (2003). *Diaspora Politics*. Nueva York. Cambridge University Press.

SPIVAK, Gayatri Chakravorty. (1988). "Can the Subaltern Speak". *Marxism and the interpretation of Culture*. Grossberg (et al.) (Eds.) Londres. MacMillan Education. Ltd.

—: (1994): "Can the Subaltern Speak?" *Colonial Discourse and Post-Colonial Theory: A Reader*. (66-111). Laura Chrisman (et al.) (Eds.) Nueva York. Harvester/Wheatsheaf.

SUDUPE ELORTZA, Pako. (2011). "50eko hamarkadako euskal literaturaren panorama laburtua". *Uztaro*. 76. (59-80).

SUSA LITERATURA. Armiarma. Literaturaren sarean. Página electrónica: http://www.armiarma.com/.

TELLO, Jaime. (1972). "Algunas peculiaridades del castellano en Venezuela". *Thesaurus*. RAE. Tomo XXVII. Núm. 1. (128-131)

THOMSON, Edward Palmer. (1963). *The Making of the English Working Class*. Hamersworth. Penguin.

TODOROV, Tzvetan. (1988). "El origen de los géneros". Garrido Gallardo, Miguel A. (Edit). *Teoría de los géneros literarios*. Madrid, Arco/Libros.

TORREALDAI, Joan Mari. (1977). *Euskal idazleak gaur*. Arantzazu. Jakin.

—: (1986): "Ohar laburrak euskal prentsa berria dela eta". *Jakin*, 41 octubre-diciembre. San Sebastián.111-115.

—: (1998): *Martin Ugalde. Andoaindik Hondarribira Caracasetik barrena*. San Sebastián. Jakin.

—: (1999): "Txillardegi eta Martin Ugalderen arteko gutunak (1961-1969)". *Jakin* (117-180).

—: (2002): "Martin Ugalderen Biografia eta gutunen harian". *Martin Ugalde azterkizun. Encuentros con Martin Ugalde*. (409-427) Apaolaza (et al.) (Coord.). San Sebastián. Saturraran.

—: (2003): *Martin Ugalde. Idazlan politikoak*. Andoain.

—: (2003 octubre 16): "Martin Ugalde euskaldun unibertsala" *Berria* p. 15.

—: (2009): "Martin Ugalderen lan idatzien katalogoa" *Jakin*, 170 (enero-febrero). (54-105).

TRINH T., Minh-ha. (1994/2005). "Other than myself/ my other self". Robertson (Ed.). *Traveler's Tales. Narratives of Home and Displacement*. (9-26). Londres.

TXOPITEA, María José. (1958, enero) "No voy a hundir ni salvar a Martín De Ugalde". *Euzko Deya*, México, 211, 23-24.

UNAMUNO, Miguel. (1945). *Ensayos*. Madrid. Aguilar.

UNIVERSIDAD DE LOS ANDES. (2006 enero) "Procesos Históricos". *Revista Semestral de Historia, Arte y Ciencias Sociales*, 9. Mérida-Venezuela.

URIA, Iñaki. (1995 julio-agosto). "Euskal prentsa sortzen". *Jakin*, 89, San Sebastián, p.50.

—: (2002). "Idazle izan nahi zuen kazetari euskaldunaren kronika". *Martin Ugalde Azterkizun. Encuentros con Martin Ugalde.* (389-407). Apaolaza (et al) (Coord). San Sebastián. Saturraran.

URIBITARTE, Jon. (1994). "Voces de los vascos en el exilio". *Euskal erbestearen kultura. La cultura del exilio vasco II. Prensa-Periodismo, Hemerografía, Editoriales, Traducción, Educación, Universidad.* Ascunce-San Miguel (Coord.). San Sebastián. Saturraran.

URKIZU/URQUIZU, Patricio (Dir.). (2000). *Historia de la literatura vasca.* Madrid. UNED.

—: (2000). *Historia de la literatura vasca.* Madrid. UNED.

VAN DIJK, Teun. (1980) *Texto y contexto.* Madrid, Cátedra.

—: (1990). *La noticia como discurso. Comprensión, estructura y producción de la información.* Barcelona: Paidós Comunicación.

—: (1993). "Principles of critical discourse analysis". *Discourse and Society*, Vol 4: 249-285.

—: (1999). *Ideología. Una aproximación multidisciplinaria.* Barcelona. Gedisa.

—: (2001). "Critical Discourse Analysis". Deborah Schiffrin, Deborah Tannen, & Heidi E. Hamilton (Eds.). *The Handbook of Discourse Analysis.* (352-371). Oxford: Blackwell.

VITALE, Luís. (1998). *Historia Social Comparada de los pueblos de América Latina: Del Nacionalismo al Neoliberalismo 1900-1990* [libro en línea] (1-XI-2011) <http://www.archivochile.com/Ideas_Autores/vitalel/2lvc /02lvchistsocal0003.PDF>

VV.AA. (2004, octubre, 5) *Martin Ugalde 1921-2004.* Berria. Suplemento especial

Bibliografía

WARREN, Austin y René WELLEK. (1954). (1966 4° edic.) *Teoría literaria*. Madrid. Gredos.

—: (1981): "Literatura general, literatura comparada y literatura nacional". *Teoría literaria*, Madrid, Editorial Gredos.

WIDDOWSON, Henry. (2000). "Critical Practices: on representation and the interpretation of text". *Discourse and Social Life*. Sarangi y Coulthard (Eds.). (155-169). Edinburgo. Pearson.

WHITMAN, Walt. (1900/1999). *Leaves of Grass*. [Obra consultada en línea] www.bartleby.com/142/. Fecha de consulta: 8/2/2011.

WILLIAMS, Raymond. (1958). *Culture and Society*. Londres. Chatto and Windus.

—: (1977). *Marxism and Literature*. Londres, Oxford University Press.

WOLFREYS, Julian. (2004): *Critical Keywords in Literary and Cultural Theory*. Nueva York. Palgrave.

ZABALA, Joxerra. (2001 noviembre, 1). "Martin Ugalde, inkonformistaren laudorioa". *Egunkaria*, p.3.

—: (2004 octubre, 4). "Del dolor del exilio". *Gara*, p.53.

—: (2004 octubre, 8). "El mensaje oculto de Martín Ugalde" [artículo en línea"], *Euskonews*. Fecha de consulta: 15/06/2012.

ZABALA, Juan Luís. (1991, abril 14). "Filosofia pertsonalista euskal kulturari lotuta". Egunkaria, p.4.

ZUBIAUR, José Ramón. (2002). "Martín Ugalde ante las lenguas. Unamuno y el Euskera". (349-371). *Encuentros con Martin Ugalde*. Apaolaza (et al.) (Coord.) San Sebastián Saturraran.

ZUBIRIA, Pello. (1995 abril, 9) "Gutxirekin engainatzen gaituzte, errazegi konformatzen gara" *Argia*. n°1525, pp. 27-31.

ZULAIKA, Joseba. (1988) *Basque Violence. Metaphor and Sacrament.* Reno, University of Nevada Press.

Obras citadas de Martin Ugalde

Libros citados

—: (1957). *Un real de sueño sobre un andamio*. Caracas. Cromotip.

—: (1958). *La semilla vieja*. Caracas. Cromotip.

—: (1961/1985). *Iltzaileak*. (Prólogo de Andima Ibiñagabeitia). Caracas.

—: (1963). *Cuando los peces mueren de sed*. Mérida. Universidad de los Andes.

—: (1964). *Las manos grandes de la niebla*. Caracas. Cromotip.

—: (1964b) *Ama gaxo dago*. Caracas. Cromotip.

—: (1965). *Gurpegin aspaldi gertatua*. Inédito.

—: (1966). *Sorgiñaren urrea: umeentzako kontuak*. Zarauz. Itxaropena.

—: (1966b/1979). *Unamuno y el vascuence*. Buenos Aires. Editorial Ekin.

—: (1973). *Itsasoa ur-bazter luzea da*. Bilbao. Mensajero.

—: (1974). *Hablando con los vascos*. Barcelona. Ariel.

—: (1974b). *Síntesis de la historia del País Vasco*. Bilbao, Ediciones Vascas.

—: (1974c). *Tres relatos vascos*. San Sebastián. Txertoa.

—: (1975). *Hablando con Chillida, escultor vasco*. San Sebastián. Txertoa.

—: (1975b/1978). *Las brujas de Sorjín.* Donibane Lohitzune/San Juan de Luz. Axular.

—: (1977). *El libro blanco del euskara.* (Dir.). Bilbao. Real Academia de la Lengua Vasca.

—: (1978). *El grito de un pueblo/ Herri baten dehiadarra.* San Sebastián, Ediciones Vascas.

—: (1979). *Bajo estos techos.* Caracas. Cuadernos Lagovén.

—: (1979b). *Conflicto lingüístico en Euskadi.* (VV.AA.) Bilbao, Euskaltzaindia.

—: (1979c). *Cuentos de Inmigrantes.* San Sebastián. Ediciones Vascas.

—: (1979d). *Narrativa vasca actual: antología y polémica.* (VV.AA.). Bilbao. Zero.

—: (1979e). *Reveron, 18 testimonios.* (VV.AA). Venezuela. Lagoven.

—: (1980). *Sabino de Arana-Goiri. Obras Completas.* (Comp.). San Sebastián. Sendoa.

—: (1980b). *El problema vasco y su profunda raíz político cultural.* San Sebastián. Confederación Española de Cajas de Ahorros.

—: (1981). *Historia de Euskadi.* Barcelona. Planeta.

—: (1981b). *Jesús María Leizaola. Obras Completas.* (Comp.). San Sebastián. Sendoa.

—: (1981c). *José Antonio de Aguirre y Lecube. Obras Completas)* (Comp.). San Sebastián. Sendoa.

—: (1983). *Nueva Síntesis de la Historia del País Vasco.* San Sebastián. Elkar. 1983.

—: (1984). *Biografía de tres figuras nacionales vascas: Arana Goiri, Agirre, Leizaola.* San Sebastián. Sendoa.

—: (1984b). *Mantal urdina.* San Sebastián. Erein.

—: (1985). *Euskal Herria (1936*-1984): *Errealitate eta egitasmo.* San Sebastián. Lan Kide Aurrezkia.

—: (1985). *Mugarri galduen itsumundua.* San Sebastián. Caja de Ahorros Provincial de Guipúzcoa.

—: (1986). *Euskara Donostian. Azterketa soziolinguistikoaren laburpena.* (VV.AA). San Sebastián. Donostiako Euskararen Udal Patronatua.

—: (1987). *Eloy Erentxun 1904-1987* (VV.AA.). San Sebastián. Sociedad Guipuzcoana de Ediciones y Publicaciones.

—: (1987b). *José Ariztimuño "Aitzol". Obras Completas.* (Comp.). San Sebastián. Erein.

—: (1988). *Koldo Mitxelena (1915-1987).* (VV.AA). Vitoria. Eusko Jaurlaritza.

—: (1989). *Batasun eta zatiketen artean.* San Sebastián. Elkar.

—: (1990). *Bihotza golkoan.* San Sebastián. Erein.

—: (1990b). *Itzulera baten historia.* San Sebastián. Elkar.

—: (1990c). *Lezo Urreztieta.* San Sebastián. Elkar.

—: (1991). *El exilio de las Españas de 1939 en las Américas.* José María Naharro-Calderón (Coord.). Barcelona. Anthropos.

—: (1992a). *Mientras tanto fue creciendo la ciudad.* J.A. Ascunce. (Ed.). San Sebastián. Gobierno Vasco.

—: (1992b). *Cuentos I: De la nueva tierra y los inmigrantes.*(Prólogo de I. Beti Sáez). Barcelona. Anthropos.

—: (1992c). *Cuentos II: De la inmensa soledad del hombre.* Barcelona, Anthropos.

—: (1992d). *Manuel de Irujo: un hombre leal a su tiempo.* San Sebastián, Txertoa.

—: (1992e). *Narrativa vasca en Euskadi.* (VV.AA). Madrid. VOSA.

—: (1993). *Erroetatik mintzo*. (Prólogo de Koldo Izagirre). San Sebastián, Sendoa.

—: (1994). *Antología de textos literarios del exilio vasco*. (VV.AA). J.A. Ascunce. (Ed). San Sebastián.

—: (1994). *La cultura del exilio vasco*. (VV.AA). J.A. Ascunce (Ed.). San Sebastián.

—: (1995). *Pedrotxo*. San Sebastián. Elkar.1995.

—: (1996). *Historia de un regreso*. San Sebastián, Hiru, 1996.

—: (1997). *Erretiradako Trena*. San Sebastián. Erein.

—: (2000). *Mohamed eta parroko gorria*. San Sebastián. Elkarlanean.

—: (2003). *Idazlan politikoak*. Joan Mari Torrealdai (Ed.). Andoain.

Artículos citados

—: (1948). "La juventud vasca". *Euzkadi*.

—: (1950). "Nire aitona". *Euzkadi*.

—: (1951 agosto, 11). "Cubil una novela de Lucila Palacios". *Élite*.

—: (1951 septiembre, 27). "Jean Aristeguieta. Mensaje poético". *Élite*.

—: (1952 octubre, 15). "Dos instantes de una mujer". *Élite*.

—: (1953 julio, 18). "El personaje: Lucia Palacios". *Élite*.

—: (1955 febrero). "¿Podremos superar la crisis del euskera?". *Eusko Gaztedi*, 38, p. 2.

—: (1955 agosto). "Congreso Mundial Vasco. Una piedra a nuestro tejado". *Alderdi*, 100-101.IX, pp. 23-24.

—: (1955 agosto). "Un ensayo y una lección". *Eusko Gaztedi*, p. 2.

—: (1956 mayo, 15). "Este es nuestro último viaje". *El Nacional.*

—: (1956). "Imagenes de la semana Santa en Venezuela". *Revista Cultural de la Creole Petroleum Corporation.*

—: (1957 enero). "Un gran tema sin auditorio". *Eusko Gaztedi*, p.8.

—: (1957 diciembre). "Es anacrónico el nacionalismo vasco?". *Eusko Gaztedi*, p.1.

—: (1958 enero-febrero). "Respuesta a una declaración de Matxari". *Eusko Gaztedi*, p.4.

—: (1958 marzo). "La tiranía y los partidos políticos". *Eusko Gaztedi*, p.4.

—: (1958 abril, 22). "Unamuno también dijo esto". *El Nacional, p. 6.*

—: (1958 mayo-junio). "Contra la razón de la fuerza". *El Nacional,* p.4.

—: (1958 julio-agosto). "Viejos y jóvenes". *Eusko Gaztedi*, p.4.

—: (1958 diciembre, 12). "Nuestra vida comienza en los bosques". *El Nacional.*

—: (1959 marzo). "Aguirre: La democracia vasca en el exilio". *Elite.*

—: (1959 marzo, 23). "Por qué los vascos defendieron la República". *El Nacional.*

—: (1959 mayo) "Las preguntas de los jóvenes". Entrevista al lehendakari J.A. Aguirre. *Eusko Gaztedi*, p.8.

—: (1960 abril). "Galíndez: un silencio de cuatro años". *Eusko Gaztedi*, p.2.

—: (1960 noviembre). "Solidaridad de trabajadores vascos". *Eusko Gaztedi*, p.2.

—: (1961 abril). "Una deuda con Tellagorri". *Tierra Vasca.*

—: (1961 octubre). "Gure erriko guda apunteak" *Alderdi.*

—: (1962 febrero). "Gure apaizak eta xinismena". *Alderdi*, 179, pp. 12-13.

—: (1962). "El Analfabetismo de los vascos". *Euzko Deya México*, pp.18-20.

—: (1962 julio). "Gure umeentzat kontuak". *Alderdi*, pp. 183,13.

—: (1962 abril). "No tenemos universidad" (1962). *Tierra Vasca*, 70, p.5.

—: (1962 mayo). "Diferencia entre generaciones". *Alderdi*, 182, pp.11-12.

—: (1962 julio, 30). "Nuestra emigración" *Euzko-Deya Buenos Aires*.

—: (1963). "Los nuevos rumbos". *Gudari*, 82, p.5.

—: (1964 octubre, 11). "Euskadi, ¿A dónde va?". *Alderdi*.

—: (1965 julio). "Autoridad contra sufragio". *Eusko Gaztedi*, p.10.

—: (1965 abril). "El euskera se muere irremediablemente". *Tierra Vasca*, 106, p.10.

—: (1965 junio). "El imperialismo euskérico". *Tierra Vasca*, 108, pp.4-5.

—: (1965 julio). "El euskera se muere inevitablemente". *Tierra Vasca*, 109, p.10.

—: (1965 agosto). "Titere' Antzerkia". *Tierra Vasca*, 110, p.7.

—: (1965 septiembre). "La importancia del euskera". *Tierra Vasca*, 111, p.10.

—: (1965 noviembre). "La limitación de los Euskeromanos". *Tierra Vasca*, 113, p.10.

—: (1966 enero). "El final de una polémica". *Tierra Vasca*, 115, p. 4.

—: (1966 octubre). "El problema cultural vasco. La libertad de Información". *Alderdi, 230-231, pp. 8-9.*

—: (1966 octubre). "Irakurtzen duan euskaldunak bi balio ditu" .*Tierra Vasca.*

—: (1966 julio). "Euzkadi Europan". *Tierra Vasca.*

—: (1968 junio). "Etxebarria Toribio il zaigu". *Eusko Gaztedi*, p.5.

—: (1967 mayo). "El problema cultural vasco. Enseñanza primaria y secundaria". *Alderdi*, 232-233, pp.14-15.

—: (1967). "La universidad vasca". *Alderdi*, 236-237, pp.10-11.

—: (1967 enero). "Itz eta entzun bideak". Tierra Vasca 127.(urtarrila 1967a): 8.

—: (1967 febrero). "Umeentzat kontuak". *Tierra Vasca*, 128, p. 8.

—: '(1967 junio) "Ipuintxoen ume neurria". *Tierra Vasca* 132, p. 8.

—: (1967 julio). "Euzkadi ikastola Caracasen". *Tierra Vasca.*

—: (1968 junio). "Etxebarria Toribio hil zaigu". *Euzko Gaztedi*, p.5.

—: (1969 diciembre 14). "Indarra eta indarkeria". *Zeruko Argia*, 354, p.3.

—: (1971 febrero). "Erriaren bideak bat". *Alderdi.*

—: (1971 marzo). "El hombre y su libertad". *Alderdi.*

—: (1971 abril). "Euzkadi eta munduko langileak bildu gaitean!" *Alderdi.*

—: (1971 mayo). "Gure demokrazi oinarriak". *Alderdi.*

—: (1971 junio). "Los cimientos de nuestra democracia" *Alderdi.*

—: (1971 noviembre). "La conciencia de nosotros mismos" *Alderdi.*

—: (1972 octubre). "Beste gazte bat akatu digute. *Alderdi.*

—: (1974/1983). "José Antonio Aguirre y el problema Generacional de Euskadi" *Iker*, Separata.

—: (1974). "Literatura-motak mugatu nahian asmo batzuk". *Euskera*, XIX, pp. 295-305.

—: (1975). "Es anacrónico el nacionalismo vasco?". *Euzko Gaztedi.*

—: (1975/1985) "Aberria". *Plazara 3*, p.27.

—: (1976). *El exilio en la literatura vasca: problemas y consecuencias. El exilio español de 1939.* (José Luís Abellán dir.) Madrid. Taurus.

—: (1976/2003). "La censura y Euskadi". *Idazlan politikoak.* J.M. Torrealdai (comp.)

—: (1976 marzo, 21). "Unibertsitatea". *Zeruko Argia*, 680, p.5.

—: (1976 mayo, 9). "Sanchez Albornoz eta euskaldun atzeratuak". *Zeruko Argia*, 687, p.6.

—: (1976 junio, 20). "Taldekeria". *Zeruko Argia*, 693, p.10.

—: (1977). "Kazetari euskaldun baten kronika". *Euskera*, XXXII, pp. 253-257.

—: (1977 junio, 8). "Egiaren monopolioa". *Deia* 1, p.2.

—: (1977 junio, 9). "Euskaldun salduak ere baditugu". *Deia*, 2, p.3.

—: (1977 julio, 14). "Ukraniarrak eta euskal Eliza". *Deia*, 32, p.3.

—: (1977 julio, 21). "Abertzaleok eta udal-hauteskundeak". *Deia*, p.3.

—: (1977 agosto, 14). "Ikurrina ontzietan eta nekazarien sindikatua". *Deia*, 59, p.3.

—: (1977 agosto, 30). "Ez gara nahiko abertzale". *Deia*, 72, p.2.

—: (1977 noviembre, 1). "Honorable Tarradellas, Señor Leizaola". *Deia*, p.3.

—: (1977 diciembre, 14). "Tenemos que asumir Euzkadi en toda su complejidad" *Deia*, p.3.

—: (1977 diciembre, 28). "Manuel Lekuona: 'Bi eliza izan ditugu azken urte hoietan: gurea, Euskalerriko Eliza, eta Francoren mendekoa'". *Deia*, p.6.

—: (1978 enero, 8). "Euskal Eliz Barrutia". *Deia*, 183, p.2.

—: (1978 enero, 26). "El escritor vasco (1): Discriminación del escritor en castellano". *Deia*, 198, p.2.

—: (1978 enero, 27). "El escritor vasco (2): El escritor y su identidad lingüística". *Deia*, 199 p.2.

—: (1978 enero, 28). "El escritor vasco (3): La cultura y la lengua". *Deia*, 200, p.2.

—: (1978 enero, 29). "El escritor vasco (y 4): El hombre y su palabra". *Deia*, 201, p.2.

—: (1981). "Lezo Urreztieta hil da". *Deia*, p.2.

—: (1982 noviembre, 28). "Sabino de Arana y el nacionalismo vasco". *Deia*, p.2.

—: (1982 diciembre, 12). "El bien y el mal del exilio". *Deia*, p.2.

—: (1983/1974). "José Antonio Aguirre y el problema generacional de Euskadi". (Separata). Iker 2.

—: (1983 junio, 5). "El elogio de las instituciones vascas". *Deia*.

—: (1983 junio, 10). "Ez gaituzte ulertzen". *Deia*, 1891, p. 18.

—: (1983 julio, 4). "Bolivar Askatzailea eta Eliza". *Deia*, 1915, p.12.

—: (1983 septiembre, 9). "Sindikatuak Euskal herrian (1)". *Deia*, 1982. p.14.

—: (1983 octubre, 10). "Sindikatuak Euskal herrian (eta 2)". *Deia*, p.15.

—: (1984 noviembre). "Intelektualak Euskalerriaren aurrean". *Idazlan Politikoak*. J.M. Torrealdai (Ed.).

—: (1986 octubre, 27). "Eusko Alkartasunaren Sorreraz bi hitz" *Argia*.

—: (1987). *Euskera*.XXXII, pp. 253-257.

—: (1987 julio). "Euskara eta politika". *Hondarribia*.

—: (1989). "Elebiduna den idazle baten esperientzia". *Noticias UD*, pp.14-17.

—: (1989 septiembre, 28). "La lengua del otro, esa asignatura marginal". *El Diario Vasco*.

—: (1990 enero). "50 años del exilio vasco en Venezuela". *Boletín de la Academia Nacional de Historia de Venezuela*, LXXIII, 289, pp. 116-153.

—: (1990 marzo, 27). "Euskara eta Askatasuna" *Diario Vasco*.

—: (1990 julio, 19). "Derecho a la información" *Diario Vasco*.

—: (1990 octubre, 11). "Euskal mundua zai". *El Mundo*.

—: (1991 enero, 5). "Puntuazioa neure arnasa bezala sentitzen dut". *Egunkaria*.

—: (1991 julio, 6). "Gorrotatzen dugun gerra". *El Mundo*.

—: (1991 julio, 11). "Residuos nacionalistas". *Diario Vasco*.

—: (1991 febrero, 19). "1935ean egunkari euskalduna behar". *Egunkaria*, p. 2.

—: (1991 octubre, 1). "Euskal eliz probintzia Nafarroatik". *Egunkaria*, p.2.

—: (1992). "El lenguaje de los Maquiritares". *Mientras tanto fue creciendo la ciudad*. (308 311). J.A. Ascunce (Ed). San Sebastián.

—: (1992 febrero, 28). "Euskara auzitan" *El Mundo*.

—: (1993 mayo, 11). "Euskal partidismoaren zentzua" *Egunkaria*, p.2.

—: (1994 marzo, 15). "Euskal Herriaren memoria". *Egunkaria*, p.2.

—: (1994 abril, 10). "Ustelkeria". *Egunkaria*, p.2.

—: (1994 junio, 7). "Demokratikoki lortu ahal dena". *Egunkaria*, p.2.

—: (1995 enero, 31). "Iritziaren dinamika". *Egunkaria*, p.2.

—: (1996 marzo, 24). "Sindikalgintza eta politika". *Egunkaria*, p.3.

—: (1996 junio, 30). "Arnasa berria". *Egunkaria*, p.3.

—: (1996 diciembre, 29). "Ez gara gauza izan" *Egunkaria*, p.3.

—: (1997 febrero, 23). "ELAren hitzak". *Egunkaria*, p.3.

—: (1997 septiembre, 16) "Gure politika nazionala". *Egunkaria*, p.3.

—: (1997 noviembre, 25) "Madrileko bidaiak huts". *Egunkaria*, p.3

—: (1999 junio, 14). "Elkartasunaren hobariak". *Egunkaria*, p.3.

—: (2000 julio, 15). "Kanpai hotsak, norentzat". *Egunkaria*, p.3.

—: (2001 julio, 18). "Ez da posible". *Egunkaria*, p.3.

Notas

[1] La admiración al escritor quedó atestiguada cuando a su muerte en 2004 la práctica totalidad de diarios vascos le dedicaron suplementos especiales testimoniando la importante contribución de Ugalde a la (re)vertebración y (re)construcción de la identidad cultural del país durante y tras los sombríos años del franquismo. Intelectuales, instituciones y entidades de un amplio espectro de la cultura, la política y, en general, la sociedad vasca lamentaron el fallecimiento del escritor euskaltzale. Todas las voces subrayaron el eco social alcanzado por su trabajo incansable a favor de la cultura vasca y su compromiso inquebrantable para con su país. Diferentes figuras de la cultura y la política destacaron, además, su papel como nexo entre sensibilidades. Los homenajes a Ugalde se hacían extensibles y reconocían el esfuerzo de aquellos ciudadanos que contribuyeron desde el destierro político al mantenimiento de señas de identidad colectiva vasca y posibilitaron ganar la práctica cotidiana de dicha identidad.

De forma análoga, durante sus últimos años de vida, diversas instituciones administrativas y, en menor medida, académicas reconocieron este esfuerzo del andoaindarra en pro de la cultura vasca y la libertad. Entre estos homenajes destacan la designación como académico de honor de Euskaltzaindia en 1993, el doctorado Honoris Causa de la UPV en 1999, el nombramiento de hijo predilecto por el Ayuntamiento de Andoain (1997) o el premio "Vasco Universal" otorgado por el Gobierno Vasco en 2003 que Ugalde, ya muy enfermo, recibió en su propio domicilio de manos del entonces Lehendakari Ibarretxe. En definitiva, muchos vascos intuyen que la respuesta a la bellísima pregunta del poeta palestino Mahmud Darwish, "¿Quién soy yo sin exilio?", pasa indefectiblemente por el reconocimiento al esfuerzo de aquellos, hombres y mujeres exiliados, entre los cuales destaca Ugalde, que contribuyeron a el esfuerzo

Notas

de los que se propusieron la subsistencia del capital simbólico-cultural anterior a la guerra.

² Ni Sarasola (1971) ni Kortazar (2000) mencionan a Ugalde en sus historias de la literatura vasca. En la completísima Historia de la literatura vasca dirigida por Patri Urquizu (2000) y editada por la UNED, María José Olaziregi dedica apenas cuatro párrafos a la obra en euskara del autor. Si bien es cierto que Olaziregi advierte en Ugalde virtudes literarias y las explicita; no es menos cierto que éstas permanecen veladas en el desarrollo del texto, que incide, sobre todo, en el carácter testimonial de la obra de Ugalde.

³ En un tono crítico nada complaciente Izagirre (1993: 15) señala motivaciones políticas en la falta de reconocimiento académico a la obra de Ugalde: "Erraldoiek destaina egin beharko diote beren altzoan euskaldun errebelatu honi, lotsagarri uzten dituelako. (…) Erraldoiek ez dute errebelaturik nahi, horregatik da egun idazle hau eredu bakarra bere belaunaldian. Erraldoi izateko eduki dituen aukerei uko egin dielako, zenbaiten gorrotoa ere merezia du. Administraritza autonomoan kulturlan ederrik egin zezakeelakoan, atzerrian zuena baino postu apalagoan aritu zen hemengo Jaurlaritzan; bere asmoak goragoko erabaki zuhurrek zapuzten zituztela ikusitakoan, utzi egin zuen (…). "Hau esaten dit nire kontzientziak, ajola gutxi konsignak!" dioen gizona ezin izan erraldoien harri huts jasotzeen txalozale. Are gutiago bere kontzientziak kausa ederretarako daukan jaidura ezaguturik".

⁴ Por el contrario, el reconocimiento explícito a la contribución de Ugalde a la modernización de las letras vascas se deja entrever en muchas declaraciones de escritores vascos contemporáneos. Bastaría mencionar la anécdota con la que Koldo Izagirre (1993) introduce su Erroetatik mintzo en la que, con gran carga de ironía, narra una conversación con, un entonces joven, Xabier Mendiguren en torno a la actualidad de las generaciones literarias anteriores a ellos: "Euskal literaturaren belaunaldiak direla eta ez direla, Xabier Mendiguren adiskideak berriki esana dit beraiek —euskal idazle gazteek, alegia— ez dutela Saizarbitoriaz aurretiko narratzailerik ezagutzen, eta "ezagutu" aditzak, igartzen diot nik, "errekonozitu, geureetako bezala hartu" esan nahi du oraingoan. (…) Orduan, errukirik gabeko zehaztasun bat gainerzten dizu euskal idazle gazteak: "Badago salbuespen bat, badago gureetako den bat,

[282]

kontenporaneoa duguna. Funtsean, geure narratzaile premua dugu: Martin Ugalde".

El escritor Bernardo Atxaga (6-XI-2001) hacía la misma reflexión en una conferencia dedicada al escritor andoaindarra en noviembre de 2001: "El país no ha sabido recoger el trabajo de escritores como Ugalde y Andima Ibiñagabeitia. En los sitios donde se enseña euskera sólo se enseña superficialmente, no se va al fondo ni se muestra la obra de los escritores. Lo que estos autores necesitan no son homenajes, sino 'cajas de resonancia' que lleven sus obras a la sociedad".

En el mismo sentido se expresa el escritor y crítico Txomin Peillen (2002: 151): "1970eko hamarkadan Martin Ugalde modernitatean osoki sartua ageri zaigu eta hamarkada horretako euskal prosako idazle handienen artean bere lekua hartu zuen. Nire botoa litzateke hobetu ezagutua izan dadin Ugalderen obra eta batez ere, gazteek irakur dezaten, berriz argitaratua izan dadin, ezen ez baldin badakigu nondik gatozen laister ez dakikegu nora joan".

[5] A su vez Gurruchaga (1985: 183) utiliza el término "generación de las catacumbas" para referirse al "grupo que ha soportado la guerra civil y no puede expresar públicamente el sentido de su derrota y debe refugiarse en espacios silenciosos, con escasos medios para la expresión y poca receptividad por parte de la población hacia la cual se dirigen. Su objetivo se fundamentará en mantener una lengua para la comunicación y transmitir el capital simbólico, acumulado en los muchos años de desarrollo del código de funcionamiento social nacionalista, presentando a las nuevas generaciones una memoria histórica no disuelta por el nuevo orden social. Su mayor aportación no consiste en la calidad literaria de sus textos, ni en la renovación de estilos, ni por supuesto en la nueva problemática que pueda presentar. La misión que persiguen es otra: mantener y transmitir una lengua, una cultura, una concepción del mundo social y un marco de referencia donde los actores que representan su vida en la sociedad del silencio se reflejen. Se trata sobre todo, de evitar lo más posible la ruptura que supone el exilio y presentar a las nuevas generaciones la recepción del mundo de vida nacionalista".

[6] También Antonio Gramsci (1961: 11) —precursor indiscutible de los postulados de la escuela culturalista y figura de referencia para muchos de sus miembros— subraya el carácter necesariamente trascendente que debe

adoptar la crítica literaria cuando afirma que: "la obra de arte y la teoría que la sustenta no podrían juzgarse prescindiendo de su exteriorización o, lo que es lo mismo, de los condicionamientos histórico sociales en cuya virtud existen, puesto que ninguna actividad humana puede ser pensada fuera de la sociedad". Gramsci reivindica también una crítica del hecho artístico desde coordenadas sociales cuando sostiene que (1961: 83): "Si no se pude pensar al individuo fuera de la sociedad y, por consiguiente, si no se puede pensar ningún individuo que no esté históricamente determinado, es evidente que todo individuo, también el artista, y toda actividad suya, no puede ser pensada fuera de la sociedad, de una sociedad determinada".

Las alusiones al autor italiano serán constantes en este trabajo. En el apartado dedicado al marco teórico empleado en esta investigación se referirán las aportaciones de Gramsci a los Estudios Culturales y a los estrechamente vinculados Estudios Subalternos.

[7] Lo expresaba magníficamente bien Anjel Lertxundi (1997: 28): "Onak eta gaiztoak baino, irabazleak eta galtzaileak bereizten ditu Ugaldek. Edo sufrimendua banatzeko mekanismoen jabe guztiz ahaltsu bihurtu direnak eta sufritzaileak".

[8] Entre las escasas referencias teóricas a cuestiones referidas al hecho literario destacan por su carácter excepcional un breve artículo publicado en la revista de Euskaltzaindia Euskera (1974: 295-305) "Literatura-motak mugatu nahian asmo batzuk" y alguna brevísima incursión en la crítica de libros empujado por la escritora Lucila Palacios (seudónimo de la escritora Mercedes Carvajal de Arocha), gran amiga de Ugalde. Los artículos aludidos, publicados todos en la revista Élite, incluyen: "Cubil una novela de Lucila Palacios" (11-VIII-1951); "Jean Aristeguieta mensaje poético" (27-X-1951) o "Dos instantes de una mujer" (15-IX-1952). Raramente Ugalde se referirá —siempre de forma marginal— al origen de alguna de sus obras o a sus motivaciones como escritor en artículos autobiográficos, éstos sí profusos.

[9] Esta entrevista pudo realizarse gracias a la ayuda inestimable de los profesores Beti, Ascunce y San Miguel cuya relación personal con el escritor hizo posible que las puertas de su casa de Fuenterrabía se me abrieran de par en par. La versión primera que el autor me remitió y cuyo original conservo aun intacto fue redactado muy amablemente por

el propio Ugalde que ante la perspectiva de ser entrevistado pidió tiempo y sosiego para responder a las preguntas por escrito. El documento, sin embargo, al no estar escrito con el propósito inicial de ser publicado, presenta un estilo coloquial muy próximo al registro hablado, y transmite una gran carga emocional y vivencial. En la entrevista Ugalde no deja de mostrar sorpresa ante muchas de las preguntas que el cuestionario le plantea afirmando que jamás "he reflexionado sobre ese insondable", e incluye exclamaciones espontáneas en las que muestra lo difícil que le resulta dar una respuesta coherente a muchas de las cuestiones de carácter teórico "así me sale ahora aunque no lo haya pensado hasta este momento" (…), "esta es la primera vez que me pongo a pensar despacio sobre este proceso". El autor tampoco hace esfuerzos para esconder las contradicciones derivadas de "pensar en alto y por primera vez" en muchos de los temas planteados: "Ahora me doy cuenta que me equivoco, pero de algo servirá lo que dejo dicho", (…) "No estoy seguro de acertar con lo que te estoy diciendo, pero no me sale más". A pesar de que al publicar la entrevista, por razones obvias, se omitieran estas reflexiones en alto del autor, éstas y otras expresiones espontáneas otorgan una originalidad indiscutible al documento y demuestran, tal como él mismo afirmo en innumerables ocasiones, que "escribir es para mí hablar desde dentro, mi comunicación profunda".

10 La extensísima entrevista que Joan Mari Torrealdai realizó a Ugalde – publicada en 1998 bajo el título *Andoaindik Hondarrabira Caracasetik barrena*– ha resultado igualmente de gran valor inestimable para la reflexión en torno a la poética del escritor. Sin embargo, a pesar de que en la misma se tratan asuntos relacionadas con la visión del escritor sobre la literatura y el periodismo de forma marginal, el objetivo del trabajo —y su indiscutible logro— radican en presentar una semblanza biográfica detallada del autor y no tanto entrar en detalles sobre cómo concibió Ugalde el hecho literario. La adenda del citado libro incluye muchos fragmentos de la entrevista que yo misma le realicé al escritor, ésta sí con el objeto de recoger sus opiniones sobre la literatura de forma más sistemática.

11 Izagirre (1993) sintetizó este compromiso tan brillante como sucintamente: "Helburua hitzaz haratago izan du Ugaldek". También José Ángel Ascunce en el prólogo a *Antología de textos literarios del exilio*

vasco (1994: 26) subraya el carácter comprometido de la obra de Ugalde y afirma que: "En última instancia los cuentos de Martín de Ugalde son cuentos moralistas y críticos, porque nos ofrecen un mensaje con una clara lección de vida". En otro artículo, Ascunce (1993: 72) vuelve a insistir en esta misma idea al afirmar que: "Martin Ugalde (…) escribe por necesidad material y por imperativo espiritual. Sus artículos, cuentos crónicas, reportajes, etc., al mismo tiempo que reflejan un sentimiento y un pensamiento concretan el deber de un compromiso". El profesor Iñaki Beti en su artículo titulado "Martín de Ugalde: un humanista en el exilio" (2000: 495) igualmente incide en el hecho de que "los escritos de Ugalde muchas veces exceden lo puramente literario para proyectarse hacia un orden ético que incrimina y roza la moral de los demás. Por esta razón puede afirmarse que, en algunos aspectos Martín de Ugalde pertenece a esa rara especie de escritores edificantes que pretenden que de sus escritos el lector obtenga una lección". Para Ugalde, en fin, "las palabras bonitas son un adorno de la nada". Ugalde (*Deia* 1992).

[12] Las referencias al fondo comprometido —y ético— que informan la obra del escritor son innumerables. Baste mencionar, además de las que se citarán a continuación "Irakurtzen duan Euskaldunak bi balio ditu" (*Tierra Vasca* X-1966), "El hombre y su libertad" (*Alderdi* III-1971), "El escritor vasco: el hombre y su palabra *Deia* 29-I-1978), "Una deuda con Tellagorri" (*Tierra Vasca* IV-1961).

[13] Jean-Paul Sartre: (1976: 57).

[14] Ugalde atribuye la cita al escritor norteamericano John Dos Passos (2003: 130).

[15] Para el análisis de estas declaraciones de Ugalde encuentro iluminador lo afirmado por Warren y Wellek (1954: 42-43) sobre el carácter de verdad otorgado a la literatura: "Entre las artes, la literatura, en particular parece tener pretensión de "verdad" por la concepción del mundo (Weltanschauung) que toda obra dotada de cohesión artística posee. (…) De los puntos de vista según los cuales el arte es revelación o intuición de la verdad debemos distinguir el concepto según el cual el arte- particularmente la literatura- es propaganda, es decir el punto de vista de que el escritor no es descubridor, si no vendedor persuasivo de la verdad. El término "propaganda" es impreciso y requiere minucioso examen. (…) Sin embargo, si distendemos el término de modo que

cartografías

signifique "esfuerzo, sea o no consciente, enderezado a influir en los lectores para que compartan la propia actitud hacia la vida", entonces hay plausibilidad en la afirmación de que todos los artistas son propagandistas o deberían serlo, o bien (…) que todos los artistas sinceros y responsables están moralmente obligados a ser propagandistas".

[16] De forma paralela, en lo que se refiere a su obra de ficción, la motivación testimonial propia de su obra ensayístico- periodística, toma carácter estético y se torna retrato verosímil de la realidad observada. La realidad es, en definitiva el pre-texto del que parte el autor para construir su universo literario sin renunciar en caso alguno a su irrenunciable voluntad estética. En una breve entrevista concedida a *Eusko Gaztedi* en octubre de 1957 Ugalde explica las dificultades que entraña escribir "cuentos vascos desde este lado del atlántico" y achaca esta dificultad a que le "es absolutamente imprescindible estar en contacto con el ambiente que describo. Por lo que mis cuentos tocan temas que palpo todos los días". Esta inmediatez con respecto a los temas tratados y los escenarios descritos —si bien no implican una servil reproducción de una realidad existente— dotan a la ficción de Ugalde de unos matices que merecen ser reseñados. En definitiva, Ugalde propone a través de sus textos literarios llegar al conocimiento concreto de una realidad, mientras, de forma recíproca, eleva esta realidad aprehendida a un nivel artístico. En un apartado posterior de este mismo capítulo retomaré esta idea para contrastar los recursos empleados por Ugalde en sus reportajes con los esgrimidos para construir su universo de ficción literaria.

[17] Iris Zavala citada por Jon Kortaza (2000: 309).

[18] Jon Kortazar (2002: 21) se refiere al concepto de literatura nacional afirmando que: "nazio modernoek literatura erabili izan dute bere legitimitatea sortzeko, nazioen artean bere burua agertzeko. Horregatik deitu izan dira literatura Nazionalak Europan sortu izan direnak, nazio sortzeko baliagarriak gertatu izan diren neurrian".

[19] Con respecto a la polémica suscitada en torno al uso del euskara culto/popular entre los escritores euskaldunes en la década de los cincuenta, consultar el artículo "50eko hamarkadako literaturaren panorama laburtua" de Pako Sudupe. El autor (2011: 78) se refiere al

razonamiento que acompañaba a los escritores que apostaron por el uso de un euskara *accesible a todos*: "Orixek eta Zaitegik-eta kultur gaietarako erabiltzen zuten euskara garbiegiarekin ezin zen euskaldun erdaraz eskolatuengana iritsi; beraz ezin zen kultur komunitate bat eratu, eta hortaz, ezinbestekoa zuen, ezer baino lehen, euskaldun eskolatuek erraz ulertuko zuten erabiltzea eta gaiak gaur-gaurkoak izatea. Biak batean. Gai berriak, gaurkotasun handikoak, eta euskara ere berritua, erraztua" Los paralelismos con respecto a las opiniones vertidas por Ugalde sobre el mismo tema son evidentes. También Izagirre (1993:14) alude al lenguaje popular adoptado por Ugalde en su obra en euskara "Ugalderen euskara -noizbait!- ahozkoa da, kalekoa, bere akats eta guzti".

[20] En estos términos se refirió Oscar Sambrano (1957) en el diario *El Nacional* a la temática empleada por Ugalde en su obra *Un real de sueño sobre un andamio*. Citado por Torrealdai (1998: 313).

[21] Entrevista a Ugalde, *La República* (Caracas) (9-II-1964).

[22] *El Universal* 1965. Citado por Torrealdai (1999: 316).

[23] Según Izagirre (11) no puede decirse que Ugalde escriba en español *sensu estricto*, no al menos —en palabras del crítico— en el "español normativo del imperio": "Ugalde errebelatuak ezin zuen sortu gaztelaniaz. Beste hizkuntza bat bilatu zuen, haizeak lau eta liburuak bost Venezuelan, bera bezalako kazetari ohartuek mintzajeetarako duten makurtasun eta sentsibilitatea. Eta hala bilakatu zen idazle latinoamerikarra, Europatik zekarren bigarren hizkuntza boteretsuaren *contra Sarmiento* berri bat bezala errebelatua, euskaldun betea ezin izanik, kolonizatua izan nahi ez zuelako. (…) Horregatik hurbiltzen da aberria utzi eta teilatupe atseginago bat antolatu nahi dutenengana, gaztelania berri bat, askatzaile eta ez zanpatzaile bat, asmatzen laguntzen diotenengana". El propio Ugalde lo expresó así en la primera de las cartas remitidas a Txillardegi desde Evanston en respuesta a la acusación del primero de que escribir en español era ejercer de *españolista* (sic): "Bestetik, ez det uste erderaz egitea «españolismoa» danik erderaz egiteagaitik bakarrik. «Españolismo»aren neurria, nere ustez, ez dago izkuntzan, erabiltzen dan izkuntzan, baizik gaian eta asmoan. Kanpion'ek «españolismoa» egin zuala uste al dezu; eta Sabin'ek «españolismoa» egin zuala uste al dezu? Ez dakit gaur Kanpion'en

idaztiak baiño euskalzaletasun geiago euskerazko idazlari askok sortuko duten. Zoritxarrez, euskotar erdeldun asko degu, bere buru eta biotzetara ere sartu bear degu. Bestetik, españarreri ere itzegin bear degu. Ai! Baroja eta Unamuno'k, bere jakinduri eta trebetasun guziarekin euskotar bezela joka izan bazuten! Unamuno'k Euskadi eta ez España zala bere aberria esan izan bazuan Salamanca'n edo Buenos Aires'en edo Bilbo'n, eta bere liburu guzietan. Ni Ameriketatik begira ari naiz eta ikusten det emen egingo zuan aldia". Ugalde (1956). Citado por Torrealdai (1998: 127).

²⁴ Para el análisis y el cotejo de las peculiaridades lingüísticas "populares" venezolanas en la obra de Ugalde se ha consultado el artículo de Jaime Tello (1972) "Algunas peculiaridades del castellano en Venezuela". La fecha de publicación del artículo ha permitido que este cotejo se haya realizado con las características sincrónicas propias de la época en la que Ugalde escribía en diversos medios de comunicación del país. Cabe acentuar entre otras: la pluralización, el uso idiosincrásico del pronombre relativo, el manejo particular de ciertas preposiciones, la doble negación, el uso dialectal de algunos términos, además de la profusión en el uso de los diminutivos y los criollismos.

²⁵ M. J. Txopitea. "No voy a hundir ni salvar a Martín De Ugalde". *Euzko Deya*, México (I-1958: 23).

²⁶ "El habla literaria es siempre la meta a que aspira el lenguaje popular, y, viceversa, la lengua popular es siempre fuente en que la lengua literaria gusta refrescarse" Menéndez Pidal, Ramón. (1945). "La unidad del idioma" *Castilla, la tradición, el idioma*. Madrid. Espasa Calpe. (169-215).

²⁷ En este sentido es lícito volver a hacer referencia a una de las f rases más rotundas de Ugalde con respecto al carácter comprometido que debía guiar toda actividad intelectual: "Las palabras bonitas sin contenido son como un adorno de la nada" (*Deia*, 1982).

²⁸ En 1994, a la pregunta: "¿Es el hecho estético un fin en sí mismo?" Ugalde responde de forma tajante: "Lo es en mi caso, enteramente. (...) Mi trabajo tiene generalmente esa búsqueda de un todo estético". Ugalde (citado por Ariznabarreta y Beti 2002a: 32).

²⁹ No puede obviarse, además, que durante los años 60, y principios de los 70, se extendió entre escritores y críticos vascos una cierta oposición

hacia los actos de fe estética que podían considerarse sospechosas adhesiones a una literatura de carácter evasivo. Tal como refiere Olaciregui (2000: 526): "los acontecimientos que se sucedieron en Euskadi en la década de los 60 (desarrollo industrial y económico, afianzamiento de las ikastolas, unificación del euskera, gran activismo político contra el régimen franquista que censuraba toda actividad en euskera, campañas de alfabetización...) crearon un humus propicio para la germinación de un vuelco radical en los planteamientos literarios. Se ha dicho que a la ortodoxia cultural vigente en la época, se contrapuso una heterodoxia cultural y política". Esta corriente de pensamiento influyó probablemente también en Ugalde y explica —en parte al menos— las contradicciones referidas.

[30] Esta idea se repite en muchas de las declaraciones del autor: "Beti buruan dut irakurlea. Irakurle eredu jakin batentzat idazten dut, herria maite duen gaztearentzat". (*Egunkaria* 5-I-1991). "Norentzat idazten dudan hau beti argi izan behar dut nire ofizioan. Eta ez bi buru ezberdinentzat, eta hala egiten baduzu galdu duzu zure mezua bientzat!". Ugalde (citado por Torrealdai 1998: 257). Ugalde se expresa también en este sentido en una conferencia pronunciada en la Universidad de Deusto durante el curso 1985-1986 dentro de las jornadas "Euskal kontaera berria" organizadas por *El Instituto de Estudios Vascos* de dicha Universidad. Esta conferencia se publicó en el número 22 de la revista *Noticias UD* en 1989. También en una entrevista que le realizaron en Euskadi Irratia (9-II-1994) se refiere a este vínculo: "Jakina! Irakurlea beti izan dut buruan. Beti hartu dut aintzat".

[31] "Es difícil expresar cómo funciona este mundo interior donde me siento en libertad para contar incluso las sensaciones más interiores a través, ya no de la prosa, sino del diccionario secreto donde me encuentro casi sin querer con los términos o la trabazón de palabras que van más lejos que lo previsto". (Ugalde citado por Ariznabarreta y Beti 2002a: 37).

[32] Una anécdota referida por Ugalde en esta misma entrevista resulta reveladora en este sentido: "Suelo tomar parte a menudo en jurados de concursos literarios. Yo siempre estoy a favor de la imaginación de la que está hecha el cuento, mientras que los compañeros gramáticos tienden a considerar que nada vale la imaginación si además no se sabe

escribir correctamente, s in confundir la "s" con la "z" y otras trampas parecidas que pone la gramática. Yo entiendo esto, claro, pero si el premio depende del que tiene imaginación o el que domina la gramática, yo estoy por el primero. (…) A mí por ejemplo, no me gusta la gramática y las reglas, tampoco me importa la corrección en el estilo, sino la sensación de haber dicho lo que quería expresar". (Ugalde citado por Ariznabarreta y Beti 2000a: 36)

[33] Resulta llamativo constatar que el autor utiliza este misma imagen con idéntico propósito en otras entrevistas: "Nik behin galdetu nion lagun bati nola zitekeen gramatika ez gustatzea. Eta zera erantzun zidan: Gorputzaren fisiologia ezagutzen duen batek jakingo dik muskuluak nola dabiltzan, hezurrak nola dauden; baina ez zekik korrika egiten. Hik eztakik non dauzkaken hezurrak ere, baina korrika egiten duk". Ugalde (*Egunkaria* 5-I-1991: 25). Utilizó además otras metáforas para referirse a este desapego por las cuestiones más formales del proceso literario. Esta desafección por las cuestiones más formales no debe sin embargo confundirse, según Ugalde, con "escribir descuidadamente o dejándolo todo a la intuición". El autor reconoce que "a menudo escribo un cuento diez veces, diez correcciones distintas antes de dejarlo. Ugalde (citado por Ariznabarreta y Beti 2002a: 44).

[34] En la misma línea, Ugalde reconoce a Torrealdai (1998: 255) que esa difícil asimilación literaria no termino de fraguarse: "Bertarakotze literarioa oso luzea izan zen, mantsoa, mintsua, asma bideko sufrimendu handiarekin. Orokorrean, beste hizkuntza bat zen menderatu nahi nuena! (…) 22 urtetan hurbiltze handi bat lortu nuen, baina beti kezkak, kontsultak lagun venezuelarrei. Hizkuntza literarioa ez da sekula osorik menderatzen. Eta ez nuen amaitu!". Los críticos venezolanos de su obra no compartían esa opinión y llegaron a afirmar que en el caso del escritor vasco: "sus vicios de dicción son los mismos que abundan en uso por toda la América Indo hispana olvidándose, en ocasiones, de la correcta formación del diminutivo o confundiendo las acepciones del verbo 'volver', en el sentido de mudar de dirección, cambiar de frente con el de 'voltear" Txopitea (1958: 23). Esta misma idea es compartida por críticos posteriores de su obra venezolana: "La asimilación lingüística llega hasta tal punto que muy bien podemos decir que los cuentos, más que en castellano, están escritos en venezolano". (Beti 1992:10).

³⁵ En una rarísima incursión del periodista en la esfera de la crítica literaria definía así el lenguaje de esos autores que tanto le influyeron: "Hay diferencias de autor a autor. En algunos es el contraste mayor si escribe tema criollo y usa las maneras y los términos. A veces marcadamente diferente para el venezolano mismo. De los Andes al Zulia ya hay diferencias, y si uno escribe un relato costumbrista, resulta difícil, menos accesible que si se escribe en forma más literaria. Pero a veces el mismo escritor tiene trabajos escritos en las dos formas, con intención precisa. Un Guillermo Meneses es más literario en tema y forma, es más accesible a un musiú como yo que un Alfredo Armas Alfonso, por mencionar dos autores ya citados. Alfredo es en tema y en lenguaje un criollo muy coherente, es hombre de la tierra de Oriente que defiende su patria escribiendo, un Meneses que ha viajado mucho, ha sido embajador de su país en París, quiere a su país lo mismo pero lo sirve en el exterior y ha recibido sus influencias europeas, y su "La mano junto al muro", ganador del premio "El Nacional", es un ejemplo frente al premiado también en aquel tiempo "Los cielos de la muerte", son ejemplos claros. Hay que leer a los dos, sin embargo, para entender a Venezuela a través de su literatura. (…) Un Arturo Uslar Pietri está impregnado de las dos formas de expresar a su país: "Baile de tambor", "Lluvia", son el interior venezolano, la trama de la política venezolana de "Baile de máscaras", es la otra Venezuela, y en sus ensayos deja traslucir la Europa de su cultura. Entender a Venezuela a través de la escritura toma tiempo. Ugalde (citado por Ariznabarreta y Beti 2002a: 50).

³⁶ La primera motivación de estos viajes fue la intención de aprender inglés. Realizará cursos de lengua y literatura inglesas en la Universidad de Michigan primero y en Nueva York, durante los meses de verano. Estos viajes culminan con una beca que la Creole Petroleum Corporation le concede en 1960 para cursar estudios de periodismo.

³⁷ Obsérvese que no se trata aquí de ir a la busca y captura de paralelismos entre la obra de estos autores y la de Ugalde. Los escritores citados son ecos de las lecturas realizadas por el escritor vasco, ecos cuya "relevancia no se convierte en prueba por simple repetición y multiplicación" (Warren y Wellek 1954: 310).

[38] A este respecto Ugalde menciona una anécdota reveladora: "Recuerdo que una de las veces que vino el Lehendakari Agirre, a quien le asistía en las presentaciones de prensa, le mencioné que había leído Garoa de Txomin Agirre, creyendo que era todo lo que tenía, y me dijo: pero no te olvides de leer Kresala. Entonces me enteré la vertiente marina de su obra". Ugalde (citado por Ariznabarreta y Beti 2000a: 56). En su infancia Ugalde había leído a Salgari y otros libros de aventuras en la biblioteca de Acción Católica de su pueblo natal. Resulta esclarecedor que el autor recuerde sus anhelos de convertirse en periodista ya entonces: "Kazetaritzarako joera noiz sumatu nuen badakit: Andoaingo Ekintza Katolikoak La Salle-tarren eskola ondoan zuen biblioteka txiki hartan. Han aurkitu bait nuen Salgari-ren korsari saila. Hau ez nuen nik literatura bezala irakurri, kazetaritza gisa baizik: han agertzen zirenak ez ziren asmatuak, gertatuak baizik. Eta txunditurik utzi ninduen, egileak irakurlea beste mundu batetara eramateko zuen dohain miragarri hark". (Euskera XXXII 1987: 253-257).

[39] Consultar a este respecto Aldekoa (2000: 480-585).

[40] Nótese que no se pretende con lo afirmado hasta ahora sostener que la obra de Ugalde carezca de elementos tradicionales y tipismos propios de una literatura costumbrista. Lo central es, sin embargo, el análisis de la finalidad a la que sirven estos elementos temáticos, semánticos y estilísticos.

[41] Beebee (1994: 11) se cuestiona incluso la propia existencia de los géneros desde el prisma de la crítica posmoderna: "Generic instability is so prevalent a feature of the postmodern that Ralph Cohen sees fit to ask the question, "Do Postmodern Genres Exist?"

[42] Aunque el autor es muy consciente de que "el más escrupuloso de los periodistas peca de parcial por muchas razones inevitables. Y si no aplica escrupulosamente su deber ético, distorsiona sin querer; y tiene las tendencias humanas sin reprimir las tendencias naturales, puede llegar a convertir un hecho real en un cuento de caminos". Ugalde (citado por Ariznabarreta y Beti 2002a: 27).

[43] Martín de Ugalde (1979): *Unamuno y el vascuence*, Ediciones Vascas, Bilbao.

Notas

---

⁴⁴ La cita ha sido extraída de la segunda edición de *Unamuno y el vascuence* (1979: 217).

⁴⁵ El capítulo cuatro de este trabajo se propone el análisis ideológico de esta estructura mental del escritor vasco a través del análisis discursivo y estilístico de estos artículos de opinión mediante el encuadre de los mismos en las coordenadas ideológicas apropiadas. Este apartado se limitará a la mención breve de los trabajos de opinión publicados por Ugalde y a la descripción sucinta de las características de los mismos.

⁴⁶ Ugalde señala: "El desterrado (…) tiene viva la imagen de su país y hace esfuerzos para adecuarlo a los cambios que imprime el tiempo, pero siempre se equivoca uno, porque ese tiempo de medida sigue siendo el de uno mismo, y cuando vuelve, en mi caso a Euskadi, me encuentro con un mundo que en cierto modo me es ajeno (…). *Deia* 1982.

⁴⁷ *Deia*, 11-XII-1983.

⁴⁸ *Deia* 13-VII-1983.

⁴⁹ *Alderdi* 10-XII-1972.

⁵⁰ *Alderdi* 13-XI-1967.

⁵¹ *Deia* 10-X-1983.

⁵² *Diario Vasco* 27-III-1990.

⁵³ *El Mundo* 11-X-1990.

⁵⁴ *El Mundo* 28-II-1992.

⁵⁵ Fue en la revista *Élite*, única publicación semanal caraqueña por aquel entonces, donde Ugalde comenzó a ejercitarse como periodista, realizando principalmente entrevistas deportivas y reportajes. Su buen hacer dentro de estos registros de escritura hizo que poco a poco su nombre fuera sonando en el ámbito de la prensa venezolana y que su prestigio se fuese acrecentando, sobre todo a raíz de la obtención de distintos premios.

⁵⁶ Ugalde: *Mientras tanto fue creciendo la ciudad*, J.A. Ascunce (1992: 117-118).

⁵⁷ Matías Carrasco, *El Nacional*, 1964.

[58] Ugalde publicó dos poemas en la revista local de Fuenterrabía y algún verso de juventud que quedó atestiguado en el *Diario Vasco* anterior a la guerra. El autor, sin embargo, evitaba hacer alusiones a estas incursiones suyas en la lírica y, así, muchos de sus críticos desconocen esta vertiente marginal.

[59] *Mohamed eta parroko gorria*. Elkarlanean, Donostia, 2000.

[60] Ugalde, *Pedrotxo*. Elkar, Donostia, 1995.

[61] Ugalde, *Itzulera haten historia*. Elkar, Donostia 1990.

[62] En la magnífica contribución de Martin Ugalde al último volumen de *El exilio español de 1939* editado por José Luís Abellán (1976) el escritor vasco hace un análisis de la literatura vasca resaltando el carácter oral que ha tenido durante siglos y subraya la dificultad que este hecho ha supuesto en la conservación del patrimonio literario. La cita resulta interesante para seguidamente enmarcar las opiniones de Ugalde con respecto a los géneros literarios por él cultivados. "Lo que no se escribe no se puede conservar; lo escrito es para la literatura lo que los documentos escritos son para la historia, y la tradición oral, lo que los restos para la investigación antropológica. No es que nuestro pueblo no haya tenido literatura; lo que ocurre es que por estas circunstancias se ha prolongado más que en los demás pueblos, los hablan los romances, una literatura oral que no ha podido traducirse en escrita. Y así como se le ha escapado a la ciencia aquello que no ha podido conservarse hasta el tiempo en el que el hombre ha llegado al grado de conciencia cultural y de conocimiento científico para hacer uso de estos restos que ha ido dejando el hombre en el camino desde su historia más lejana, desde la prehistoria, así se nos escapa a los vascos la literatura que no ha sido escrita. Sin embargo, hasta este momento en que se comienza a escribir en su lengua en Euskal-Herria, en el siglo XVI, y después, también se produce una literatura oral que, como dice Luis Michelena con autoridad, es tan rica como la de cualquier otro pueblo".

[63] El artículo fue escrito a raíz de que Ugalde, a su vuelta de Venezuela, comenzara a formar parte de varios certámenes literarios y observara que muchos de los participantes no eran capaces de deslindar el relato corto del cuento tradicional. Se trata, en definitiva, de un intento más por marcar las lindes entre el cuento tradicional y el moderno.

[64] Para una revisión crítica de la tradición del cuento popular en la literatura vasca puede consultarse Urquizu (2000: 369-373).

[65] La cita exacta de Quiroga a la que Ugalde aludía de forma libre es la siguiente: "El cuento es, para el fin que le es intrínseco, una flecha que cuidadosamente apuntada parte del arco para ir a dar en el blanco. Cuantas mariposas irán a posarse en ella para adornar su vuelo, no conseguirán sino entorpecerlo". (Quiroga 11-IX-1930).

[66] Ugalde escribió la obra *Gurpegin aspaldi gertatutakoa* en 1965 con un ánimo estilísticamente renovador, si atendemos, al menos, al carácter más tradicional del resto de su obra dramática. En varias entrevistas el autor declaraba que el manuscrito ardió en un fuego inesperado en la imprenta en la que estaba a punto de ser editada. La verdad, tal como nos declaró el autor en privado, es que Ugalde jamás tuvo la intención de hacer pública la obra.

[67] Tal como recogía Antonio Labayen (1976b: 302): "elizak, kristautasunak piztu zuan teatroarean su-gar ta argia bere bidez kristau erakutsi ta aginduak zabaltzearren. Zuberotarren Pastoralak ere iturri ortatik edo datoz. Pastoral oriek Zuberoako zenbait erritan enparantzan antzeztuten dituzte olaza baten gañean. (...) Geyenek erlijio gaiz diardute ta santu, done eta martirien bizitzak azaltzen dizkigute eredutzat artu ditzagun ta ikusleen gogo-biotzak ikaratu arren".

[68] Encontramos varias referencias de Ugalde en este mismo sentido: "Andoainen antzerki talde ona genuen. Abertzaletasun bidea izan ziren, eta gazteen lanetakoa". (Torrealday 1998: 74). "Durante la república, recuerdo, se representaban obras casi todos los domingos, los cuadros iban de pueblo en pueblo representando un repertorio bastante importante para nosotros en euskara y nos reíamos y llorábamos de placer". Ugalde (citado por Ariznabarreta y Beti 2002a: 40).

[69] Hizkuntzak bi bideetatik sartzen dira, belarrietatik eta begietatik. Belarrietatik aurrena. Belarriak jaio ordurako esnatzen diren entzun bideak direnez, hortik sartzen zaizkigun hizkuntza hotsak dira gure inguruan daukagun mundu hori erakusten digutenak. (...) Ugalde (1965: 7).

[70] "¿Acaso no fue realmente otro destierro la llegada de Ugalde a Gipuzkoa en la década de los 70? Visto con ojos de ahora, me pregunto

qué pintaba Ugalde escribiendo obras como Síntesis de la Historia del País Vasco, cuando tenía tantas dotes para la narración. Y eso que yo leí el libro, y que me vino bien para las conflictivas asambleas que hacíamos en la facultad" Declaraciones del escritor Bernardo Atxaga recogidas en el Diario Vasco (6-XI-2001).

71 Ugalde se expresa en el mismo sentido en una entrevista concedida al periódico *El País* (28-I-1977): "Al llegar a España, tras veinte años de exilio en Venezuela, me encontré desarraigado en mi país. No puedo ni decir que soy vasco, ni escribir, ni decir lo que pienso. Todo el pueblo vasco estaba desarraigado..., con las raíces al aire. Por ello me puse a escribir para aprender sobre mi país, —siempre escribí para aprender— para conocer su problema vasco y saberlo mostrar a los vascos.

72 El capítulo dedicado a la poética del autor incluye una argumentación en torno al carácter fuertemente comprometido de su discurso.

73 Martín Ugalde alude recurrentemente a esta alienación lingüística: Además de las referencias citadas y recogidas en "En busca de una patria en libertad", —introducción a la compilación de sus reportajes en *Mientras tanto fue creciendo la ciudad*—, también el prólogo publicado como introducción a *Tres relatos vascos*, (San Sebastián, Txertoa, 1974) recoge una reflexión en el mismo sentido.

74 En alusión a este desarraigo con respecto a la patria de origen en *Itzulera baten historia* afirma Mª Pilar Rodríguez (2002: 194)) que "las discrepancias entre la visión nostálgica e idealizada transmitida por el padre a la joven a través de numerosos relatos y conversaciones, se transforma en amarga decepción cuando la joven regresa al lugar de sus orígenes y no puede reconocer ese mundo tan añorado por el progenitor". Y añade: "La confluencia de las generaciones que han alcanzado el estado adulto en diversos lugares de la geografía de Euskadi, de Francia y de Venezuela con el mundo de los hijos da lugar a narraciones y a recuento de episodios que proporcionan información de primera mano en torno a los acontecimientos políticos y las razones que provocaron el exilio".

75 El término *personalismo* es utilizado por vez primera por Renouvier en 1903 para calificar su filosofía y poco después por los filósofos americanos M.W. Calkins y B.P. Bowne. El término se utilizó en

Norteamérica para referirse a las obras y filosofía del poeta Walt Whitman. La filosofía personalista adquiere especial auge en Europa entre las dos guerras mundiales de la mano de Emmanuel Mounier y se erige en alternativa a las dos poderosas ideologías del momento: el colectivismo (comunismos, nazismos, fascismos) y el individualismo (cristalizado en el capitalismo salvaje del siglo XX). El personalismo vino a cubrir una necesidad sentida de manera perentoria por muchos intelectuales de una nueva valoración del hombre. En el Estado sus máximos exponentes fueron los filósofos Julián Marías, Xabier Zubiri y Eugenio Imaz. Esta antropología caló hondo en figuras como Antonio Machado, José Bergamín y Fernando de los Ríos. En el País Vasco el intelectual Karlos Santamaría fue su mayor exponente. En este sentido se expresan Zabala (1991: 4) y Azurmendi (1990: 107).

[76] Huelga afirmar que el pensamiento personalista no es exclusivo de los intelectuales nacionalistas vascos de la época. Pensadores y filósofos tan poco sospechosos de 'vasquistas' como Julián Marías, María Zambrano o Eugenio Imaz han sido reconocidos como exponentes fundamentales de este pensamiento. Lo cierto es que no es en absoluto extraño que cualquier persona con inquietudes intelectuales y aspiraciones de libertad se acercara a este sistema de pensamiento que permitía estructurar muchas de las inquietudes presentes entre los que se oponían el régimen y trataban de buscar respuestas que otorgaran un mayor valor al individuo y que se enfrentara a la visión y el poder de los totalitarismos.

[77] No pretende afirmarse, —de ninguna de las maneras—, que Ugalde reconociera y aplicara esta corriente filosófica de forma consciente y sistemática. Ugalde, tal como se ha reiterado, era poco dado a teorizaciones filosóficas o metafísicas. Muy al contrario son innumerables las ocasiones en las que se muestra como un hombre práctico lejos de las preocupaciones metafísicas y filosóficas de otros contemporáneos suyos. El personalismo resulta así una base fértil sobre el que Ugalde, de manera más o menos consciente, estructura su actividad intelectual.

[78] "La persona es originariamente movimiento hacia el otro, 'ser hacia'". Mounier (1962:26).

79 "El primer acto de la persona es, pues, suscitar con otros una sociedad de personas, cuyas estructuras, costumbres, sentimientos, y, finalmente, instituciones, estén marcadas por su naturaleza de personas: sociedad cuyas costumbres solamente comenzaremos a entrever y a esbozar". Mounier (1962:21).

80 "La actitud personalista es la perfección de una libertad combatiente, y que combate con ardor. Subsiste inclusive en los fracasos. Mounier (1962:18).

81 "Pertsonalismoa ez da zientzia bat, sistema bat, teoria bat, ideologia bat, baizik sinismen bat, fede bat pertsonaren existentziaren gainean". Santamaria (citado por Azurmendi: 1990:107). La traducción es mía.

82 Al contrario de lo que suele pensarse, la obligatoriedad de una instrucción propiamente católica no formó parte de posición estructural del departamento. Alonso Carballés (2000: 200) recoge un documento que evidencia lo afirmado. En una carta que Enrique Dueñas Zabala (25-XI-1937), secretario general de Asistencia Social del Gobierno Vasco, remitía al secretario social católico de Burdeos que se había ofrecido para albergar en Capreton a 500 niños bajo la condición de que la enseñanza fuera "vasca y católica" se refiere lo siguiente: "El Departamento no puede aceptar condición alguna que afecte a los fundamentos de la Constitución y del Estatuto.(...) El Gobierno de Euzkadi da enseñanza vasca, pero sin determinar la confesión de la enseñanza. Porque sería tanto como entrar a discutir principios consignados como inmanentes y establecidos para el respeto mutuo. En éste y en todos los casos en que se planteen condiciones de esta naturaleza el Departamento las rechazará. (...) El gobierno ampara y cuida de los niños vascos, sin entrar si son o no católicos ellos o sus padres. No cabe realizar arriendos, formar colonias, para separar unos niños de otros clasificándoles por confesiones. La enseñanza debe ser única, neutral. Para enseñarles en católico o en cualquier otra religión se les facilita un medio viable: el que a los niños que corresponda, y por la persona que se estime apta, les dé enseñanza fuera de las horas señaladas en el régimen de instrucción oficial. Querer darla a todos por una sola confesión, es tanto como faltar al respeto que se debe a los demás. Nuestra determinación marca el respeto, la otra la intransigencia e intolerancia".

83 Citado por Artamendi (1978: 53).

84 Para Zubiri, todo lo real está constituido por notas. Así, son notas de la persona tanto sus atributos fisiológicos como los psicológicos y morales además de los valores adquiridos a lo largo de la vida. Estas notas median estrechamente la manera en la que un individuo aprehende la realidad. Mounier lo explica en la siguiente cita: "el espíritu cognoscente no es un espejo neutro (...) es un existente indisolublemente ligado a un cuerpo y a una historia. (...) No hay para las personas una impresión automática o autoritaria de la verdad". Mounier (1962: 44).

85 Lertxundi en su ensayo dedicado a Martín Ugalde insiste en esta misma idea y recalca que la valoración subjetivista de la realidad es intrínseca al escritor. En este sentido recupera la siguiente cita de Ugalde que resulta especialmente clarificadora por lo que la transcribo en su totalidad: "Egia ez da kaxa. Kaxa batek hamabi ertz eta sei arpegi ditu; bista duenak begiz erraz ikusiko dizkio kajari itxura eta kolorea. Hala ere, kaxa sinple hau ez dute gizon guztiek (horretara ahaleginduta ere) toki berdin-berdinetik begiztatuko eta itxura ber-berekoa ikusiko, ezin baitira garai berean toki ber-berean egon; eta itxuraz- beste ere: argiak alde guztiak berdin argitzen ez dituelako eta gizonaren begiak berak ere maiz daltonismo-gaitz horrek jota daudelako, begi guztiek ez dute kaxaren kolorea modu berean sumatzen. Ikusten dugunez, kaxa bat bezain sinplea balitz ere, ez genuke egia denok berdin ezagutuko (...) Egiak ez du berez gorputzik eta itxurarik, ez du margorik; ezin dugu bistaz ikusi; egia osatuko liguketen egia-gaiak askotan falta zaizkigu, eta bildu dituela uste dugunean ere arrazoiz (giza arrazoiz), sentipenez, irudimenez, suma-bidez, ikusi eta pisatu behar ditugu, eta badakigu gure suma-bideak zein irudikorrak diren, eta gure arrazoiak zein etorkorrak eta gurekorrak izaten diren; bai besteenak eta baita gureak ere". Lertxundi (1997: 15).

86 El carácter primitivamente dialógico de la cosmogonía vasca tradicional es referenciado también por Pascual y Peñalva (1999: 41) que lo atribuyen al comunit6arismo vasco primigenio y cuyas huellas los autores encuentran en el idioma vasco. "En euskara las relaciones (harremanak) vienen definidas por los verbos eman (dar-hembra) y ar(tu) (tomar-macho). Al exponer mi punto de vista cambio mi distancia (ar, arte), mi relación con los demás, alterando la posición (de poder)

dada (aceptada) en el arau (hueco-norma) y descentrando de este modo el círculo del batzar. Cada donación, regalo, que el sujeto ofrece a la comunidad establece una problemática, una nueva manera de ver y organizar las cosas. Es decir, está proponiendo un ar-hauzo, un arazo (problema), un nuevo hueco donde se manifiesta la comunidad. De esta manera, la comunidad se definirá como una relación entre iguales donde cada sujeto (hauzo) es expresión de la comunidad (hauzo), al con-tenerla y con-formarla.

[87] Citado por Torrealdai (1998: 297).

[88] Me detendré a analizar este artículo fundamental en un apartado posterior. Baste ahora mencionar que el artículo se publicó al hilo de una dura crítica de la que Ugalde fue objeto por parte del escritor Antonio Aparicio en *El Nacional* ("Ruralidad, Nacionalidad" 18-IV-1958). El artículo de Ugalde fue inicialmente publicado por el mismo periódico caraqueño con fecha (2-VI-1958) y posteriormente recogido por la revista *Eusko Gaztedi*.

[89] Esta serie de artículos son fundamentales para comprender los ejes del pensamiento político e ideológico de Ugalde por lo que volveremos a ellos cuando tratemos de arrojar luz sobre este particular. Se incluyen en esta serie los artículos: "¿El euskara se Muere Irremediablente? *Tierra Vasca*, mayo de 1965, "El imperialismo euskerico" *Tierra Vasca*, VI-1965, "El euskera se muere inevitablemente" *Tierra Vasca*, VII-1965.

[90] Ugalde mantuvo con el citado escritor otras controversias periodísticas sobre la cuestión de la lengua vasca entre las que se encuentran "La importancia del euskara" (*Tierra Vasca*, IX-1965), —artículo escrito en respuesta al publicado por Luis Las Heras: "Idioma y cultura" (*Tierra Vasca* VIII-1965).

[91] Catherine Kerbrat-Orechioni, (1996) establece una distinción entre la cortesía valorizante y la cortesía mitigadora y establece que este recurso discursivo tiende a usarse en casos en que no existe amenaza o cuando sí se percibe respectivamente. Las referencias a esta autora han sido extraídas de la obra sobre el análisis del discurso de Alba-Juez (2009).

[92] También tras esta dinámica periodística se adivina uno de los principios fundamentales del pensamiento personalista que considera que: "toda opinión tiene una significación tal que no puede ser sustituida en el

puesto que ocupa dentro del universo de las personas. Tanta es la magnitud magistral de la persona, que la dota de la dignidad de un universo y, sin embargo, de su humildad, pues toda persona le es equivalente en esta dignidad". Mounier (1962: 30).

[93] En una carta dirigida a Andrés Irujo (16-IX-1965), responsable a la sazón de la editorial Ekin, al hilo de la publicación de esta obra Ugalde afirma: "Don Miguel era un gran poeta y hasta otras cosas, entre ellas filólogo e historiador de la lengua castellana, pero no era conocedor del euskera, ni un lingüista notable ni, sobre todo, quería a la lengua vasca". El documento viene citado en el artículo de (Torrealdai 2002: 422). El ejemplo es clarificador de los registros empleados por Ugalde.

[94] La cortesía y empatía características del discurso de Ugalde son también subrayadas por Torrealdai en su análisis de la correspondencia del escritor (2002: 409): "Batez ere gauza bat azpimarratuko dut: berotasunik edota minik handienean ere, ekaitz bortitzenean ere, Martinek ez du konpostura galdu. 3.000 gutunetatik gora irakurri ditut eta ez dago irain bat, hitz bat ere lekuz kanpo; tonu zakarrik ere ez, Martin Ugalderen aldetik behinik behin".

[95] El recurso a los enunciados parentéticos es muy habitual en Ugalde y siempre cumple un objetivo atenuante del mensaje, buscando la cooperación con el contrincante ideológico, la empatía discursiva hacia su mensaje. He aquí algunos ejemplos de esta estrategia discursiva recurrente: i) "Este es un pobre recurso para comprometerme (no sé por qué, puesto que no creo haberle perjudicado nunca)" Respuesta a una declaración de Matxari" *Eusko Gaztedi* 1958). ii) Mueve a risa que (…) a alguien se le ocurra acusar al euskera (de buena fe) de una supuesta intención posible de imponerse (…). iii) Hay quien (bien *por generosidad o por ingenuidad*) cede un terreno ideológico fundamental. "El imperialismo euskérico" *Tierra Vasca*. VI-1965.

[96] Obviaré para el análisis los artículos de Ibinagabeitia y Amezaga, si bien mucho de lo afirmado para las características del discurso de Ugalde es aplicable a los artículos de estos dos intelectuales vascos.

[97] Entre los años 1955-1958, año en el que se produce la polémica Ugalde había recibido ya varios premios literarios y gozaba del favor de la crítica: durante ese mismo año 1958 *El Nacional* le otorgó el premio al

mejor reportaje por su trabajo "San Rafael de Mucuchíes", ganó el segundo premio de cuentos de la revista *Estampas* por "Los últimos mangos" y publicó su obra, -bien acogida por la crítica venezolana-, *La semilla vieja*. A su vez Aparicio había publicado ya mucha de su obra poética y gozaba del reconocimiento, también en Venezuela, que le otorgaba, además de la calidad de su obra literaria el hecho de haber gozado de una amistad estrecha con el poeta Miguel Hernández.

98 Según Brown & Levinson (1986: 13) la imagen: "(=face) is a highly abstract notion which consists of two specific kinds of desires ('face-wants) attributed by interactants to one another: the desire to be unimpeded in one's actions (negative face), and the desire (in some respects) to be approved of (positive face". Citado por Alba Juez (2009: 94). Según recoge la misma autora para Brown & Levinson existen actos que son intrínsecamente lesivos a la imagen del interlocutor; estos actos se denominan "face threatening acts". El descrédito y el insulto directo se enmarcan, en efecto, en esta categoría.

99 Se refiere a la alusión de Ugalde de que "aquí en Caracas, sin ir más lejos, Aparicio podría hablar con cuatro o cinco autores que han traducido libros de Homero, Shakespeare, Platón, Nitzche y Juan Ramón Jiménez, por no mencionar más que algunos de diversas épocas y disciplinas". Se refiere Ugalde a las traducciones de Jokin Zaitegi y el propio Ibinagabeitia entre otros.

100 Cuadernillo religioso compuesto por el padre jesuita Gaspar Astete que desde el siglo XIX, que fue traducido al euskara y formó en la doctrina católica a infinidad de vascoparlantes.

101 Así en el original. Se entiende probablemente como un guiño de complicidad para con los lectores afines a él ideológicamente.

102 Años más tarde Ugalde se refiere expresamente a esta polémica, si bien sin mencionar a Aparicio; pero subrayando el talante "godo" (hegemónico) de los escritores españoles republicanos y contraponiéndolo al tono "musiú" (subalterno) de sus escritos: "Poeta eta idazle espainolak, naiz antifranquista izan, oraindik "godo bezela jokatzen dute. Honela pentsatzen du Unamuno "vasco-castizo" bezela hartzen duen poeta espainolak *El Nacional*-en idazten duenean". Torrealdai (1998, 116-117). Al final de esta misma polémica se refería

Ugalde en la entrevista: "Hablando con Martin Ugalde" en los siguientes términos: "Nos cruzamos varios artículos, hasta que el escritor Miguel Otero Silva, dueño del periódico y gran persona, nos dijo a los dos que no era precisamente este momento, momento del exilio común, el más propicio para saltar en un diario que también nos era común, con una reyerta periodística. Pero yo era un toro joven pero embanderillado ya. Y era el tema de mi lengua lo que más me caracterizaba, aunque escribía también en la del poeta, lengua de América, con gusto y con alguna suerte. Y escribí el ensayo *Unamuno y el vascuence* editado por la Editorial Ekin de Buenos Aires, dirigido sobre todo a los americanos de lengua castellana, porque a estos se había dirigido el poeta exilado".

[103] A speaker's linguistic strategies (tension or relaxation, vigilance or condescension, etc.) are oriented (except in rare cases) not so much by chances of being understood or misunderstood (communicative efficiency or the chances of communicating), but rather by the chances of being listened to, believed, obeyed, even at the cost of misunderstanding (political efficiency or the chances of domination and profit). Bordieu (1976: 654).

[104] En un artículo sobre Pello Irujo, Aranzazu Amezaga (2000a) recuerda que el espíritu de aquellas publicaciones era universal, —dirigidas a todos los vascos dispersados por el mundo entero— y que también conseguían distribuirse unos pocos números en el interior. Elías Amezaga (2000) abunda en la misma idea en su artículo "Nómina de prensa y periodistas vascos en ultramar'.

[105] "(The press) creates this extraordinary mass ceremony: the most precisely simultaneous consumption ('imagining') of the newspaper-as-fiction. We know that particular morning and evening editions will overwhelmingly be consumed between this hour and that, only on this day, not that. (…) Each communicant is well aware that the ceremony he performs is being replicated simultaneously by thousands (or millions) of others of whose existence he is confident, yet of whose identity he has not the slightest notion". (Anderson 1983: 35).

[106] Ugalde fue precisamente el director de *Euzkadi* durante los últimos años de su publicación.

[107] Tal como admite a Torrealdai (1998: 129) Ugalde colaboró en la distribución de la revista *Euzko Gogoa* pero "no tenía demasiada fe en el proyecto" al que se refiere como "anacrónico". "Zaila egiten zitzaidan irakurtzea, egia zor dizut, eta piska bat denboraz kanpo zeuden sentipena gordetzen nien, eta animatzen. Baina egiatan ez nuen gehiegi sinisten lan hartan, geroko perspektibarekin gauzak beste modu batera ikusi baditut ere". Zaitegi visitó Caracas en diversas ocasiones, previsiblemente en busca de financiación y para visitar a su colaborador Andima Ibinagabeitia al que sí unía una fuerte amistad con Ugalde. Para un análisis exhaustivo de los colaboradores habituales y temas centrales en *Euzko Gogoa* conviene consultar la detalladísima obra de Paulo Iztueta (2001) *Erbesteko euskal pentsamendua*.

[108] Ugalde sí escribió, sin embargo, una biografía de uno los miembros más destacados del grupo independentista "Euzkadi Mendigoxale Batza", Lezo Urreztieta. Txillardegi recordaba este hecho en el obituario de Ugalde como muestra de que el periodista mantuvo siempre una postura abierta y los puentes tendidos para con las facciones más radicales del nacionalismo vasco. Otros artículos a los que me referiré también demuestran esta actitud.

[109] Igualmente deben ser considerados para el estudio los artículos de opinión de temática vasca que Ugalde escribió incansablemente para la prensa venezolana, sobre todo para *El Nacional* que fue escenario de muchas pugnas dialécticas en torno al nacionalismo vasco tal como ha quedado atestiguado en el apartado dedicado a la filosofía personalista en este mismo capítulo. El signo distinto del discurso en ambos tipos de publicaciones, órganos políticos del gobierno vasco y publicaciones ideológicamente cercanas al nacionalismo, frente a los diarios venezolanos en los que el tema vasco se trata sólo de forma marginal. Bastará aquí con mencionar que, en efecto, el discurso del periodista es políticamente más radical, si puede hablarse de radicalidad en el discurso de Ugalde, en las publicaciones no vasquistas, mientras que las características del discurso en sus artículos "domésticos" adoptan un tono más pedagógico y divulgativo.

[110] Ver, entre otros, "Eusko Alkartasunaren sorreraz bi hitz" *Argia*, 27-10, 1986.

[111] Consultar, por ejemplo Ugalde (*Gudari* 1963: 5).

[112] Alrededor del año 1947 se fundó *Euzko Aberri Alkartasuna* (Frente Nacional Vasco). Dicho grupo cogió fuerza en Caracas y consiguió editar algunas publicaciones: Al principio hojas sueltas, más tarde, un folleto, y entre los años 1958-1962 una revista: *Irrintzi. Erri Azke Baten. Euzkadiko Askatasunaren alde.* Los miembros del nuevo grupo se muestran críticos con la doctrina del PNV, y hacen públicas sus ideas en diferentes revistas del exilio.

[113] La respuesta de Ugalde a la acusación por parte de Manuel Fernandez Etxebarria, "Matxari", miembro de la asociación Sabindarra, de aliarse con la "Junta de Exiliados de la República Española" es vehemente. Para Ugalde, la decisión fue totalmente táctica para el PNV y la defiende en esos términos; en virtud de una necesidad "reformista" alejada de planteamientos "rupturistas".

[114] Es conveniente recordar que los primeros años de exilio estuvieron repletas de esperanza para el Gobierno Vasco que se reunió en París. En el Aberri Eguna del año 1945 cuando el Lehendakari Agirre afirmó que "Este año volveremos a nuestra patria", daba a entender una total confianza en la ayuda que recibirían por parte de las fuerzas democráticas que recientemente habían ganado la Segunda Guerra Mundial. Así explicaba Agirre, en el libro publicado tres años antes y titulado *De Guernica a Nueva York pasando por Berlín*: "Al mundo anglosajón y principalmente a América, corresponde salvar la civilización. No es poca responsabilidad, pero ¡qué honor más inmenso!". Para el año 1956, en cambio, la falta de solidaridad mostrada por los intereses de Euskadi por parte de los EEUU y los pueblos de Europa, dejan pocas esperanzas para con esa estrategia en el seno del PNV. Gurruchaga (1985: 178).

[115] A partir del año 1947 esta postura ideológica se verá reforzada en el seno del PNV. Ver Beltza (2008: 87). Ugalde a menudo dejó patente esta misma desconfianza: "Ni de derechas (…), ni de izquierdas. Unos, porque traen la lucha de clases y el capitalismo de Estado o la opresión del cacique y del capitalismo, y, los otros, al ser totalitarios los dos, por querer imponer al pueblo un modelo cerrado en cuestiones materiales y de espíritu, atado en corto y encadenado".

[116] Escribió Ugalde (1962): "Si no hubiera sido por los curas de mi pueblo, hace tiempo que yo ya hubiese perdido la fe".

[117] Para el año1956, la falta de solidaridad mostrada por los intereses de Euskadi por parte de los EEUU y los pueblos de Europa, dejan pocas esperanzas para con esa estrategia en el seno del PNV. Gurruchaga (1985: 178).

[118] El año 1959 Ugalde entrevistó al lehendakari Antonio Aguirre durante un viaje realizado a Caracas. La entrevista se publicó en *Eusko Gaztedi* en mayo de ese mismo año. El siguiente fragmento de la entrevista ilustra al respecto: "Ugalde:¿Cuál es nuestro objetivo principal cuando caiga Franco? Agirre: El Gobierno Vasco está perfectamente organizado para tomar rápidamente las posiciones claves del país de una manera ordenada. Tan pronto lleguen sus integrantes al territorio nacional pondrán su autoridad a la disposición del pueblo, de quien la recibieron, y éste decidirá después democráticamente su propia suerte".

[119] En 1975 la dictadura tiene controlados la mayor parte de los medios de comunicación: prensa, radio y televisión. "El Movimiento" contaba con tres periodicos: La Voz de España y Unidad en Gipuzkoa y Hierro en Bizkaia. Los ejemplos de periodismo crítico con el régimen eran escasos aunque *Zeruko Argia, Goiz Argi,* y *Anaitasuna,* todos ellos dirigidos por religiosos, fueron ejemplos de prensa escrita en euskara que lograran sobrevivir al acoso de la censura. Será durante los últimos años del franquismo cuando comience a apreciarse una mayor, aunque todavía testimonial presencia de la lengua vasca en la prensa del momento. En un artículo escrito por Xabier Aranburu en 1977 este autor muestra gran escepticismo respecto de esta presencia del euskara en los diarios de mayor tirada: "Susmoa dut ez ote duten zuzendariek euskal orriak folklore gauza bezela erabiltzen: moda bat da, euskaldunak kexa ez ditezen…" Aranburu (1977: 70).

[120] Ver "El elogio de las instituciones vascas" *Deia* (5-VI-1983).

[121] Tal como recoge Torrealdai (1998) en el capítulo dedicado al paso de Ugalde por Deia.

[122] Fernández (9-XI-1997).

[123] El cruce de correspondencia entre Ugalde y Txillardegi es una prueba más que evidente del carácter reformista de Ugalde. En sus cartas Txillardegi -a pesar de admitir que le une a Ugalde un "nacionalismo cultural" alejado del carácter "etnicista" de otros miembros del partido-,

favorece la creación de un "frente nacional" que se opusiera a los planteamientos de otros grupos no vasquistas, -aunque republicanos-, del exilio. Ugalde se opone de forma firme, defendiendo, de forma idéntica a lo que recogen otras citas del texto principal, la necesidad táctica de "acercar al nacionalismo vasco el sentir y el pensamiento de otras ideologías como el socialismo moderado". A esta luz puede también entenderse la entrevista realizada por Ugalde al socialista Toribio Etxeberria el 23 de octubre de 1967 en el domicilio del eibarrés en Prados del Este, y el carácter hagiográfico de la reseña que escribió Ugalde a la muerte de éste. (*Euzko Gaztedi* VI-1968).

[124] Es de la misma opinión el periodista Iñaki Uria (2002: 403), compañero de Ugalde en *Egunkaria*: "Ugalderen artikuluak argiak, gezia dianan bezain zehatzak, biziak, sentiberak, sinpleak dira. Zentzurik zailena adierazten dutenak: *herri sena*. Apala da, ez harroa; herritarrari zuzentzen zaio, baina ez pulpitutik: berarekin dago. Eta herriaren indarra du bere luman, *herritartasunaren indarra eta ardura, herri oso baten zama darakutsa bere lumak*".

[125] "*El Heterod*oxo le llaman los muchos poetas y escritores vascos amigos que el martes se reunieron con él en un homenaje celebrado en Bilbao. Martín de Ugalde sería hoy un tranquilo habitante de la bonita villa guipuzcoana de Andoain si la guerra no hubiera estallado cuando tenía 15 años. De un gris provinciano, por gracia o desgracia del conflicto bélico, terminaría convirtiéndose en un vasco del mundo, con un amplio horizonte y una enorme experiencia humana que volcó en sus múltiples facetas de periodista, poeta, autor teatral y fundamentalmente un político entregado a la causa vasca". Javier Angulo, *El País* (Bilbao, 28-I-1977).

[126] Torrealdai (1998: 195).

[127] Extracto de la carta escrita por Ugalde a Pello Mari Irujo (26-X-1965) recogida por Torrealdai (2002: 421).

[128] Ugalde (*Alderdi* VIII-1955).

[129] Ugalde (*Egunkaria* 14-VI-1999).

[130] El recurso a los enunciadores colectivos no es exclusivo de los artículos de tipología política del escritor. Ugalde recurre también a esta

marca, si bien no de manera tan profusa, en sus artículos y reportajes venezolanos: "¿<u>Refinamos</u> más petróleo en el país?"; "<u>Nuestra</u> vida comienza en los bosques" *(El Nacional* 1958-XII-12); "Este es <u>nuestro</u> último viaje" *El Nacional* (1956-V-15).

[131] El ensayo *El problema vasco y su profunda raíz político-cultural* resulta un campo de análisis especialmente idóneo para abundar en estas formas de manifestación ideológica. El ensayo publicado en 1980, apenas cuatro años después de la vuelta de Ugalde a Euskadi, destaca por ser el enésimo intento de Ugalde por construir un discurso lógico y racional que en este caso particular tiene dos destinatarios comunicativos claros: el colectivo nacionalista que constituye, junto con el periodista, la idea del "nosotros"; y, frente a éste, el "vosotros" conformado a su vez por una suerte de agentes ideológicos difíciles de determinar; pero, en todo caso, vinculados estructuralmente al poder hegemónico centralista.

[132] *Alderdi* (X-1972).

[133] *Deia* (9-VI-1977).

[134] *Deia* (14-XII-1977).

[135] *El Mundo* (19991-VI-07).

[136] *Alderdi* (IV-1971).

[137] *Euzko-Deya* (Buenos Aires 30-VII-1962).

[138] *Alderdi* (X-1961).

[139] *Alderdi* (V-1971)

[140] *Alderdi* (XI-1971).

[141] *Alderdi* (VI-1971).

[142] *Deia* (21-VIII-1977).

[143] "Ni politikakerien arterako herritar ezindua, sentitu naiz betidanik". Ugalde, citado por Torrealdai (1998: 195). Esta misma idea se repite en una entrevista concedida al periodista Javier Angulo, *El País,* (Bilbao, 28-I-1977): "Toda mi preocupación al salir de Euzkadi era abandonar el protagonismo político, porque entiendo que no es servicio. Dimití para que se nombrase otro consejero y me propuse -y lo cumplo- desde entonces no actuar en política más que por disciplina. Yo no tengo hoy

ni he tenido vocación de protagonismo político... de profesionalización política». Ugalde se expresa en ese mismo sentido en una carta dirigida a Txzilardegi el 7-XII-1965 desde Caracas y que recoge Torrealdai (1999): "Eta nik pastelaren usairik ere ez det ezagutzen; ez baitet beñere bat ere ukutu; ez baizaizkit gustatzen; ez baitet orrelako gozotasunerako beñere gogorik nabaitu; ez bainaiz beñere politiko zale izandu; eta ez bainaiz ni beñere politiko izango".

[144] Manuel Castells (1999: 28) define la identidad como "el proceso de construcción del sentido atendiendo a un atributo cultural o un conjunto relacionado de atributos culturales al que se da prioridad sobre el resto de las fuentes de sentido".

[145] En su obra *Reflections on exile* Edward Said (2000: 177) plantea una pregunta comparable —aunque ciertamente de carácter más abstracto y universal— cuando trata de dirimir las lindes que delimitan el exilio —una experiencia de extrañamiento y soledad— del sentimiento de afirmación colectiva que supone el nacionalismo. Según Said los conceptos de exilio y nacionalismo no pueden ser referidos de forma neutral sin hacer referencias cruzadas: "Exile and nationalism cannot be discussed neutrally, without reference to each other. Because both terms include everything from the most collective of collective sentiments to the most private of private emotions, there is hardly language adequate for both".

[146] Según el historiador también los pueblos y naciones construyen su identidad a través de, entre otros agentes, las narrativas de sus pobladores. Así, "la identidad nacional y latinoamericana comenzó a forjarse en el siglo XIX y se reafirmó con el rechazo a las invasiones norteamericanas del siglo XX. La frase del poeta Machado "el camino se hace al andar" tiene relación con el proceso de la identidad que siempre se está haciendo, con sus avances y retrocesos. En tal sentido, la música, la novela, la poesía, el teatro y el cine, como expresión de vida cotidiana, contribuyen a reafirmar la identidad". Vitale (1998: 47)

[147] Iris Zavala citada por Kortazar (2000: 309).

[148] Esta afirmación deriva de una afirmación más general del sociólogo Miguel Castells (1999) según la cual "toda identidad es el resultado de una construcción". Aceptada la premisa, el interés analítico radica en

conocer los constituyentes de esa construcción. Se trata de desvelar el cómo, desde dónde y con qué objeto se produce un determinado constructo identitario. Las respuestas a estas preguntas permitirán, según Castells conocer el *contenido simbólico* de una determinada construcción.

[149] El término, al que se alude también en el apartado metodológico de este trabajo, se refiere al acontecimiento, real o imaginario, que por su carácter extremo supone un riesgo para la identidad misma del individuo o la colectividad; pero, paradójicamente, se convierte en el pilar mismo de la nueva cimentación identitaria.

[150] "Exile is a discontinuous state, a condition legislated to deny dignity — to deny an identity to people. Exile is strangely compelling to think about but terrible to experience. It is the inhalable rift forced between a human being and a native place, between the self and its true home: its essential sadness can never be surmounted. And, while it is true that literature and history contain heroic, romantica, glorious, even triumphant episodes in an exile's life, these are no more than efforts meant to overcome the crippling sorrow of estrangement. The achievements of exile are permanently undermined by the loss of something left behind forever". Said (2000: 175).

[151] Citado por Ariznabarreta y Beti (2002a: 32).

[152] El trabajo recopilatorio de Joan Mari Torrealdai resulta de valor incalculable a la hora de establecer los que hemos convenido en definir como *momentos de identificación* en la vida de Ugalde. También han resultado centrales otras entrevistas realizadas al autor y los testimonios recogidos de los que fueron compañeros de exilio en Venezuela. Muchos de estos testimonios se han consultado en las actas de los diversos congresos organizados en torno al exilio por la asociación Hamaika Bide.

[153] Entrevista concedida al periodista Javier Angulo, *El País*, (Bilbao, 28-I-1977).

[154] "Me fue negada la formación cultural y profesional en euskara, y me siento amputado, ciertamente. Trato de complementarme en condiciones difíciles y siempre dolorosas, porque ahí está, en verdad, mi corazón, y sobre todo mi conciencia". Ugalde (*Deia* 1982).

---

[155] Ugalde se refiere a las consecuencias que la guerra del treintaiséis tuvo en su biografía más íntima en innumerables ocasiones. Algunas de las referencias más destacadas incluyen: "De mi infancia a mi juventud hubo una guerra que truncó mi vida de distintas maneras, entre ellas el de la escuela y los amigos, del país, la lengua, las lecturas. Me cambió el mundo". Ugalde (citado por Ariznabarreta y Beti 2002a: 46).

En 1987 el escritor rememoraba la crueldad de la guerra de manera explícita en su artículo "Paz a todos los muertos": "Yo, que no tenía edad para ser un contendiente en aquella guerra "incivil", pero recuerdo perfectamente este ambiente de amenazas por radio y en hojas sueltas lanzadas desde aviones que nos bombardeaban a placer en Bilbao, nuestro refugio de "rojos" en retirada desde Guipúzcoa. Pronto comenzamos a saber vía "radio macuto" (otro fenómeno terrible de guerra) que habían matado en el pueblo, en mi caso Andoain, dieciséis hombres, y en Villabona y Tolosa, Beasain, y en Urnieta y Hernani, en cada uno de estos pueblos de Guipuzcoa, valiéndose de listas de terros llenas de gente conocida, algunos vecinos que no habían hecho más que enseñarnos bailes vascos o tocar el tambor en ellos, casos concretos y otros que sabíamos que no habían hecho ni eso, y muchos intervinieron para guardar a carlistas y falangistas de aquellos que por sus posturas radicales de izquierda los estaban amenazando de muerte. Si eran ellos los alzados, ellos los que habían comenzado a matar en Navarra de manera escalofriante, los que eran proclives a la dinámica de la venganza y hasta de las medidas preventivas propias de la guerra de lo que vale es matar primero, los que pensábamos, digo de otra manera que ésa de actuar, hicimos esfuerzos desesperados para controlar aquellos momentos". Ugalde (27-IV-1987 citado por Torrealdai 2003: 233).

[156] Ugalde se refiere a menudo al exilio como: "la cruz del destierro". Ugalde (1992: 10).

[157] El reconocimiento explícito del periodista del diario *El nacional* Guillermo Meneses, da fe de lo afirmado: "Es curioso cómo se venezolaniza usted, y cómo, al mismo tiempo, guarda su fondo vasco". Torrealdai (1998: 313).

[158] Con referencia al carácter *práctico* de la obra de Ugalde y su interpretación a la luz de la ética de la subalternidad puede consultarse Ariznabarreta 2010.

[159] Conviene aclarar en aras de centrar el tema y evitar afirmaciones maximalistas distorsionadas— que Ugalde muestra constantes muestras de solidaridad con todos aquellos pueblos y colectivos que dentro del Estado español luchan en pos de una cultura idiosincrásica y, por extensión, luchan contra el poder centrípeto del Estado franquista y sus rescoldos: "En el Estado Español nos sentimos humana y socialmente solidarios con todos los pueblos y regiones que lo componen. Naturalmente, más en este momento de recuperación democrática con los demás pueblos de lengua diferenciada del castellano oficial, y con cuyas reivindicaciones político-culturales nos sentimos especialmente solidarios los vascos, porque estos pueblos también tienen sus propias dificultades frente a la política lingüística del Estado centralista español". Ugalde (1980: 31).

[160] En su obra *El problema cultural vasco y su profunda raíz política* (1980: 51) Ugalde hace suyas las palabras del sacerdote y escritor bajo navarro Pierre Narbaitz subrayando las dificultades cotidianas que se derivan de ser miembro de un colectivo excluido de los ámbitos hegemónicos de poder: "Este punto de partida sirvió a Narbaitz para expresar la dificultad existencial de un pueblo como el suyo, que es el nuestro mismo a lo largo de su historia. (…) El franquismo fracasó estrepitosamente después de la guerra, las ejecuciones, las cárceles, las torturas, las prohibiciones más drásticas, que pretendían terminar con el problema que plantea, y yo creo que absurdamente, la vida de nuestro pueblo y su vitalidad a la concepción jacobina y a la vez absolutista del Estado central, uniforme y muerto. Y ahora que se está estrenando un ensayo de democracia vuelven las torpezas viscerales y dogmáticas que pueden hacerse pasar en Europa, y con los maquillajes, durante un tiempo; pero reventará el mal donde es".

[161] Varios artículos de Ugalde muestran una palmaria prevención hacia la ideología Marxista, que como él mismo reconoce empieza a extenderse entre la juventud vasca de comienzos de la década de los años setenta: "Parte de nuestra juventud, dentro o no de los cauces patrióticos vascos, ha adoptado esquemas marxista-leninistas, macistas o

trotskistas, con el riesgo de que tomen cuerpo esquemas políticos que no compartimos ni en su filosofía ni en su praxis. Hemos estado siempre frente a toda dictadura, sea blanca o roja, se instaure en nombre de Dios, o el de una clase. El PNV está abierto a soluciones socialistas en la medida en que el pueblo mismo lo decida por los cauces democráticos. "PNV" (1973), citado por el propio Ugalde (2003:120). En otro artículo publicado en *Alderdi* (III-1974) Ugalde vuelve a equiparar el comunismo soviético y el fascismo español refiriéndose a ellos como "dos hermanos en la fe despótica". Destaca, en este sentido la ortodoxia de Ugalde para con la doctrina del PNV. Baste recoger unas palabras de José Antonio Aguirre en esta misma dirección de suspicacia hacia planteamientos de la izquierda revolucionaria y auspicio de una doctrina social de signo reformista: "He observado en los últimos años, un fenómeno que he comentado muchas veces, a saber, el retroceso del marxismo y el avance del sentido social. Retrocede la filosofía marxista y en cambio se consolida en la humanidad la necesidad de una profunda reforma social". (Declaraciones de Aguirre recogidas en la publicación del Centro Vasco de Caracas (1962) en el vigésimo aniversario de su fundación). Estas suspicacias con respecto al pensamiento socialista se entroncan, a su vez, en el pensamiento aranista. En su obra sobre el pensamiento de Arana Goiri el filósofo vasco Joxe Azurmendi recoge las siguientes palabras del fundador del PNV: "Para que la justicia e igualdad se realicen en la sociedad bizkaina no es preciso recurrir al socialismo, que no podría conseguirlas. Esos sagrados nombres están indeleblemente esculpidos en la historia de nuestra raza, en la doctrina de nuestros padres, en la bandera nacionalista". Arana Goiri citado por (Azurmendi 1979, 5). En esta misma obra Azurmendi concluye lo siguiente en una mención que resulta paradigmática y concluyente de la prevención aludida: "Aranari sozialismoa higuingarri zaio. Arrazoiongatixe: lehenik arrotza delako; esan nahi bait da, espainola delako, de fakto. Bai teoria bezala eta bai antolabide politiko bezala. Teoria sozialistak ez dira euskal tradizio ta legeen mogarratik muskildu diren doktrinarik. Sozialismoa ez da euskal arazoei begira bururatu ere. Aitzitik, euskaldunen pentsa eta sentieraren kontrario da: katolizismoaren kontrario, batik-bat. Alderdi antiklerikal eta deserlijiozko hau gure arraza izpirituaren guziz kontrario da. Eta euskaldunen interes nazional edo foruzaleen kontrario halaber.

Doktrinaz beste, antolaketa edo erakunde gisa ere berdintsu". (1979: 50).

[162] Por nombrar algunos, en *Alderdi*: "Gure apaizak eta xinixmena" (1962), "Gure umeentzat kontuak" (1962), "Erriaren bideak bat" (1971); en *Euzkadi*: "La juventud vasca" (1948), "Nire aitona" (1950); en *Tierra Vasca*: "No tenemos universidad" (1962), "Euzkadi Europan" (1966), "Irakurtzen duan Euskaldunak bi balio ditu" (1966), "Euzkadi ikastola Caracasen" (1967).

[163] El recurso a la ironía en Ugalde es un rasgo central de su discurso político, y en menor medida –con objetivos comunicativos distintos– también en su obra literaria tardía. Así lo recoge Lertxundi (1997: 28): "Hala ere irakurleak hautaketa horri iritzi liezaiokeen manikeismoak *ironia* du ukendu, eta, Lizardiren ondoren, Ugalde dugu tresna horri, gauza bate san arren beste guztiz desberdin bat erakusten digun baliapide maltzurrari, bere benetako neurria ematen dion euskal idazlea: begirada ez da esfinge hotz hieratiko batena, asmo jakinez bideratua baino". La ironía, y hasta el humor, se hacen presentes también en los relatos "Akordatzea ahaztu" o la trama policiaca en "Poloniarra". Tal como se recoge en Ariznabarreta y Beti (2002b: 270): "este recurso no aparece de forma tan obvia en los cuentos escritos en castellano".

[164] Este recurso pragmático a las estructuras interrogativas destaca sobre otros recursos estilísticos en la prosa de Ugalde y pueden enmarcarse dentro de "las apelaciones retóricas al receptor con el fin de crear tensión, intensidad" que suelen aparecer en los momentos más conflictivos del relato o artículo con el fin de crear tensión, intensidad y subrayar el propósito marcadamente comunicativo del escritor. Algunos de los usos destacados de este recurso viene subrayados en Ariznabarreta y Beti (2002b): "El narrador omnisciente del cuento "Gerrateko lehen kontaktua" (1990: 83) abre su relato con una interpelación directa al lector: "Noiztik hasten dira haurren oroipenak?" De la misma manera el narrador de "Erregetako izpiritu beltxarana" (1984: 11) focalizado esta vez en uno de los personajes, se atreve a pedir consejo al lector sobre la idoneidad de mentir a su propio marido sobre la infertilidad de éste: "Eta, gezur bedeinkatu bat esango balio?!".

[165] Artículo recogido en Ugalde (2003: 128).

¹⁶⁶ Hatim (1997: 48) defiende que: " (…) Tradition of studying text in context have always been aware of the intimate relationship between the degree of evaluativeness with which the text producer imbues his utterance and the state of the receiver in terms of his preparedness to accept or reject the propositions put forward. Three particular types of context, each with its own typical linguistic realization were identified: (1) Utterances addressed to 'one who denies' must be made maximally evaluative (through emphasis, etc.) The degree of evaluativeness will depend on the degree of denial displayed. (2) Utterances addressed to 'one who is uncertain' must somehow be evaluative. Once again, the degree of evaluativeness will depend on the degree of uncertainty displayed. (3) Utterances addressed to 'one who is open-minded' must be minimally evaluative".

¹⁶⁷ "Repite" en el original. Entiendo que es un error tipográfico.

¹⁶⁸ En el artículo Ugalde incide en el hecho de que el miembro de la Real Academia de la Historia fue un miembro destacado del Gobierno de la República en el exilio, y se muestra especialmente molesto por el hecho de que un historiador republicano vierta estas opiniones "políticamente interesadas", en palabras de Ugalde, sobre la idiosincrasia de los vascos: "Eta hau ez da Franco, ez Arias, ez Fraga; ezta luma-zorridun Banus bat ere; Sánchez Albornoz, gu bezala diktaduraren aurka ibili delako berrogei urte atzerriratua egon den intelektual bat da. (…) Hau esateko, ez da honelako Hixtori irakasle izan behar; hixtorigilea ere ez; liberala ere ez; errepublikanoa ere ez. Espainiarra izatea aski. Zoritxarrez".

¹⁶⁹ Los constituyentes emblematizados de la identidad vasca y su uso estratégico por parte de la ortodoxia nacionalista merecen una reflexión, aunque breve. Publicaciones como la revista editada con objeto de celebrar el vigésimo aniversario del Centro Vasco de Caracas expresan la centralidad atribuida a las voces exógenas que atribuyen rasgos de signo positivo a la personalidad vasca. Me refiero a los panegíricos referidos a la colectividad vasca escritos por personajes variopintos que recoge dicha publicación; entre otros "Los vascos entre nosotros" del periodista argentino Julio Ramos, el articulo "Los vascos en los primeros intentos independentistas de Venezuela", las pinceladas antropológicas subrayando la contribución de los vascos en Guayuco de Víctor Mereshiwa, o la sección "Otros hablan de nosotros" donde se

recogen diversas citas de antropólogos e historiadores americanos y europeos subrayando rasgos identitarios claramente emblematizados. Entre estas semblanzas destacan: "el amor irreductible por la libertad"; "el carácter leal y digno de toda confianza"; "la altivez vinculada a su alta jerarquía espiritual"; "la honestidad y el carácter paciente"; además de rasgos contenidos en adjetivos calificativos como "trabajadores, dignos, fuertes independientes, silenciosos, espirituales, honestos, religiosos, demócratas".

[170] La pertenencia de Álvarez Enparanza a ETA queda atestiguada en la reiterada explicitación que el propio Txillardegi hace a su militancia a lo largo de las misivas remitidas a Ugalde en la década de los sesenta.

[171] En este grupo de artículos están, además de los citados en este apartado: "El Analfabetismo de los vascos" (*Euzko Deya*, 1962), "Aguirre: la democracia vasca en el exilio" (*Elite*, 1959) "La limitación de los Euskeromanos" (*Tierra Vasca*, 1965), "¿Es anacrónico el nacionalismo vasco? (*Euzko Gaztedi*, 1975) edo "La censura y Euzkadi" (1976) entre muchos otros.

[172] En las cartas dirigidas a Ugalde, Txillardegi se muestra extremadamente crítico con el andoaindarra por optar por el castellano en muchos de sus artículos. Ugalde justifica su opción lingüística en virtud del receptor de su discurso, en virtud en suma de una labor pedagógica y divulgativa en pos de "develar las verdaderas razones de lucha del colectivo". Ugalde (citado por Torrealdai 1999: 150).

[173] Ciertamente merece hacer alusión al artículo publicado en línea (*Euskonews* 8-X-2004) por Joxerra Zabala con respecto a los ardides empleados por Ugalde con objeto de sortear el control de la censura. En su "El mensaje oculto de Martín de Ugalde" Zabala recoge lo siguiente: "Los censores no eran tontos, y Ugalde hubo de utilizar muchos y variados trucos a fin de dar a conocer su pensamiento. Por ejemplo, en algunas entrevistas se vio obligado a realizar auténticos malabarismos para lograr llevar el tema al terreno deseado. Ello se ve muy claro, por ejemplo, en la entrevista mantenida con el Padre Arrupe Prepósito General de los jesuitas. Veamos un ejemplo cuando hablan de las provincias religiosas: (MU: La provincia de Loyola, ¿es la que corresponde al País Vasco? PA: Sí, incluye Álava, Guipúzcoa, Navarra y Vizcaya.) Y en la siguiente pregunta Ugalde lleva el tema al terreno

político: *(MU: ¿Nunca se decidieron a bautizarla: "de Vasconia", por ejemplo, como las de Cataluña y otras, todas las demás?)* La respuesta no tiene tanta importancia debido a que el mensaje principal ya ha sido dado. En el caso del padre Arrupe Ugalde tuvo una magnífica oportunidad para desarrollar su proyecto, dado que los franquistas no podían denunciar las opiniones de un alto cargo de la Iglesia y lo cierto es que el escritor no desperdició la oportunidad. Por otra parte, el periodista siempre está muy presente en estas entrevistas, no se esconde, y en ocasiones las preguntas son más extensas y están más desarrolladas que las propias preguntas. En este conjunto de trabajos Ugalde utilizó también otros trucos como puede ser, por ejemplo, en la *Síntesis* la mención de una bibliografía muy especial. Así, recogía en ella libros del exilio o sin censurar, trabajos del lehendakari Agirre, la editorial Ekin, el historiador Ildefonso Gurrutxaga, Isaac López Mendizábal..., esto es, nombres y entidades que el Régimen tenía por enemigos. En este contexto es muy curiosa la mención a un artículo, varias veces citado: "El nombre Laurak-Bat y la unidad nacional vasca"; al margen del contenido el propio título daba a conocer el mensaje de Ugalde. (…) Los censores pronto se dieron cuenta de la auténtica intención de estos libros, tal y como ha documentado Joan Mari Torrealdai. Así, el censor A. Albisu criticó duramente *Hablando con los vascos* diciendo que "este libro está escrito con verdadera mala intención (...) las preguntas, mezcladas hábilmente con otras anodinas, van llevando a los interviuvados a donde quiere el autor. A hablar del hecho diferencial vasco. El resultado es un libro tendencioso[4]". Sin embargo, la censura no pudo impedir la difusión de unos libros que se convirtieron en auténticos best-sellers de la época. En ellos apreciamos el principal logro y triunfo de Ugalde quien supo encontrar, en tiempos muy difíciles, caminos para defender su libertad de expresión al tiempo que impulsaba la amenazada cultura vasca.

[174] En su artículo "La censura y Euskadi" (1976/2003) el periodista detalla los cortes que su obra de entrevistas *Hablando con los vascos* sufrió por parte de la censura española: en primera instancia el escritor se vio obligado a programar su obra limitando su alcance y hasta su bibliografía; no satisfechos con lo que Ugalde califica "censura profiláctica", los censores le cercenaron el trabajo periodístico hasta en 25 páginas. Además, muchos periódicos de la época se negaron a

publicar las recensiones y notas críticas de la obra de Ugalde. Estas referencias del propio autor, confirman, en fin, lo afirmado por Zabala.

[175] En estos textos Ugalde se muestra, en fin, consciente de la máxima retórica que Hatim (1997: 171) expone de la manera siguiente: "On a given occasion assume that the world is divided into those who vehemently oppose your views and those who whole-heartedly endorse them, but when it comes to whom your contribution is designed to address, talk only to your supporters and ignore the opposition".

[176] El término, acuñado por Gayatri Spivak (1988), se refiere a la solidaridad temporal respecto a una serie de identificaciones con el objetivo de la consecución una acción social concreta. Esta identificación se caracteriza por su carácter no esencialista, sino operativo.

[177] Citado en Ugalde (2003: 86-87).

[178] Por nombrar sólo algunos, en *Alderdi*: "Gure apaizak eta xinixmena" (1962), "Gure umeentzat kontuak" (1962), "Erriaren bideak bat" (1971); en *Euzkadi*: "La juventud vasca"(1948), "Nire aitona" (1950); en *Tierra Vasca*: "No tenemos universidad" (1962), "Euzkadi Europan" (1966), "Irakurtzen duan Euskaldunak bi balio ditu"(1966), "Euzkadi ikastola Caracasen" (1967).

[179] Consultar Ariznabarreta (2006).

[180] Según Ugalde (1955): "Los trabajos en euskara se reducen a un ámbito cultural muy reducido, de élites que tratan de problemas excesivamente seleccionados y con un vehículo enteramente inepto para llegar donde tiene que ir destinado para su divulgación, al grueso del pueblo. Se hace un uso excesivo del euskara académico y sobre temas que interesan al patriota formado o a muy poca gente".

[181] El esfuerzo de diferenciar la *cultura* y la política aparece en otros tantos escritos de Ugalde. Por ejemplo, en los artículos que ilustran las polémicas con Luis Las Heras, el año 1965, en *Tierra Vasca*: "La importancia del Euskera" "El Euskera se muere irremediablemente", "El Euskera se muere inevitablemente", "La limitación de los Euskeromanos", o "El final de una polémica". La centralidad otorgada

a la cultura frente a la acción política se tratará en mayor profundiudad en el Capítulo 6 de este trabajo.

¹⁸² Martín Ugalde (1992):

¹⁸³ Ugalde señala: "El desterrado (…) tiene viva la imagen de su país y hace esfuerzos para adecuarlo a los cambios que imprime el tiempo, pero siempre se equivoca uno, porque ese tiempo de medida sigue siendo el de uno mismo, y cuando vuelve, en mi caso a Euskadi, me encuentro con un mundo que en cierto modo me es ajeno (…). Deia, 1982.

184 *Deia*, 11-XII-1983.

185 *Deia* 13-VII-1983.

186 *Alderdi* 10-XII-1972.

187 *Alderdi* 13-XI-1967.

188 *Deia* 10-X-1983.

¹⁸⁹ *Diario Vasco*, 27-III-1990.

¹⁹⁰ *El Mundo*, 11-X-1990.

¹⁹¹ *El Mundo*, 28-II-1992.

¹⁹² Martín Ugalde: *Manuel Irujo: un hombre leal a su tiempo*, editorial Txertoa Donostia (1992: 12).

¹⁹³ Estas entrevistas han sido recogidas en el libro *Batasun eta Zatiketen Artean* (1989).

¹⁹⁴ En los escasos artículos en los que Ugalde se refiere a la Iglesia, el escritor se plantea las cuestiones cruciales que atenazaban al cristianismo durante la segunda mitad del siglo veinte, mostrándose muy cercano y respetuoso con respecto al clero llano y a sus compromisos; pero criticando ásperamente la tentación del catolicismo de aspirar al poder terrestre y la identificación de la Iglesia con regímenes no democráticos. En su artículo "Gure apaizak eta xinixmena" (*Alderdi*, II-1962) atribuye a los religiosos de su Andoain natal la supervivencia de su propia religiosidad: "Nire erriko apaizengaitik izan ez ba'zan nik azpaldi xinismena galdu nuan" (*Alderdi*, II-1962) y las referencias al clero vasco comprometido con la cultura vasca y la recuperación de la memoria

histórica son innumerables. (Consultar por ejemplo: *Deia* (14-VII-1977, 28-XII-1977, 08-I-1978, 04-VII-1983), o *Egunkaria* 01-X-1991, 15-III-1994, 10-V-1994).

Sin embargo, abundan también los reproches a la ambición de otros religiosos cuyos anhelos de grandeza les impiden trabajar en favor de la libertad política y espiritual del pueblo vasco y desdeñan el euskara. De los artículos se infiere una censura a las contradicciones episcopales y el mutismo ante los crímenes cometidos por el régimen franquista: Bai ba'dira gure errian, zoritxarrez, bestelako apaiz batzuek ere. Bere "karrerari" begira dagozan apaizak ere ba'ditugu. Bere aunditasunarentzako bere erria txikiegia iruditzen zaiote nonbait. Estadu-funtzionario izatearekin konpormatzen diran gizonak zoritxarrez beti izan ditugu gure errian. Bere aitonaren izkuntza ikatz-saltzallearentzat bakarrik jarri dula pentsatzen duten apaizak ere baditugu gure errian. Ugalde (*Alderdi*, II-1962).

Este mismo reproche se recoge en su novela *Las Brujas de Sorjín*. Si el referente 'Sorjín' se actualiza en el nuevo sistema semántico al que apunta de forma obvia la novela como la Euskal Herria de la década de los setenta; entonces las palabras del narrador informan sin ningún atisbo de duda de una visión crítica del yo narrador con respecto de la jerarquía eclesiástica de finales de la dictadura franquista, de su desnaturalización con respecto del cristianismo primigenio: "También entonces había en este pueblo dos iglesias: una abierta al aire y a la luz, y otra adorando al becerro, vendiendo santos, bautizando con agua de colonia a los ricos, triunfando en todas partes y fabricando altares y templos de piedra dura y mármol de carrera de rico hecha por los indianos para ganarse las placas de mármol y la diestra del señor; después de todas las vidas y virtudes que pisaron como estiércol necesario para la cosecha de añil, de algodón, de café, de cacao, en la América donde había indio para eso, se confesaban santamente, se hacían donaciones adecuadas en los testamentos, y ¡al cielo!; creyeron y creen aún ellos". Ugalde (1978: 22). También resultan paradigmáticas de la visión de Ugalde con respecto a la Iglesia oficial las palabras Joxe Mari Orradre (Naparra), personaje de la misma novela, cuando afirma: "Ya sabes que soy cristiano; no creo en el aparato de la Iglesia". Ugalde (1978: 20).

[195] El escritor vasco Koldo Izagirre llega a la misma conclusión en su análisis de la obra literaria de Ugalde. Así se expresaba en una entrevista concedida al diario Egunkaria en el marco de unas conferencias dedicadas al periodista: Ugalde latinoamerikar-tu egin zen gorputz eta izpirituz, Venezuelako kontzientzia berria osatzen laguntzeko. Immigranteak hartzen ditu, ez emigranteak; etorkinak, ez joaleak… Argi erakusten du non dagoen, Ameriketan dago. Amerika bizi izan duen euskal idazle bakarra dugu. Jarrera hori "euskalduntasun erradikalaren ondorioa da. Ugalde gazteak bazuen gerrako derrotaren kontzientziarik, baina horrek dakarren duintasunaz, euskaldun abertzalea zen. Ezin zuen gaztelaniaz sortu, beste hizkuntza bat bilatu zuen, gaztelania berri bat, askatzaile, ez zanpatzaile, eta hala bilakatu zen idazle latinoamerikarra, Europatik zetorren bigarren hizkuntza boteretsuaren kontra sarmiento berri bat bezala errebelatua. Osagai horiekin "artea egiten du Ugaldek, deserrotuari kontzientzia berria osatzen lagunduz. "Venezuelari zor diogun idazlea da Ugalde". Izagirre (citado por Jon Eskisabel, *Egunkaria* 1999-VII-28).

[196] "Beti gizaki bera sofritzen ikusteak bultzatu ninduen idaztera". Ugalde (1989: 14).

[197] "Herria osorik ulertzea izan zen nire nahi ezkutua". Ugalde (1989:15).

[198] Según recuerda Vitale (1998: 29): "La producción petrolera de Venezuela se duplicó entre los años 1945 y 1951. En algunos países, como Venezuela, el sector burgués de las industrias de exportación, asociado con las empresas del Estado, comenzó a ejercer, junto con la burguesía financiera, la hegemonía en el bloque de poder de la clase dominante. A los nuevos sectores burgueses sólo les interesaba producir para la demanda externa, insertándose en la nueva división internacional del capital-trabajo. Por eso, su proyecto difería del de la burguesía agraria y manufacturera tradicional que trabajaba fundamentalmente con el mercado interno".

[199] Ha resultado imposible rastrear el nombre del autor que se esconde tras las iniciales C de J que firman estas afirmaciones. Tampoco las referencias a la revista "Cuadernos" (París) han arrojado luz en esa dirección.

---

[200] Las impresiones sensoriales de los exiliados vascos frente a la inconmensurable Venezuela queda descrita en el artículo "La ciudad que compartimos" del amigo de Ugalde Miguel Salvador Cordón (2002:105-114).

[201] Si bien Ugalde siempre consideró "La militarada" como una dictadura, compartió con otros intelectuales y escritores venezolanos una lucha callada por la democracia e incluso admitió votar por Acción Democrática, partido que la Junta Militar "disolvió" por decreto, el escritor no podía evitar las comparaciones de la dictadura venezolana con el régimen franquista afirmando que: "en lo cultural "la militarada" no era el franquismo" Ugalde (1992: 34).

[202] Este fatalismo viene apuntado, entre otros, en relatos como "Punto y aparte", "El fracaso", 'El hombre se calló y dijo", o "La luz se apaga al amanecer". Para una revisión detallada sobre el telurismo y el fatalismo en la obra Venezolana de Ugalde puede consultarse: Apaolaza (2002). "Catas en el territorio Martín Ugalde".

[203] Resulta ciertamente interesante contrastar esta cita referida al papel que la universidad debe cumplir con respecto a la democratización de un país —y, por extensión, una cultura — con las opiniones vertidas por Ugalde respecto del papel que la universidad franquista ha jugado en la "deseducación" (sic) del pueblo vasco: "La universidad organizada por un estado plurinacional como el español, en lugar de tratar de poner al servicio del pueblo vasco los medios necesarios para su conocimiento, para su investigación, para su desarrollo, para reconciliar su realidad circundante con su intimidad espiritual, ha sido usada sin escrúpulos como vehículos de nacionalismo imperialista, para dominar con su cultura las demás, tratando de extirparlas radicalmente; así, en lugar de cumplir la función universitaria de dar la luz, de descubrir la verdad, de dotar al hombre del equipo que necesita para caminar erguido y adelante, sin miedos, ha servido en la realidad para dejarnos a los vascos en una oscuridad angustiosa, incapaces de ser nosotros mismos. Y así, incapaces de ser otra cosa que no responda a los impulsos de nuestra propia identidad, nos ha dejado la Universidad española marginados, alienados. También el Seminario de Vergara languideció por falta de una autonomía administrativa que se los proporcionara, sujeto a la coacción de un centralismo en el que han predominado siempre los fines

políticos sobre los puramente administrativos o culturales. (...) Sí hemos tenido los vascos instituciones universitarias; pero, bien sea por mezquindades políticas o por parcialidades administrativas, el centralismo nos ha negado históricamente una Universidad Vasca, con consecuencias muy adversas para el desarrollo cultural, social, económico y político de Euskadi". Ugalde (*Alderdi*, 1967: 234-235:1).

[204] Según Ortiz Osés (1996: 54): "Podemos hablar de matriarcalismo vasco (…) para mentar ese colorido matriarcal-femenino que impregna parcialmente un ámbito crucial de la vida en común: normalmente se trata de mitologías matriarcales, pero también de arquetipos, símbolos, creencias, proyecciones, actitudes de relevante signo matriarcal-femenino. (…) Las figuraciones de este mito matriarcal condensan valores y actitudes que se relatan en mitos, cuentos y leyendas que han sido *acogidas* en la psique y alma vasca tradicional".

[205] Como es sabido, Unamuno y Arana fueron contemporáneos y las polémicas de las que da cuenta esta obra de teatro no son meras ficciones dramáticas. Tal como recuerda Gorka Aulestia (1996: 157) ambos autores compartieron amor hacia el euskara en sus años de juventud, y Unamuno llegó a mostrar admiración hacia Arana: "En esta poesía mecí yo los sueños de mi adolescencia y en ella las meció aquel hombre singular, todo poeta, que se llamó Sabino Arana y para el cual no ha llegado aún la hora del completo reconocimiento". Unamuno, M. (1907) "Epílogo". *Vida y Escritos de José Rizal*. Madrid. Suárez (Ed). Citado por Aulestia (1996).

[206] Veinticuatro años más tarde el periodista retomaba las ideas contenidas en estos artículos y reflexionaba acerca del contenido de dichas polémicas en el periódico *El Diario Vasco*; señal inequívoca de que el tema le preocupo a lo largo de los años.

[207] El esfuerzo a favor de diferenciar la actividad cultural de la actividad política aparece en otros tantos escritos de Ugalde; Entre otros, los artículos que ilustran las polémicas con Luis Las Heras, el año 1965, en Tierra Vasca: "La importancia del Euskera" "El Euskera se muere irremediablemente", "El Euskera se muere inevitablemente", "La limitación de los Euskeromanos", o "El final de una polémica" son muestra de lo afirmado.

Editorial Vasca Ekin Argitaletxea

Títulos publicados – Argitaratutako lanak

Euskal idaztiak

1	Joañixio	1946	Juan A. Irazusta
2	Ekaitzpean	1948	Jose Eizagirre
3	Bizia garratza da	1950	Juan A. Irazusta
4	Hamlet	1952	William Shakespeare (Bingen Ametzagak euskaratuta)
5	Kolonbiar olerti-txorta euzkeraz - Parnaso colombiano en euzkera	1968	
6	Gure Urretxindorra, Enbeita'tar Kepa	1971	Santiago Onaindia
7	Euskaldunak Argentina'n	1972	Erramun Joxe Zubillaga

Biblioteca de Cultura Vasca – Euskal Kultura Bilduma

1	El genio de Nabarra	1942	Arturo Campión y Jaime-Bon
2	Primitivos navegantes vascos	1942	Enrique de Gandía
3	Viajeros extranjeros en Vasconia	1942	Eneko Mitxelena
4	Pinceladas vascas	1942	Pierre Loti, Arturo Campión, Juan Iturralde y Suit
5	La aportación vasca al derecho internacional	1942	Jesús Galíndez
6	El Conde Peñaflorida y los Caballeritos de Azkoitia	1942	Jose Aralar

20	En defensa de la verdad (Refutación a Mons. Francheschi)	1956	Pedro Basaldua
21	Gudaris. Recuerdos de guerra	1956	Sancho de Beurko (Luis Ruiz de Aguirre)
22	Bere idazkiak	1962	Norbert Tauer
23	Fin de la dinastía Pirenaica. El reinado de Sancho el Fuerte	1966	Jose Antonio Agirre
24	Hombre de paz en la guerra	1973	Alberto Onaindia
25	Experiencias del exilio II	1973	Alberto Onaindia
26	La iglesia como problema en el País Vasco	1973	Manu Elu Lipuzkoa
27	Economía política	1977	Juan José Guaresti
28	Un vasco en el ministerio de justicia. Memorias 1	1978	Manuel Irujo
29	Un vasco en el ministerio de justicia. Memorias 2. La cuestión religiosa. Primera parte	1978	Manuel Irujo
30	Un vasco en el ministerio de justicia. Memorias 2. La cuestión religiosa. Segunda parte	1979	Manuel Irujo

Colección Aberri ta Askatasuna bilduma

1	Gramática vasca abreviada	1957	Ixaka Lopez Mendizabal
2	Ami vasco	1957	Fray Evangelista de Ibero
3	El asesino de los fueros	1957	Un navarro de la Ribera
4	Euzko Ami	1957	Fray Evangelista de Ibero
5	El caso del clero vasco	1957	Iñaki Aspiazu
6	Zure anaia ixilkari	1961	

Este libro se terminó de imprimir
el día 29 de septiembre de 2015

www.ingramcontent.com/pod-product-compliance
Lightning Source LLC
Chambersburg PA
CBHW020846090426
42736CB00008B/259